新时代新理念职业教育教材·高速铁路系列
行业紧缺人才、关键岗位从业人员培训教材
高速铁路客运服务专业系列教材

高速 铁路
旅客运输组织

主编 兰云飞 司东伟 柳 影

北京交通大学出版社
·北京·

内 容 简 介

本书对高速铁路客运组织工作的理论与实务进行了较为详细的介绍。本书分为六个项目：高速铁路旅客运输（客运）工作认知，高速铁路客流调查、列车开行方案、列车运行图及动车组运用计划，高速铁路站务工作组织，高速铁路乘务工作组织，高速铁路旅客服务系统、客运管理信息系统，铁路客运记录、铁路电报。

本书可作为应用型本科院校、高职高专院校、中等职业技术学校的教学用书，也可作为企业职工培训教材。

图书在版编目（CIP）数据

高速铁路旅客运输组织 / 兰云飞，司东伟，柳影主编. —北京：北京交通大学出版社，2023.4

ISBN 978-7-5121-4939-7

Ⅰ. ① 高… Ⅱ. ① 兰… ② 司… ③ 柳… Ⅲ. ① 高速铁路–铁路运输–旅客运输–教材 Ⅳ. ① U293

中国国家版本馆 CIP 数据核字（2023）第 069222 号

高速铁路旅客运输组织
GAOSU TIELU LÜKE YUNSHU ZUZHI

策划编辑：刘 辉 责任编辑：田秀青	
出版发行：北京交通大学出版社	电话：010-51686414 http://www.bjtup.com.cn
地 址：北京市海淀区高梁桥斜街 44 号	邮编：100044
印 刷 者：北京时代华都印刷有限公司	
经 销：全国新华书店	
开 本：185 mm×260 mm 印张：12 字数：307 千字	
版 印 次：2023 年 4 月第 1 版 2023 年 4 月第 1 次印刷	
印 数：1~2 000 册 定价：49.00 元	

本书如有质量问题，请向北京交通大学出版社质监组反映。对您的意见和批评，我们表示欢迎和感谢。
投诉电话：010-51686043，51686008；传真：010-62225406；E-mail：press@bjtu.edu.cn。

前言

为适应铁路快速发展对高技能人才的需要，我们根据《职业教育专业简介》（2022年修订）和《高等职业学校专业教学标准》编写的相关规定，编写了本书。

本书坚持继承与创新相结合、理论与实践相结合的编写原则，充分体现了近年来与高速铁路相关的新技术、新设备、新规章的运用。

本书由兰云飞担任主编。

由于本书编写人员水平有限，对于各种问题的分析和处理难免有不足之处，敬请广大读者批评指正。

编　者

2023 年 3 月

目录

项目一 高速铁路旅客运输（客运）工作认知 ·················· 1

    任务一　高速铁路客运工作概述 ···················· 3

    任务二　高速铁路的主要客运技术 ···················· 6

项目二 高速铁路客流调查、列车开行方案、列车运行图及动车组运用计划 ·········· 9

    任务一　高速铁路客运市场调查 ···················· 10

    任务二　高速铁路客流分析与预测 ···················· 15

    任务三　高速铁路列车开行方案认知 ···················· 19

    任务四　高速铁路列车运行图及动车组运用计划 ·········· 25

项目三 高速铁路站务工作组织 ···················· 29

    任务一　铁路旅客车站的总体要求 ···················· 30

    任务二　高速铁路车站流线组织 ···················· 48

    任务三　高速铁路安检工作 ···················· 55

    任务四　铁路客票系统 ···················· 61

    任务五　高速铁路车站客运工作 ···················· 80

    任务六　高速铁路车站综合控制室工作 ···················· 86

项目四 高速铁路乘务工作组织 ···················· 95

    任务一　高速铁路动车组列车 ···················· 97

    任务二　高速铁路乘务工作概述 ···················· 120

    任务三　高速铁路动车组列车服务 ···················· 127

项目五 高速铁路旅客服务系统、客运管理信息系统 ·········· 141

    任务一　高速铁路旅客服务系统 ···················· 143

　　　　任务二　高速铁路客运管理信息系统 ……………………………………………… 150

项目六　铁路客运记录、铁路电报 ……………………………………………………… **155**
　　　　任务一　铁路客运记录 ………………………………………………………… 156
　　　　任务二　铁路电报 …………………………………………………………… 161

附录 A　××铁路局高速铁路客运非正常情况应急处置办法 ……………………… **167**

附录 B　××铁路局动车组列车质量标准 ………………………………………… **178**

参考文献 ……………………………………………………………………………… **185**

项目一
高速铁路旅客运输（客运）工作认知

🚩 **思政目标**

● 通过学习高速铁路旅客运输（客运）工作的基础知识，牢记"人民铁路为人民"的初心与使命。

▶ 引导案例

铁路系统强化运输组织工作确保旅客出行安全顺畅

2023年1月17日，全国铁路预计发送旅客840万人，开行旅客列车5 025对。铁路部门为减少寒潮低温天气对铁路运输带来的不利影响，决定强化运输组织工作，保障旅客回家旅程安全舒适。

1月17日是2023年春运的第11天，中国铁路武汉局集团有限公司迎来节前客流高峰，当日预计发送旅客40万人，较去年同期增长40%。加开28列"夜行高铁"，用来接广州、深圳、上海等地的旅客回家过年。

中国铁路成都局集团有限公司预计发送旅客95万人，继续保持776趟动车组列车线上运行。针对近日南方大面积降温，局部出现雨雪天气，各设备单位做好线路设备检查维修、除冰除雪工作，保障列车平安运行。

东北多地迎来寒潮天气，为确保旅客温暖出行，中国铁路沈阳局集团公司组织各车站加强对供热管道、换热站等设备设施日常检查维护，加密对候车室内饮水机巡检频次，在部分洗手间加装热水宝，保证防寒门帘、热风幕等日常使用，安排专人对空调设备进行24小时巡检，保证候车室内温度达标，为旅客打造温暖舒适的出行环境。

电子客票的全面实施，使得旅客对窗口办理的需求越来越趋向于老龄化。山东的铁路部门在临沂、济南等火车站试点推出"一窗通办"窗口，一个窗口即可实现售票、改签、退票等相关业务的办理，减少了旅客在售票窗口排队等待的时间。

春运期间客流量大，为使部分旅客更加方便快捷地乘车，在青岛北站，针对开车前15分钟到达车站的旅客，车站加开了"急客"通道，通过"急客"通道进站的旅客可优先安检、售取票、检票上车。中国铁路南宁局集团有限公司玉林车务段联合地方医院，在客流量较大的车站候车室设立爱心医疗驿站，安排医生为旅客免费提供测量血压、健康咨询及突发疾病紧急救治等服务，保障旅客出行安全。

旅客运输组织是铁路系统的核心业务工作，是将旅客安全运达目的地的根本保障。

铁路工作人员开展旅客运输组织工作如图1-1所示。

(a) 调度员　　　　　　　　　　　(b) 乘务员

图1-1　铁路工作人员开展旅客运输组织工作

任务一　　高速铁路客运工作概述

技能目标

掌握高速铁路客运工作的基本要求，客运工作的内容和客运岗位的分工。

知 识 点

高速铁路客运工作的基本要求；高速铁路客运工作的内容及岗位设置。

相关知识

一、高速铁路客运工作的基本要求

1. 保证运输安全

保证安全是铁路运输最重要的任务，为此，要切实遵守各项安全制度，维护运输秩序，确保铁路旅客运输的安全。众所周知，整个运输生产过程，是众人的联合劳动，在生产实践和作业过程中具有高度的连续性、联动性和准确性。在这种联合劳动中，哪怕有一个环节、一道工序出现纰漏，都可能导致车毁人亡、运输中断。安全是铁路运输这个大系统得以稳定、正常运作的必要条件。为了确保安全，必须教育每个铁路职工发扬人民铁路为人民的光荣传统，遵规守纪，顾全大局，在任何情况下都把保证铁路畅通、安全作为自己的职责；维护好站车秩序，做好危险物品的查堵工作，并对所有用于旅客运输的设备定期检查、维修，确保旅客出行安全。高速铁路客运安全要着眼于避免旅客列车事故，使高速列车平安进、出站，安全过区间。

2. 提高旅客列车运行速度

提高旅客列车运行速度是提高客运服务质量的重要方面之一，是铁路发展的大趋势，也是广大旅客的迫切要求。随着我国社会经济的发展和人民生活水平的提高及生活节奏的加快，人们的时间观念越来越强。速度成了选择交通方式的重要指标，它将是今后不同客运交通方式在竞争中成败的关键。提高列车运行速度也是有效地加速机车车辆周转、提高运输能力和降低运输成本的重要手段。

为了满足旅客对缩短旅行时间的要求，我国旅客列车运行速度已经有了较大的提高，铁路部门采用因地制宜、区别对待、普遍提高与重点突破相结合的方针，促进了列车运行速度的普遍提高。一是加快研究既有干线旅客列车提速，通过对线路的技术改造、动力的更新、运输组织的改革等措施，提高既有线列车的速度；二是新建干线的技术标准满足旅客列车高速运行的要求；三是构建高速铁路网；四是合理布局旅客列车停车站，重新核定技术作业标准，重新制定客车停车标准。

3. 加强运输计划的编制，组织旅客有序流动

有计划地组织旅客运输，是保证完成旅客运输任务的基础，要经济合理地使用机车车辆和其他技术设备，安全正点地完成运输工作。必须在客流调查的基础上，正确编制旅客运输计划，组织均衡运输。要加强对客流信息的了解、掌握、传递、反馈、处理，把客票销售计划和运能安排紧密结合起来。对主要客运大站和重点车次，每日要进行客流分析，及时掌握客流变化情况，了解客流的构成、特点及其波动性，用科学的市场预测方法对不同时期的客流情况进行预测和分析，提高计划编制的科学性和准确性。

为了组织旅客有序流动，还应灵活设计列车开行方案。旅客列车的开行，必须遵循"有流即开、无流停开、流多增开、流少减开"的灵活机动的运输原则，动态地确定旅客列车开行对数及编挂辆数；在时间安排上，尽量满足中、短途旅客当日往返的需求；在运输组织上，黄金时间段里尽可能组织客车按追踪间隔运行，减少因不同列车间的速度差造成的运行图能力损失。应着力进行计算机运行图编制与调整系统的开发，做到一图（基本运行图）多备（准备若干套适合于不同情况的运行图），满足旅客列车开行方案调整的需要。

4. 提高服务质量，营造舒适的旅行环境

服务质量的优劣直接影响到铁路运输企业的生命力，优质服务是高速铁路进入市场的"入场券"。服务观念不仅是一个经济观念，更重要的是一个文化观念。优质服务能够增加运输产品的文化含量，增加产品的文化附加值和企业形象的附加值，满足旅客的精神需要。通过优质服务与旅客进行情感和心理的沟通，是吸引旅客、开拓市场的有效手段，为此，要强化客运队伍的培训，使服务操作规范化、上水平，对客运员工要实行优胜劣汰、竞争上岗的制度，要求全体客运员工努力工作，将站、车建设成为一个温馨的"旅客之家"。

为完成旅客运输任务及达到上述客运服务要求，必须遵守《铁路旅客运输规程》《铁路客运运价规则》《铁路旅客运输办理细则》《铁路旅客运输管理规则》等相关规章。这些与客运相关的规章、细则是搞好铁路客运工作的准绳，全体客运员工都应该努力学习，深刻理解，认真执行。

二、高速铁路基层客运工作的内容及岗位设置

高速铁路客运部门要加强人才队伍建设，实施人才强路战略，紧紧抓住培养、吸引和用好人才三个环节，以经营管理人才、专业技术人才、技能人才三支队伍建设为重点，构建多层次、多渠道的教育培训体系，形成完善的高速铁路客运人才培训、选拔任用、考核评价、激励保障和合理流动机制，造就高素质的高速铁路客运人才队伍。

高速铁路客运工作是高速铁路运输生产中的重要组成部分，随着近些年来旅客列车的提速，多条高速铁路线路的开通运营，铁路客运业务的增长非常迅速。高速铁路旅客运输过程是一个多部门、多岗位相互协调和联动的过程，车站和列车作为铁路客运的主要部门在客运服务方面扮演着重要的角色。高速铁路客运基层岗位的设置与高速铁路旅客运输的基本作业流程相关。高速铁路旅客运输的基本作业流程图如图1-2所示。

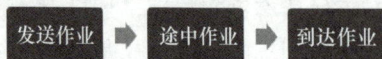

发送作业 ➡ 途中作业 ➡ 到达作业

图1-2 高速铁路旅客运输的基本作业流程图

（1）发送作业包括：问询、售票、候车室服务、检票、上车作业。

（2）途中作业包括：中转签证、列车服务工作等。

（3）到达作业包括：下车作业、验票。

以上的作业内容由许多不同岗位的客运人员来完成，主要包括基层的操作岗位和管理岗位，高速铁路客运基层岗位结构图如图1-3所示。

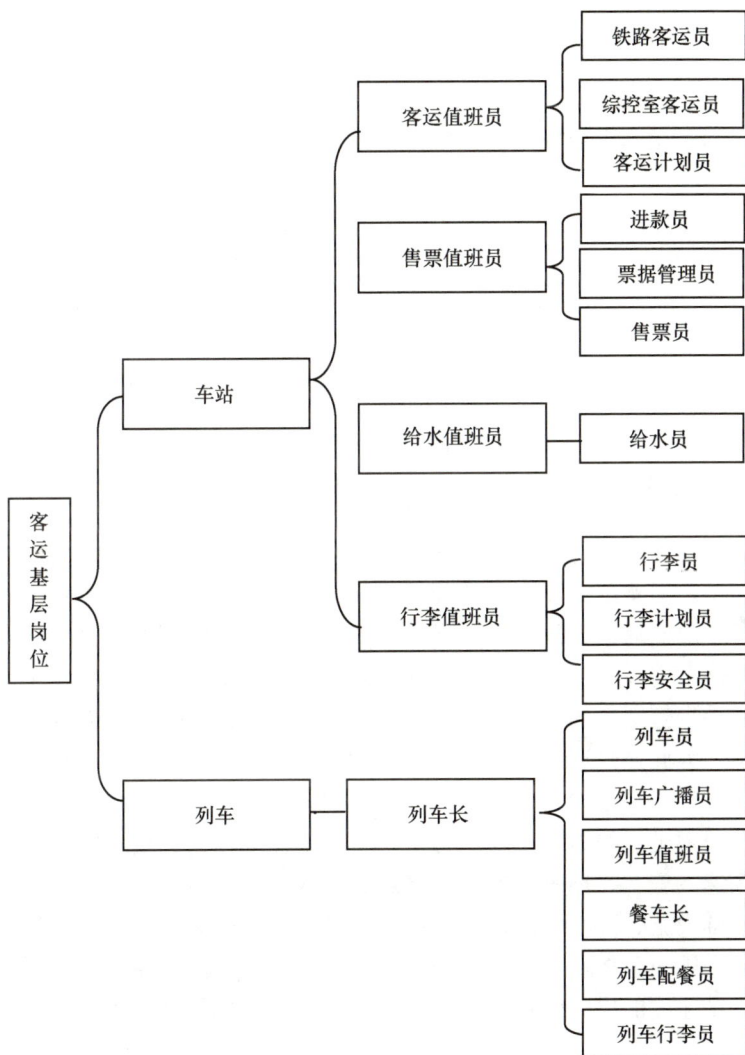

图 1-3　高速铁路客运基层岗位结构图

高速铁路基层客运岗位的主要操作岗位包括：铁路客运员、综控室客运员、客运计划员、进款员、票据管理员、售票员、给水员、行李员、行李计划员、行李安全员、列车员、列车广播员、列车值班员、餐车长、列车配餐员、列车行李员等。

铁路基层客运管理岗位包括：客运值班员、售票值班员、给水值班员、行李值班员、列车长。

任务二 / 高速铁路的主要客运技术

技能目标

了解高速铁路列车运输组织模式、列车开行方案、线路走向方案。

知 识 点

高速铁路列车运输组织模式；高速铁路列车开行方案；高速铁路线路走向方案。

相关知识

一、高速铁路的设计特点

我国高速铁路运营速度已达到 350 km/h。与传统铁路相比，从表面上看，高速铁路只是列车运行速度提高了。但实际上，由于速度的提高，各种运行工况下的不利因素在高速条件下被放大了；行车事故的后果在高速条件下被放大了；对列车运行控制系统的安全性要求和技术难度在高速条件下提高了；弓网受流特性在高速条件下更复杂了；线路平纵断面条件和轨道不平顺对旅客乘坐舒适度的影响在高速条件下更敏感了；列车运行对周围环境的影响在高速条件下增大了。因此，高速铁路不是列车运行速度的简单提高，也不是单项专业技术标准的简单提高，而是当代新型牵引动力、高性能轻型车辆、高质量线路、高速运行控制指挥和经营管理等方面技术进步的集中反映，它具有不同于传统铁路的技术内涵和特定要求。

高速铁路以高速、安全、准时、方便、舒适、全天候为综合优势，需要以高性能的技术装备、高质量的基础设施、高水平的运营管理和高度科学的规划布局为支撑条件。高速铁路的客运技术设计，必须充分体现高速铁路的以上技术经济优势，具备高度的系统工程观念，系统地解决由于行车速度的提高而带来的一系列客运难点，确保高速列车高速、安全、舒适地运营。

二、高速铁路运输组织模式设计

我国高速铁路的运输组织模式与国情、路情和沿线经济、社会条件等密切相关，具有很强的地域特征，不可能完全照搬国外现成的模式。欧洲、日本、韩国等已有或在建高速铁路的国家，由于国土面积较小、既有路网发达等特点，选择了不同的高速铁路运输组织模式，这些高速铁路运输组织模式主要包括客运专线型和客货混跑型两种。其中客运专线型中又分为纯客运专线型，如日本、韩国等；高速列车下既有线的兼容型，如法国、德国等。

无论哪种类型的运输组织模式，均有一个共同的发展趋势，即考虑与既有路网的兼容性，以实现高速列车跨线运行，提高铁路的网络效益。法国高速铁路营业里程为 1 568 km，而高速列车通达里程达到 7 000 km；德国新建高速铁路虽然只有 900 km，但高速列车的服务范围达到了约 5 000 km。欧盟为了实现欧洲一体化，实现高速铁路的跨国运行，正在致力于建设一个统一的欧洲铁路网，采用欧洲统一的信号制式。西班牙既有铁路为宽轨，为了将来与整个欧洲路网的连接方便，在建和计划修建的高速铁路全部采用标准轨距。日本既有铁路是窄轨，而新干线是标准轨距，高速列车曾经只能采用独立运行的模式，造成旅客出行困难，影响了跨线客流，为此，日本对既有线进行了改造，增加一条第三轨或改造为标准轨，实现了新干线与既有线的跨线运行。

为方便跨线客流，减少跨线旅客换乘引起旅行时间和费用的额外支出，我国高速铁路必然要开行跨线旅客列车。我国的国情和高速铁路网络的特点，决定了我国高速铁路的运输组织模式必然是本线列车和跨线列车混合运行。

三、高速铁路列车开行方案设计

列车开行方案的设计要最大限度地满足客流的需求，创造良好的社会效益；要为旅客提供优良的服务方式，吸引和诱发旅客乘坐高速列车，引导旅客运输市场向有利于提高铁路的经济效益方向发展。列车开行方案也与车站设计规模有关，与动车组配属数量有关，与动车段（所）设计规模有关，与列车运行控制系统和行车指挥自动化系统的复杂程度有关。

列车开行方案的设计，须经过综合技术经济分析合理确定。不仅要考虑运输服务的质量情况，还要考虑相应设备的配置情况，要通过运行图铺画，不断地修正列车开行方案，做到客流与设备规模，运输组织方便、安全等方面的最佳结合。

四、高速铁路线路走向方案设计

高速铁路的运营目标是方便旅客乘降、吸引客流，最终获得较高的经济效益。对于旅客来说，关心的是旅行时间和旅行过程的方便与舒适，关心旅行时间、服务质量与旅行费用的性价比。因此，高速铁路线路走向方案的研究，不仅要追求较高的速度目标值，更要追求较短的旅行时间目标值；不仅要关注列车运行的平稳、舒适，关注高密度的列车开行方案，关注与城市交通的有机结合、方便旅客乘降，更要关注以上因素的综合集成。

区间线路方案的设计宗旨是要尽可能选择较大的曲线半径和较缓的线路纵坡，实现列车的高速、安全、平稳、舒适运行。

而引入枢纽方案的设计则较为复杂，既要考虑列车快速通过枢纽，又要降低对周围环境的影响；既要缩短列车的旅行时间，又要加大列车的停站数量，提高车站服务频率，吸引客流；既要选择较好的线路平纵断面条件，又要引入城市，与城市综合交通枢纽有机结合；既要充分利用既有铁路设施，节约工程投资，又要考虑减少施工干扰、枢纽能力的远景发展、铁路生产力布局的调整和点线能力的协调。

例如，高速铁路引入北京南站方案，就是贯彻以上综合设计理念的具体体现。首先，规划京沪线、京哈线和京广线分别引入北京南站、北京站和北京西站，解决了枢纽客运站的合理布局和分工，引入枢纽列车走行距离短，旅客乘车方向感明确；其次，避免了引入北京站后引起枢纽多站重复改建；再次，北京枢纽动车段集中设于李营，检修集中，运用相对分散，既充分利用了既有北京站、北京西站的机务、车辆设施，也考虑了铁路生产力布局调整的发展规划，并为京哈、京广客运专线引入枢纽动车检修设施的发展预留了条件；最后，将北京南站的车站建筑设计、站区交通疏解和用地规划进行统筹布置，既充分考虑了铁路车站与城市综合交通体系的有机结合，方便旅客乘降和疏散，也促进了北京南站地区的整体改造，展示了首都的新形象。

素质拓展

人民铁路为人民

"人民铁路为人民"是铁路服务的根本宗旨，是一代代铁路人的信仰。作为国家重要交通基础设施，中国铁路在满足人民群众日益增长的美好生活需要的道路上，发挥着重要作用。

无数铁路人在工作岗位上，始终秉承着按标作业，在岗尽责的原则，对自己高标准、严要求，尽心尽力服务每一名旅客，以真抓实干诠释铁路人的初心和使命。

他们发扬"薪火传承守初心，凝心聚力担使命"的传承精神，做赓续前行的奋斗者。越来越多的青年进入铁路行业，成为一名铁路人，为铁路这一大家庭注入新鲜血液、活泼力量，青年职工在平凡的岗位上坚守初心、踔厉奋发、笃行不怠，让"人民铁路为人民"的精神代代传承。

项目二

高速铁路客流调查、列车开行方案、列车运行图及动车组运用计划

⚑ 思政目标

● 立足岗位、任劳任怨、克服困难，在旅客运输组织工作岗位上"发光发热"。

▶ 引导案例

动态优化列车开行方案　为旅客出行保驾护航

2022 年清明假期，中国铁路南昌局集团有限公司（以下简称南昌局）结合客流特点，科学调配运力，动态优化列车开行方案，为旅客清明假期出行保驾护航。

2022 年清明假期铁路运输工作自 4 月 2 日起至 4 月 5 日止，共计 4 天。南昌局管内江西、福建两省客流以赏花踏青、寻根祭祖、短途探亲为主，主要集中在上饶、赣州、武夷山、宁化、泰宁等地，以及管内去往武汉、杭州、广州、深圳等中长途方向。

为统筹做好疫情防控与安全运输，南昌局推出芸薹赏花、客家祭祖、泰宁踏青 3 条线路，方便旅客假日出行。

春天的江西上饶，油菜花、映山红、紫薇花等各式鲜花漫山遍野，许多游客来到这里漫步石板路，观景赏花。南昌局开行南昌至南昌 D6266 次、厦门北至上饶 G2380 次、福州南至上饶 G1648 次等列车，方便旅客前往葛仙村、灵山等景区邂逅古朴春天。

兴泉铁路兴国至清流段、浦梅铁路建宁至冠豸山段于 2021 年年底开通运营，被称为"客家祖地"的福建省宁化县以及石城、宁都等县结束了不通铁路的历史。2022 年清明假期，南昌局结合这两条新线，开行厦门至福州 C879 次、赣州至龙岩 T8010 次、清流至南昌 C880 次等列车，方便沿线人民寻根谒祖、感受客家文化魅力。

得益于向莆铁路的拉动，近年来福建省泰宁县的旅游产业发展势头强劲，先后入选"第二批国家全域旅游示范区"名单，以及"2021 中国最美县域榜单"等。为方便游客乘着假日前往泰宁踏青，南昌局开行九江至厦门 D6525 次、南昌西至福州 D6505 次、建宁县北至三明北 D3277 次等列车，让旅客开启一段灵秀山水之旅。

假日期间，南昌局根据客流实际，动态开行列车，有出行需求的旅客通过"中国铁路12306"客服平台和车站广播公告等方式，及时了解列车开行信息。

任务一　高速铁路客运市场调查

技能目标

掌握高速铁路客流的分类原则；
掌握高速铁路客运市场调查的方法。

知识点

高速铁路客流的分类；
高速铁路客运市场调查。

一、高速铁路客流的分类

1. 按客流组成分

按客流组成分，高速铁路客流可分为基本客流、诱发客流及转移客流三类。

（1）基本客流。

基本客流由既有线上符合条件的客流转移而来，它是高速铁路承担的主要客流，也是修建高速铁路的主要依据。

（2）诱发客流。

诱发客流是由于高速铁路运能的扩大、运输质量的提高及运输环境的改善，促使人们增加出行而产生的客流。

（3）转移客流。

转移客流是由于各种运输方式间的竞争，旅客由其他运输方式转到高速铁路运输方式而产生的客流。高速铁路在其有优势的运距范围内，会将原来属于其他运输方式的客流吸引过来；相反，由于旅客选择的多层次性，也有一部分客流因高速列车停站少等因素而转向其他运输方式。双向转移的情况能体现出高速铁路在客运市场中的竞争力。

2. 按空间范围分

从客流流动的空间范围上看，根据始发、终到站是否在同一通道上，高速铁路客流又可分为本线客流和跨线客流。以京沪高铁为例，京沪高铁通道为本线，则本线客流是指始发、终到站均在京沪高铁通道上的客流；跨线客流则指部分或全部跨越本通道的客流。跨线客流分以下三种情况：

（1）始发站在通道外而终到站在通道上的客流；

（2）始发站在通道上而终到站在通道外的客流；

（3）始发站和终到站均在通道外但经本通道输送的客流。

3. 按跨线客流输送方式分

按跨线客流的输送方式分，高速铁路客流可分为直达客流和换乘客流两类。

（1）直达客流。

直达客流是由跨线运行的高速列车承担的客流（高速直达客流），无须中途换乘。

（2）换乘客流。

换乘客流是在高速线与既有线的接轨站换乘后到达目的地的客流。根据换乘方向的不同，可分为普速列车换乘高速列车客流和高速列车换乘普速列车客流。

4. 其他分类

从客流流动的数量（流量）上分，高速铁路客流可分为大客流、中客流、小客流。

从客流流动的方向（流向）上分，高速铁路客流可分为上行客流、下行客流。

从客流流动的时间（流时）上分，高速铁路客流可分为高峰客流、平峰客流、低峰客流。

从客流流动的距离（流程）上分，高速铁路客流可分为长途客流、中途客流、短途客流。

二、高速铁路客运市场调查

随着铁路由卖方市场向买方市场转变，我国的铁路市场调查正逐渐受到重视，已陆续在一定区域开展了一些有目的的客运市场调查，使客运市场调查的内容逐渐充实丰富起来。例如为修建高速铁路进行的市场潜力预测调查、对铁路和公路竞争情况进行分析的短途客运市场调查、对铁路和航空竞争情况进行分析的中、长途客运市场调查等。表2-1为2016年农民工旅客购票渠道调查结果。许多高速铁路客运市场调查在调查内容设计、调查方式选择、调查问卷设计、调查对象选择、调查步骤设计和实施，以及调查结果统计分析等各个方面都已做得比较成功，但在规范化、系统化、连续性等方面还有待加强，调查内容、调查方式、调查方法的科学性有待进一步提高。

表2-1 2016年农民工旅客购票渠道调查结果

	回收问卷	车站购票	代售点购票	电话订票	网上购票	旅馆订票	旅行社订票	上车补票	绿色通道	单位订票	其他
合计/人	260 544	137 020	28 857	19 439	11 607	14 286	9 825	10 972	8 668	9 864	10 006
所占比例	1.00	0.53	0.11	0.07	0.04	0.06	0.04	0.04	0.03	0.04	0.04

1. 高速铁路客运市场调查的内容

高速铁路客运市场调查应从宏观和微观两个层次出发，多角度地调查，其主要内容包括以下几个方面。

（1）对高速铁路客运市场环境的调查。

高速铁路客运市场环境主要包括政治环境、经济环境、科学技术环境和社会文化环境等。

政治环境主要指政府颁布的有关政策、法令等，如金融政策、外贸政策、价格政策、税收政策、经济开发倾斜政策、市场准入法等。

经济环境主要指国民生产总值、国民收入总值、人口总数、工资水平、自然资源状况和基础设施条件等。

科学技术环境主要指当前国内外科学技术的发展状况，如科学技术领域的重大进展，对客运市场有影响的新技术的开发、引进与国产化程度，铁路客运新产品的开发、研制、推广等。

社会文化环境主要包括文化传统、宗教信仰、风俗习惯、可持续发展意识和消费观念等。

（2）对数量信息方面的调查。

数量信息主要包括客流量、客运周转量、旅客行程和客流密度分布变化等。

（3）对高速铁路客运营销需求信息的调查。

对高速铁路客运营销需求信息的调查主要包括对高速铁路客运产品的调查和对旅客需求的调查。

对高速铁路客运产品的调查包括高速铁路客运产品所能提供的客运服务水平、客运产品的价格、销售渠道、形象和促销手段（如广告）等情况的调查。

对旅客需求的调查内容包括旅客的基本情况和构成、旅客对高速铁路客运产品的满意程度（如安全性、舒适性、便利性）、旅客对交通方式的选择意愿、旅客选择交通方式所考虑的因素和旅客对铁路客运产品的潜在需求等。

（4）对竞争对手的调查。

对竞争对手的调查主要是对公路、航空和水运等其他交通方式的调查，调查内容包括各种交通方式占有市场份额的情况、客运服务水平、价格、市场营销手段和旅客满意程度等。

2. 高速铁路客运市场调查的体系结构

高速铁路客运市场调查的体系应从系统性、连续性和制度化几个方面着手，根据不同的调查目的确定相应的调查内容及方式，高速铁路客运市场调查的体系结构图如图 2-1 所示。

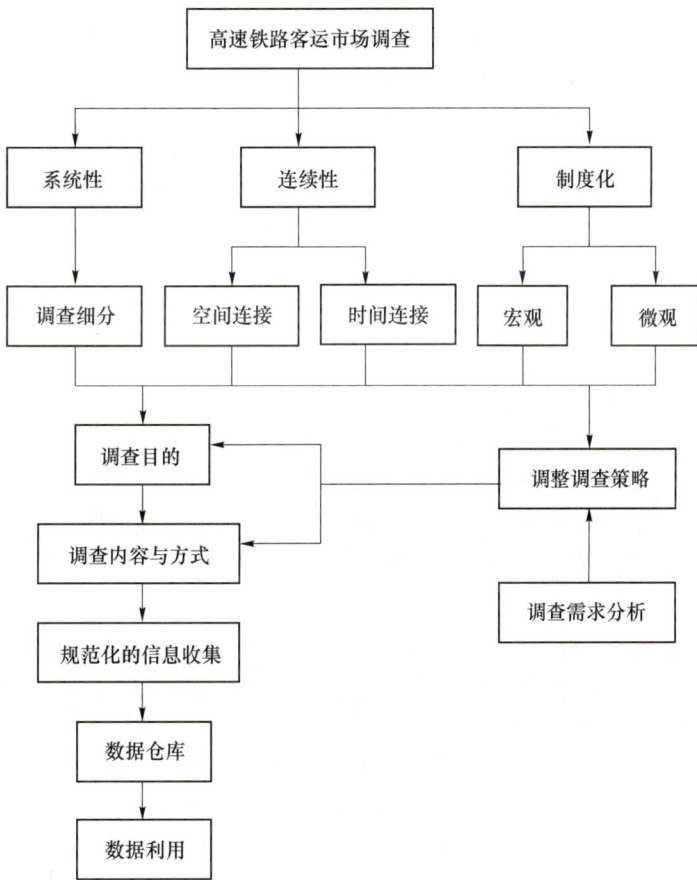

图 2-1　高速铁路客运市场调查的体系结构图

高速铁路企业经营决策者进行市场营销决策，在不同时期、不同经营状况和不同竞争对手等条件下，需要不同的市场信息，这就必须进行高速铁路客运市场调查细分。高速铁路客运市场调查细分如图 2-2 所示。开展一项调查前，应根据不同的调查目的设计不同的调查方案。

3. 高速铁路客运市场调查方案

（1）调查目的。

由于不同地区经济发展水平不同，存在梯度性的差异，因此不同地区的旅客总体消费水平也存在较大差异，客运需求也不同，调查的目的主要是了解不同区域的旅客需求，例如不同区域旅客对高速列车一等座、二等座、卧铺的需求情况；不同区域旅客对票价的敏感程度等。

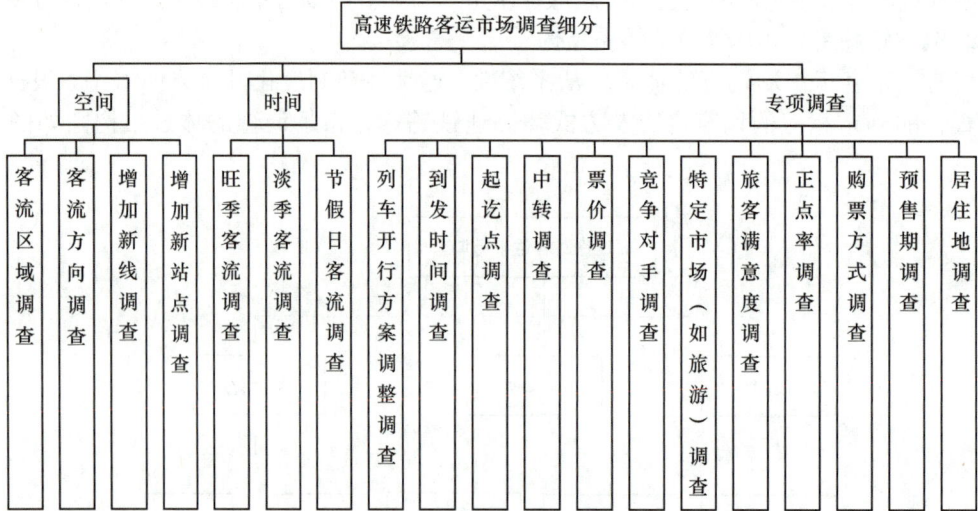

图 2-2　高速铁路客运市场调查细分

（2）调查内容。

调查内容主要包括以下几个方面：区域的经济政策、区域的经济发展阶段、区域在全国经济发展中所处的位置；区域的社会习惯、宗教传统、科技水平等；高速铁路列车的开行数量满足市场需求的情况和客座利用率；旅客乘车的舒适度；高速铁路在客运市场的竞争力情况；高速铁路票价是否能及时反映客运市场的供求变化等。

高速铁路客运市场调查的具体调查内容如下。

① 与区域宏观经济发展相关的调查项目，包括国家在该区域的经济政策（如金融政策、外贸政策、价格政策、税收政策、经济开发政策、市场准入法等）、区域生产总值、区域人口及人口构成、区域城市化水平、区域在全国经济发展中的排名等。

② 与区域微观经济相关的调查项目，包括区域居民的消费水平、工资水平、消费观念等。

③ 与区域社会文化相关的调查项目，包括区域的文化传统、宗教信仰、风俗习惯、可持续发展意识等。

④ 与高速铁路客运产品相关的调查项目，包括高速铁路列车的开行种类、数量、客运量、客运周转量、旅客平均运距、客座利用率等。

⑤ 与旅客对高速铁路客运产品满意度相关的调查项目，包括购票情况（如购票的渠道、订票费、车票预售时间、票价等）、候车情况（如服务态度、开水供应、卫生、舒适、安全情况等）、乘车情况（如乘务员的服务、车内治安秩序、车内环境卫生、列车发到正点率、列车速度、上车购票情况、小商品服务等）等。

⑥ 与高速铁路在客运市场的竞争能力相关的调查项目，包括各种运输方式在客运量、客运周转量、平均运距等方面的对比，各种运输方式在安全、方便、舒适、票价、速度等因素上对旅客出行选择的影响，各种运输方式的营销手段等。

（3）调查方式。

高速铁路客运市场调查采取抽样调查方式进行定期调查。区域宏、微观经济发展方面的调查及高速铁路客运产品的调查每季度统计一次，旅客对高速铁路客运产品满意度的调查及高速铁路在客运市场的竞争能力的调查选择在每年的客流旺季、客流淡季分别进行一次。

（4）调查方法。

根据不同的调查内容，采取不同的调查方法。不同的调查方法也可以结合使用。区域宏、微观经济发展方面的调查及高速铁路客运产品的调查可通过文案调查法查找相关资料和面访调查法询问相关的人员来开展；旅客对高速铁路客运产品满意度的调查一般采用问卷调查法来进行；高速铁路在客运市场的竞争能力的调查采用文案调查法、问卷调查法或面访调查法相结合的方法进行。

任务二　高速铁路客流分析与预测

技能目标

掌握高速铁路客运需求的分析方法；
掌握各种运输方式客运分担率的计算方法；
了解高速铁路客流吸引范围；
掌握客运市场需求预测方法。

知识点

高速铁路客运需求分析原则；
各种运输方式的客运分担率；
高速铁路客流吸引范围；
客运市场需求预测。

相关知识

一、高速铁路客运需求分析

旅客旅行按出行目的可以分为公务性旅行、个人旅行两大类，主要包括出差、通勤、经商、打工、探亲、求学和旅游等。以出差、通勤、经商、打工为目的的旅客运输需求来源于生产领域，是与人类生产、交换、分配等活动有关的需求，可称为生产性旅行需求，这种需求是生产活动在运输领域的继续，其运输费用进入产品或劳务成本。以探亲、求学、旅游为目的的旅客运输需求来源于消费领域，可称为消费性旅行需求，其运输费用来源于个人收入。

影响旅客运输需求的主要因素包括：经济发展水平、居民消费水平、人口数量、运输服务价格、运输服务质量等。

下面对经济发展水平对旅客运输市场需求的影响进行初步的分析。

市场经济条件下居民的消费动机受到政府宏观政策调控的影响日益减少，更趋于满足人的自然需求。对旅客运输市场需求的研究须从旅客主观出行动机出发进行分析，这样得到的旅客运输市场需求分析结论才能指导客运企业准确地设计出适销对路的客运产品以满足居民出行的需要。

随着我国国民经济持续稳定发展，居民的交通消费占总消费比重将有快速的增长，表2-2对比了中国与日本、联邦德国、苏联年人均GDP和人均出行次数指标。以人均GDP为1 000美元为例，我国2003年人均GDP达到1 000美元，而人均出行次数远小于20世纪60年代达到1 000美元的日本、联邦德国和苏联，从中可以看出我们与发达国家之间的差距，这也意味着我国未来必将拥有极具潜力的客运市场。参考表2-2中其他国家的数据，到21世纪中叶，我国的人均出行次数将是现在的几倍、十几倍甚至几十倍。

表2-2　人均GDP和人均出行次数统计分析表

国别	年份	人均GDP/美元	人均出行次数/（次/年）	其中			
				铁路/（次/年）	公路/（次/年）	水运/（次/年）	航空/（次/年）
中国	1994	660	9.12	0.91	7.96	0.22	0.03
	1998	751	11.01	0.75	10.08	0.17	0.01
	1999	780	11.09	0.78	10.10	0.18	0.03
	2000	844	11.64	0.80	10.63	0.15	0.06
	2001	911	12.01	0.82	10.99	0.14	0.06
	2002	978	12.51	0.82	11.48	0.15	0.06
	2003	1 080	12.28	0.75	11.32	0.14	0.07
	2004	1 490	13.60	0.86	12.50	0.15	0.09
	2005	1 741	14.12	0.88	12.98	0.15	0.11
	2006	2 070	15.40	0.96	14.15	0.17	0.12
	2007	2 592	16.86	1.03	15.52	0.17	0.14
日本	1966	1 000	321.56	159.57	160.64	1.30	0.05
	1971	2 000	397.43	156.04	239.56	1.68	0.15
	1974	4 000	409.23	159.67	247.92	1.41	0.23
联邦德国	1960	1 000	139.80	20.07	119.41	0.23	0.09
	1965	2 000	166.00	24.50	141.01	0.31	0.18
	1972	4 000	226.25	37.67	187.80	0.33	0.45
苏联	1960	1 000	63.96	10.41	52.8	0.68	0.07
	1970	2 000	127.51	13.82	112.64	0.76	0.29

二、铁路旅客周转量

据国家统计局数据显示，2020 年我国铁路旅客周转量为 8 266.19 亿人公里，较上年减少 6 440.45 亿人公里。2010—2020 年我国铁路旅客周转量统计情况见表 2－3，2010—2020 年我国旅客周转量统计情况见表 2－4。

表 2－3　2010—2020 年我国铁路旅客周转量统计情况

时间	铁路旅客周转量/亿人公里
2011 年	9 612.29
2012 年	9 812.33
2013 年	10 595.62
2014 年	11 242
2015 年	11 960.6
2016 年	12 579.29
2017 年	13 456.92
2018 年	14 146.58
2019 年	14 706.64
2020 年	8 266.19

表 2－4　2010—2020 年我国旅客周转量统计情况

时间	旅客周转量/亿人公里
2011 年	30 984.03
2012 年	33 383.09
2013 年	27 571.65
2014 年	28 647
2015 年	30 059
2016 年	31 258.47
2017 年	32 812.8
2018 年	34 218.15
2019 年	35 349.24
2020 年	19 251.47

三、高速铁路客流吸引范围

日本客运市场的统计资料表明，新干线铁路运输在运距 400～1 000 km 的范围内，市场占有率在 50% 以上，这显示出高速铁路在此运距范围内强大的优势和生命力。在运距 200～

400 km 和运距 1 000～1 500 km 的范围内，高速铁路和公路、航空激烈竞争。

西欧国家在高速铁路修建之前，出行距离在 400 km 以内时，有 50% 的人选择公路，28% 的人选择铁路；运距在 400～600 km 时，有 34% 的人选择铁路；运距在 600 km 以上时，40% 以上的人选择飞机，且运距越远比例越高。在高速铁路修通之后，情况有了很大变化，出行距离在 1 000 km 以内时，选择高速铁路的比例大幅上升；出行距离在 1 000 km 以上时，选择高速铁路的人数也有增加。

我国地域辽阔，地区经济发展差异较大，省会（自治区首府）城市间的平均距离在 1 400 km 左右，省会（自治区首府）城市周边 500 km 左右的经济带、经济圈布局已基本形成，因此，中、长途旅客运输需求一直比较旺盛。铁路连接了全国 400 多个主要城市，今后城市间的铁路运量增长将会加快，因此，保持中、长途运输的优势仍然是铁路工作的重点，也是高速铁路工作的重点。

四、客运需求预测

客运需求预测对于合理地确定交通设施的投资、运营策略、运输发展战略起着十分重要的作用。

影响客运需求的因素有很多，宏观层次的因素包括：地区经济发展水平、居民消费水平、人口数量及结构、经济体制和经济政策、综合交通发展水平等。微观的因素包括：旅行速度、运价水平、发车密度、运输服务设施、服务水平等。若从高速铁路运营部门的角度分析，对于一些宏观因素通常是无法改变的，但是运输企业可以通过调整和改变一些微观、直接的影响因素，使不断变化的运输需求能更好地与运输供给相匹配，以确保运输安全，提升运输企业的公众形象。

目前存在的客运需求预测方法，归纳起来可以分为两大类，即定性预测方法和定量预测方法。根据预测时间不同，客运需求预测可分为长期预测、中期预测、近期预测及短期预测。

定性预测的优点是能集思广益、简单易行，在缺乏足够统计数据或原始资料的情况下，可以获得文献上尚未反映的信息，而且其一般不需要建立高深的数学模型，所以易于普及和推广。当然定性预测的缺点也是显而易见的，其缺乏统一的客观标准，易受预测人员经验和认识的制约，预测结果难免会带有一定的主观片面性。

不同预测目的所采用的方法不同，要保证预测的准确性，必须根据预测的目的选用最合适、最科学的方法，在预测中还要注意以下几点。

1. 面向整个运输市场预测高速铁路客运需求

高速铁路运输是运输市场中的一种运输方式，过去我们在进行客流预测时，往往只考虑高速铁路本身的情况。在市场经济条件下，各种运输方式之间存在激烈的竞争，高速铁路的运量不一定随着经济增长而同比增长。虽然高速铁路运输有其自身的技术经济优势，但如果其他运输方式提高供给水平，一部分高速铁路客流就有可能转移到其他运输方式。特别是当前部分高速铁路线路运输供给量（运输能力）短缺，一定程度限制了旅客对高速铁路运输方式的选择。只有综合考虑相关的社会经济因素和比较各种运输方式的供给水平，才能准确地预测高速铁路客运需求在整个运输市场中所占的份额。

2. 客流结构的预测

以往我们更加关注量的预测，但是旅客需求的多样化越来越明显，要合理地设计相应的运输产品，如列车等级、车厢等级、服务频率、列车发到时刻、票种等，就必须分析预测客流的结构（旅客的各种属性），如旅客的构成（收入水平、职业、年龄）、出行目的、区域分布（离火车站的距离）、家庭规模等。

3. 运输市场调查法

运输市场调查法是我国运输企业长期使用的主要运量预测方法。通过一定时期的历史资料和周到细致的调查工作，可以掌握一定区域内客运量变化的大体趋势，得出比较符合实际的预测结果，但如果区域范围较大，经济调查的工作量会过于庞大，遗漏和调查数据发生偏差的情况也难以避免。此外，当市场因素在经济活动中所占比重越来越大的时候，客运需求会受很多不确定因素的影响，运输市场调查法的局限性也就比较明显。目前该方法仍然不失为一种相当有效的预测方法，与其他适用的方法相结合，将继续发挥重要的作用。

运输市场调查应关注质与量两个层面："质"是指对高速铁路在运行过程中提供的相关服务内容、方式及水平与旅客需求或期望的关系；"量"是指车站的客运需求量及客运量。在调查预测时要考虑到关键的几个时间点，如夏季运行图与冬季运行图相互转换时期、节假日增开列车时期、其他调图时期等。运输市场调查的具体调查内容包括以下方面。

① 列车开行方案：车站开行列车的种类、车次、方向、数量、时间、停站及时间。
② 发到时间调查：列车计划与实际的发到时间、正点率。
③ 票价调查：不同类型列车及座席的票价水平。
④ 运行速度调查：不同类型列车的旅行速度及技术速度。
⑤ 定员数调查：不同车次列车的编组及定员数。

任务三　高速铁路列车开行方案认知

技能目标

了解国外高速铁路客运组织方法；
掌握高速铁路列车开行方案编制方法；
掌握高速铁路区间通过能力计算方法。

知识点

国外高速铁路客运组织原则；
高速铁路列车开行方案编制原则；
高速铁路区间通过能力计算规定。

一、国外高速铁路客运组织

1. 日本

日本高速铁路线路采用 1 435 mm 的标准轨距，而既有铁路线路为 1 067 mm 的窄轨，高速铁路为独立体系。最初的跨线客流在高速铁路车站换乘。高速列车白天运行、夜间维修，运营和维修互不干扰。

1987 年 JR 东日本公司民营化后，为提高大东北新干线的效益，首先将山形线（福岛—山形）改造成标准轨（部分地段增设第三轨），为适应山形线的限界，还专门开发了 400 系高速列车，并于 1992 年 7 月 1 日实现了东京至山形直达旅客运输，为此客流增长了 56.7%。

东京—博多的新干线全长 1 069.1 km，设站 33 个。为了吸引更多客流，1996 年 10 月 1 日—11 月 30 日的列车运行图（单方向）安排了三种高速列车共 61 种停站方式。专为通勤旅客服务的"回声号"运行距离短，站站停车；为满足旅客便捷、快速而开行的"希望号"列车，停站少，全程最多停 6 站；"光号"列车的停站次数则介于二者之间，一般为 8～12 个；全程不开行途中不停站的直达列车，主要原因是日本的旅客在里程超过 1 000 km 时更愿意选择飞机。

高密度、长编组、多定员、停站时间短、停站方案多、车站站线利用率高、列车服务频率高是日本高速铁路客运组织的主要特点。表 2-5 为东京至各大站的列车车次频率，表 2-6 为东海道—山阳新干线列车停站时间标准。

表 2-5　东京至各大站的列车车次频率　　　　　　　　　　　　　次/日

运行区间	东京—新横滨	东京—静冈	东京—名古屋	东京—京都	东京—新大阪	东京—姬路	东京—冈山	东京—福山	东京—广岛	东京—小仓	东京—博多
服务频率	98	52	145	134	135	27	54	25	41	33	33

表 2-6　东海道—山阳新干线列车停站时间标准

上车旅客人数/人	停站时间	备注
＜100	45 s	
100～＜200	1 min	
200～＜300	1 min15 s	平均下车时间：1.1 s/人
≥300	1 min45 s～2 min	平均上车时间：1.2 s/人
有服务员的车站	1 min30 s	列车在站最小立折时间：16 min
有大的旅行团	临时设定时间	

2. 法国

法国的高速铁路网以巴黎为中心，呈放射状，主要在大运量的干线上修建，高速铁路与既有铁路联网互通，法国高速列车（TGV）通过既有线开行到更多的人口密集地区。法国高速铁路采用"多车次、少中转"的运营方式，高速线为全高速的线路，线路能力得到最佳利用，但列车编组少，在高峰时段采用"多列联运"的方式增加载客量。由于高速列车可下高速线运行，其通达里程远大于高速线里程，在高速铁路线路还只有 1 576 km 时，TGV 高速列车的运行范围就达到了 7 500 km 以上。

3. 德国

德国铁路没有针对高速铁路成立专门的组织机构，高速铁路与既有铁路一并管理。德国高速铁路采用新线建设和既有线改造结合的方式构建，旅客列车及货物列车分时混用。旅客列车采用电动高速列车（ICE）。德国经济发达，国土较宽，城市的密集程度不是很大，ICE 列车主要用于运能紧张的干线。

在德国，6:00—22:00 开行高速列车，列车密度较低，ICE 列车每小时一列，其他为普通列车，繁忙区段开行各类旅客列车 100 列，夜间开行货物列车 80 列。旅客列车停站时间在 1～4 min。德国高速列车也大量下线运行，在高速铁路线路只有 427 km 时，ICE 高速列车的运行范围就达到了 4 000 km 左右。

国外高速铁路客运组织和客运服务方面有以下几点值得借鉴。

（1）不少国家的高速铁路成功地采用了客货列车分时运行或多种速度等级旅客列车混合运行的运营方式。

（2）为提高高速铁路的效益及整个社会的综合效益，高速铁路必须多吸引旅客，以产生规模效应。减少换乘是吸引旅客的重要手段之一。尽可能开行直达列车，减少换乘，是各国共同致力的方向。

（3）灵活多样的高速列车编组和列车定员，既满足了客流变化的需要，又可节省车辆设备。高速铁路客运组织应考虑长、短编组结合的开行方案。

（4）在大中型车站，保证足够数量的列车服务频率（车次）是吸引旅客的重要因素。

（5）统计数据表明，各国高速铁路的上座率随着高速铁路运营管理的不断加强和完善而逐年上升，日本、法国、西班牙高速铁路平日上座率都在 60%～70%，节假日呈超员状态。我国高速铁路的客运组织也要保证较高的上座率。

（6）快捷、简明、方便、流畅的旅客流线和相对固定使用的站台、站线是各国高速铁路车站建设的方针和目标，也是更好吸引客流的必要条件。

（7）完善的旅客向导系统，极大地方便了旅客的出行。

（8）车站和列车上均设置了旅客旅行所需的、先进的设备和设施，营造出舒适的候车和乘车环境。

二、高速铁路列车开行方案

列车运行图、旅客列车时刻表的编制都要以列车开行方案为基础，铁路客运产品的表现形式就是旅客列车时刻表。客运市场的需求是列车开行方案编制的前提，因此旅客列车开行方案要满足客运市场需求，合理确定旅客列车开行计划，提高列车运行速度，发挥高速客运专线的优势，逐步增加直通旅客列车比例。随着国民经济的发展、人民生活水平的提高，旅客需求也发生了很大变化。不同层次旅客由于出行目的的不同，对旅行的需求也有所不同。在编制高速客运专线旅客列车开行方案的时候也要利用既有线开行不同档次的旅客列车以满足市场多样化的需求，提高铁路运输在客运市场的综合竞争能力。机、车、工、电、辆等技术条件，以及高速客运专线所处的地质、气候条件也影响着高速铁路列车开行方案的确定。

（一）旅客列车开行方案的定义

旅客列车开行方案是在客流预测的基础上，确定旅客列车的运行区段、径路、种类及开行对数。旅客列车开行方案以市场需求为导向，以客流为确定旅客列车开行方案的基本依据，同时还必须尽可能减少旅客的换乘次数与在途时间，经济合理地使用列车车底，使线路长短结合，客流分布均匀，充分发挥高速铁路的运输能力和设备的利用率。

铁路部门在组织旅客运输的生产过程中，应充分发挥列车运行图的作用，有效地利用好多种铁路技术设备，促使各部门、各工种、各项作业之间协调配合，以保证行车安全，提高运输效率。

列车运行图是车务、机务、工务、电务、车辆等部门的综合计划。所有与列车运行图有关的部门，尤其是客运部门，必须严格按照列车运行图的要求，组织好本部门的工作。列车运行图明确规定了列车占用区间的顺序，各分界点，列车到、发、通过时刻，各区间的列车运行速度，停站时间标准，并须保障有计划地、经济合理地使用机车车辆。

旅客列车开行方案的编制工作是编制整个列车运行图的中心环节，它要解决的是各个方向旅客列车在运行图上的整体布局。它涉及机务、车务、客运、线路、桥隧、车站等诸多方面。

确定列车的始发站、终到站的发到时间；确定列车在铁路局分界口、大城市、旅游点所在站的发到时间；解决车底运用、机车周转、列车的接续、列车密度等问题是编制旅客列车开行方案的目标。

（二）旅客列车开行方案编制的基本原则

1. 充分协调客运专线和既有线运输能力的原则

如果在高速铁路建设前，既有线承担了全部的客、货运输，那么在高速铁路建成后，大部分的客运量将转移到客运专线上，但为了兼顾低收入群体和小站客流的需求，既有线上应适当保留一定数量的旅客列车。

2. 尽量减少旅客换乘的原则

换乘给旅客的出行带来很多不便，既增加了旅客的旅行时间，又会使部分客流转向其他交通运输方式。减少换乘是吸引旅客的重要手段。

3. 到发时间适当的原则

客车开行时间的不同对旅客的吸引程度差异明显，合理的始发、终到时间可以适应人们生活和出行的习惯，节省旅行时间。为了适应人们生活和出行的习惯，节省旅行时间，方便工作，必须合理地确定始发、终到时间。对于短途旅客列车，发到时间应尽量满足多数人能够当日往返的出行需要。对于中、长途旅客列车尤其是一些平行于高速公路和与航空运输速度竞争不利的线路，应充分发挥铁路行车安全、全天候运行的特点，开行带卧铺的夕发朝至动车组，旅途时间以夜间为主，不影响旅客白天的工作，提高旅客的旅行效率，达到吸引客流的目的。

4. 提高列车运行速度的原则

旅客对列车速度的要求随着时间价值的提高而普遍提高。为了提高列车速度、减少旅客在途时间，增加铁路在旅客运输市场的竞争力是高速客运专线建设的目的。客运专线旅客列车开行方案优化的首要原则是列车旅行速度。对长、短途旅客列车的速度，应区别对待。长途客车应尽可能提高运行速度，压缩旅行时间。短途旅客列车则须考虑停靠站点数量等诸多因素后，合理提高运行速度。

5. 合理编组原则

高速铁路列车的编组一般在8～16辆，具体编组数量须综合考虑各种因素来确定，例如哈齐客运专线的旅客列车编组就要充分考虑该线路的客流特点以提高效率。由于除了哈尔滨、大庆、齐齐哈尔三个城市客流比较集中，其他几个站的客流均较小且公路运输又比较便捷，对于这样的运输实际情况，旅客列车应尽量采取小编组、高频率的运行方式。跨线长途旅客列车行车密度相对较小，因此应适当增加列车编组，合理利用线路、设备能力。

6. 合理停站原则

一方面，旅客列车停站越多辐射的区域也就越多，对于某些旅客的出行也更加方便，另一方面，停站多必然降低列车的运行速度，增加部分旅客的在途时间，为此也会失去部分客流。因此，中、长途旅客列车的合理停站是优化客运专线旅客列车开行方案的又一重要原则。在有两次以上的列车经过同一线路时，应适当交错停站，以达到既满足旅客出行需求又提高列车运行速度的目的。

（三）旅客列车开行方案的影响因素

1. 列车编组及定员

为了完成一定的运量必须提高服务频率，运量和服务频率是确定列车定员的依据。一般采用短编组、高密度的开行方案可大大提高服务频率。这样能更好地吸引客流；但当线路能力紧张时，只有大编组才能够达到充分利用线路能力的目的。列车编组方案应该尽可能采取灵活的编组形式，也就是说，列车编组不必固定不变，应针对客流量的增加而逐步扩大编组，并始终保持较小的列车运行间隔来实现较高的服务水平，同时也可以通过调节编组和行车密度来保证较高的载客率。

2. 列车客座利用率

列车客座利用率的含义是"用百分率表示的平均每一客座公里所完成的人公里数"，它是用来反映列车利用程度的指标。我国铁路旅客列车平均客座利用率多年来保持在70%左右。客座利用率与列车运行线路、运行距离、旅行速度、开行时间、列车定员、停站次数等因素有很大关系。等级相对较低、停站次数较多的旅客列车，吸引的客流比较多，客流成分多样，其平均席位周转次数一般比高等级列车高。

3. 服务频率和运量的关系

在市场经济条件下，服务频率是吸引旅客的重要因素。服务频率可直接反映出沿线各站旅客乘坐旅客列车的次数，以及吸引客流的程度。在客流预测中，将不同的服务频率输入运量预测模型后，可得出不同服务频率条件下的运量变化情况。

服务频率与客流量的关系是：服务频率高，运量增长，服务频率达到一定的次数后，服务频率和旅客运量的关系就不明显了。

4. 客流结构

旅客客流结构不同也影响着开行方案的制定。客流结构主要包括旅客的出行目的、经济收入、知识层次、社会地位，等等。在编制开行方案时必须向数量比较大的旅客类型倾斜，更多地考虑这类旅客的需求。例如当公务出行、旅游出行所占比例较大时，开行方案应满足旅客快捷舒适的要求；而农民工等低收入阶层比例很高时，则开行方案要满足其经济性要求，多开行廉价、等级较低的列车。如果通勤客流较多，则开行方案要满足其随到随走的便捷性要求，提高列车发车频率和速度。

三、高速铁路区间通过能力

（一）区段通过能力

运输设备、行车组织方式共同作用、相互影响，最终形成区段通过能力。通过能力一般要通过区段表现出来。区段通过能力可以定义为在单位时间内（通常是一昼夜）某一区段所能通过的最大行车量。区段通过能力是制订运输计划，新建、改建铁路线路和装备运输设备的重要依据和指标。

（二）区间通过能力

区间通过能力是指铁路区段的每一区间在一定的行车组织条件下，一昼夜最多能通过的列车数量（列数或对数）。区段通常由多个区间组成，一般可分别通过每一区间来研究列车对区间的占用，从中找出列车运行最困难的区间，并把这一区间作为整个区段通过能力的标准区间。

（三）区间通过能力的影响因素

区段通过能力是区间通过能力的整体反映。区段内中间站的数量及各区间的距离即区间大小的不均衡性、列车在各站的追踪、到达和出发间隔时分、客货列车在各站的起停车附加时分、客货列车运行速度、旅客列车对数和旅客列车的分布结构等，是通过能力计算时应当考虑的因素。区间通过能力主要受下列因素的影响。

1. 区间内的正线数目

双线、三线或四线区间的通过能力将大于单线区间的通过能力。

2. 区间长度

当列车运行速度一定时，区间长度的大小对区间的通过能力往往起着决定性的影响。

3. 线路平纵断面

当列车重量一定时，线路的坡度和曲线半径的不同将影响列车的运行速度，进而影响列车占用区间的时间。

4. 牵引机车类型

各类机车在牵引性能、构造速度、计算速度、制动等方面存在差别，因此，各种不同类型的机车牵引一定重量的列车在同一区间运行时，将有不同的速度，从而产生不同的运行时间。

5. 信、联、闭设备

各种类型的信、联、闭设备的性能、操纵方式、办理作业时间各不相同，从而影响区间通过能力的大小。

6. "天窗"设置

使用大型机械进行线路整修，以及电气化铁道的供电设备需要停电进行维修时，需要在列车运行图上设置固定的施工"天窗"，这对区间通过能力的影响很大。

7. 行车组织方式

行车组织方式具体体现为列车运行图的类型。例如，根据各种列车运行速度的对比关系，我国铁路传统的列车运行图分为平行运行图和非平行运行图。平行运行图能保证最充分地利用区段通过能力，并作为研究各种类型运行图性质和规律的基础。

计算区间通过能力所需要考虑的时间因素主要有：列车区间运行时间和起停车附加时间、列车技术作业停站时间、车站间隔时间、追踪列车间隔时间、施工"天窗"时间等。这些因素也是列车运行图的主要影响因素。

（四）高速铁路列车开行模式分析

设计高速铁路客运组织模式时，可以开行一种速度目标值列车，也可以开行几种速度目标值列车。对于仅开行一种速度目标值列车的情况，列车仅有有无停站的区别，其通过能力的确定较简单。若高速铁路上开行多种速度目标值列车，则通过能力的计算将变得复杂。不同种类旅客列车的差别主要体现在客车速度等级、停站比例等方面。由于列车存在速度差别，导致客运专线列车运行图是不规则的非平行运行图。借鉴既有线不同速度列车混运通过能力计算办法，结合旅客列车特点，可采用扣除系数法和平均最小列车间隔法来计算区间通过能力。

任务四　高速铁路列车运行图及动车组运用计划

技能目标

掌握列车运行图的基本规定；
掌握动车组运用计划。

知 识 点

列车运行图的基本规定；
动车组运用计划。

任务的提出

高速铁路列车运行图与动车组的运用计划相结合可以达到充分利用运输设备，提升运输能力的效果。

相关知识

一、列车运行图

在运输生产过程中，列车运行是一个很复杂的环节，它要利用多种铁路技术设备，要求各部门、各工种、各项作业之间互相协调配合，才能保证行车安全和提高运输效率。

列车运行图是铁路组织运输生产和运输产品供应的综合计划，是铁路运输生产联结社会生活的纽带。它规定各次列车占用区间的顺序，列车在每个车站的到达或通过的时刻，列车在区间的运行时间，列车在车站的停站时间，以及机车交路等，是全路生产组织运行的基础。

列车运行图是一个生产计划——规定了线路、站场、动车组等设备的运用，使得运输生产活动有条不紊地进行。

列车运行图是一个产品供应计划——规定了列车开行方案，出发的各种列车的等级、服务等。

铁路旅客列车时刻表就是列车运行图输出的铁路运输产品目录。

高速铁路列车运行图的编制工作是全路列车运行图编制工作的一部分，由中国铁路总公司统一组织编制。高速铁路列车运行图严格遵守各种间隔时间标准和规章制度；适应高速铁路客流特点，最大限度满足旅客出行的需要，尽可能按时段、服务频率安排列车运行；协调好高速铁路客运专线与既有线的衔接，并尽可能提高高速铁路客运专线及既有线的通过能力；协调好跨线列车运行线与本线列车运行线的关系，尽量减少高速铁路客运专线上各种列车的相互影响。

高速铁路列车运行图应尽可能考虑客流高峰需求，列车开行数量具有与时段相关的波动性和规律性；列车开行数量受动车组数量和运用方式的制约，应尽可能提高动车组的上线率；对于跨线列车和本线高速列车，需要明确优先原则和列车等级；跨线列车运行线布局方案应尽可能考虑高速铁路客运专线的通过能力，并为本线列车的开行创造条件；高速铁路客运专线综合维修天窗设置方案对跨线列车和夕发朝至列车的开行具有制约作用；高速铁路客运专线运行图的编制要考虑相关运行线的紧密接续，方便旅客的换乘。

二、动车组运用计划

动车组的运用计划主要由动车组周转计划、动车组分配计划和动车组检修计划组成。动车组周转计划主要规定了按什么顺序担当列车，但并不规定具体的动车组；分配计划指定具体的动车组担当周转计划中的具体交路，保证每个交路有质量良好的动车组完成；检修计划规定了动车组在基地检修的时间、内容、检修线等具体内容，供动车组基地检修使用。

1. 动车组周转计划

动车组运用计划是动车组周转接续和维修的综合计划。动车组周转计划是根据给定的列车运行图、有关动车组检修规程的规定及检修基地的条件等，对动车组在什么时刻、在哪个车站、担当哪次列车，以及在什么时间、什么地点、进行哪种类型的检修等做出具体安排，以确保状态良好的动车组实现列车运行图。

2. 动车组分配计划

动车组周转计划中对列车周转接续进行了安排，形成了周转交路，但没有指定具体的动车组。动车组分配计划要充分考虑动车组的位置、累计走行公里、已进行过的各类检修情况等条件，在模拟未来使用计划的基础上进行编制。动车组分配计划的编制过程如图 2-3 所示。

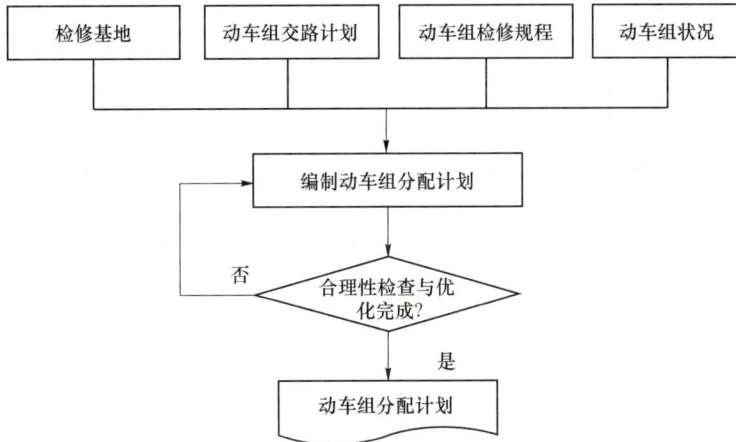

图 2-3　动车组分配计划的编制过程

动车组分配计划的编制结果必须以适当的形式表现出来，并明确动车组编号、初始位置、担当的交路编号、运用后的驻留位置、运用后的状态等内容。

3. 动车组检修计划

根据动车组的检修地点、检修项目等所做的计划称为动车组检修计划。动车组检修计划根据交路计划、车辆分配计划、动车设备履历、修程、修制、动车走行统计数据和列车故障情况、检修基地的作业能力等实际情况编制。动车组检修计划的主要依据为：动车组检修的长期规划、检修基地的检修能力、动车组的实际状态。动车组检修计划的编制结果必须以适当的形式表现出来，并明确动车组编号、检修项目、检修地点、检修时间等内容。

三、动车组运用计划的编制

动车组运用计划编制是指根据列车开行的线路、客流情况、车辆数量、维修保养等因素，制订动车组列车的运营时间表和调度计划。编制过程中需要考虑运行安全、时刻表的合理性以及节约成本等因素。编制动车组运用计划主要有以下 5 个过程：

（1）收集列车运行的相关信息，如列车时刻表、站点情况、列车数量和类型等。

（2）根据旅客需求和动车组情况确定动车组编组方案、列车时刻表与停靠站点。

（3）根据列车行驶里程、运输经济性等因素制订维修保养计划。

（4）利用计算机软件或手工制作对动车组运用计划进行检查和修改。

（5）完成动车组运用计划后，进行审核、批准并向有关部门和人员发布。

四、乘务运用计划

1. 乘务运用计划的基本概念

乘务运用计划是动车组乘务员（组）的综合乘务计划，也就是根据给定的列车运行图、乘务员乘务规程、乘务基地条件等，对乘务员（组）在什么时间、什么地点出乘，在什么时刻、担当哪次列车，以及在什么时间、什么地点退乘等做出具体安排，以确保列车开行计划的实现。

乘务运用计划主要分为乘务日计划及月度计划。

（1）日计划由全体乘务交路构成，表示完成一日的运行图任务需要的乘务员数量及各乘务员担当的乘务交路。

（2）乘务交路就是一个乘务员（组）一日的工作计划，每一行是一个乘务交路，每条线段上的字符表示车次。

（3）月度计划描述各乘务员（组）在指定月度中担当的乘务交路及休息计划。

2. 乘务运用计划的编制

动车组采用不固定区段使用的方式，与之相对应的乘务员运用方式也与普速列车的既有方式有所不同。动车组乘务运用计划的特点是在乘务基地的乘务范围内，只要满足乘务规则，乘务员可以担当任意列车的乘务任务。

素质拓展

十一长假，90 名调度员为 2 000 趟列车"指路"

2022 年 10 月 1 日，中国铁路武汉局集团有限公司（简称武汉局）发送客流 45 万人，2 000 趟客货列车畅行荆楚，背后离不开指挥中枢——武汉局调度所。

顾名思义，调度所是铁路客货列车的行车指挥机构，每天开多少列、列车在区间内怎么走、保持什么样的速度，全由这儿"发号施令"。

节日里，这里的氛围像往常一样，调度所不存在节假日，每天都一样。只要线路上有火车在运行，指挥大厅就需要有对应的调度员，不管车多车少，都必须全员在岗。

90 名调度员坚守岗位，时而注视屏幕上的信号图，时而接听电话，与车站、司机沟通线路情况。指挥大厅的屏幕上，实时显示武汉局通行列车数量等指标数据。

指挥大厅是列车运行指挥场所，直接关系着线路上的列车有序运营。指挥大厅旁边，还有一个应急指挥中心，通过这里十几平方米的电子监控屏幕，可以看到各车站的实时情况，这里聚集了铁路各工种应急人员，一旦有重大突发状况，将在这儿进行远程集中指挥。

指挥大厅内有一个非常繁忙的岗位"武汉枢纽岗"，电脑屏幕上，红色、绿色的动态图，显示管内车辆密集驶入。各个方向的车汇聚到这儿，有的经停、有的路过，让谁先走、谁后走，是一个需要快速反应的技术活。每七八分钟，武汉枢纽岗就需要指挥一趟列车通行。

这里 365 天、24 小时不打烊，调度所的 500 多名调度员被分成四组，在白天、夜晚交替指挥线路列车的运营，就连吃饭都是在工作岗位上。确保列车安全正点运行是调度员的责任。他们高效地工作，就能为万千旅客节约时间，让他们尽可能正点到达。

铁路旅客运输组织工作岗位上的铁路职工，放弃节假日、日夜颠倒，克服常人难以想象的困难，为旅客出行保驾护航。

项目三

高速铁路站务工作组织

🚩 **思政目标**

● 通过火车站旅客运输设施设备、运输组织模式的发展变化，树立铁路"以人为本"的服务理念。

引导案例

虹桥站全力保障旅客顺利出行

1月7日，2023年春运正式拉开帷幕。人们出行的脚步正变得越来越轻快，大家纷纷怀着新的期待，奔赴不同的旅途终点。而在这一路上，有一群人始终在默默坚守，悉心守护着旅客的出行平安。

早上9点，虹桥站迎来一波进站大客流。进站口前，工作人员举着大喇叭，将客流分散到不同的进站通道。没有多余的核验流程，旅客经安检后，随即进入候车大厅。旅客中有的是出门旅游，也有的是带着小孩回老家。进站流程简化之后，让不少旅客感觉到了方便。

铁路部门针对今年春运特点，精心组织春运运输服务方案，在恢复各趟图定列车开行的同时，将适需增开云贵、川渝、湖南、湖北等多个方向旅客列车272对，车站还将根据客流实际，精准实施"一日一图"，通过加开列车、动车组重联等方式适时增加运力。

针对冷空气南下影响，雨雪天气增多的情况，为做好春运期间旅客出行服务工作，虹桥站在进出站通道、楼梯台阶、站台等关键部位，铺设草垫、麻布袋等防滑用品，同时增派工作人员进行引导，提醒旅客注意安全，候车厅及时播报列车晚点及恢复开行的信息，另外还增开售退票窗口，满足旅客出行需求。为保障列车安全通行，管内各站还组织人员上道除冰扫雪，用融雪装置对铁路道岔进行融冰处理。

任务一 / 铁路旅客车站的总体要求

技能目标

掌握铁路旅客车站的基本要求与基本概念；
掌握铁路旅客车站的总体布置与车站广场的要求；
掌握铁路旅客车站站房与站台的标准。

知识点

铁路旅客车站的基本要求与基本概念；
铁路旅客车站的总体布置与车站广场的要求；
铁路旅客车站站房与站台的标准。

任务的提出

铁路旅客车站是铁路重要的客运基础设施，掌握铁路旅客车站的相关要求，才能更好地进行铁路车站的客运组织工作。

相关知识

一、基本要求

铁路旅客车站布局应符合城镇发展和铁路运输要求，并根据当地经济、交通发展条件，合理确定建筑形式。铁路旅客车站设计应符合安全可靠、先进成熟、便捷舒适、节能环保、经济适用等要求。客货共线铁路旅客车站规模应根据最高聚集人数按表 3-1 确定。高速铁路与城际铁路旅客车站规模应根据高峰小时发送量按表 3-2 确定。

表 3-1　客货共线铁路旅客车站规模

车站规模	最高聚集人数 H/人	车站规模	最高聚集人数 H/人
特大型	$H \geqslant 10\,000$	中型	$600 < H < 3\,000$
大型	$3\,000 \leqslant H < 10\,000$	小型	$H \leqslant 600$

表 3-2　高速铁路与城际铁路旅客车站规模

车站规模	高峰小时发送量 PH/人	车站规模	高峰小时发送量 PH/人
特大型	$PH \geqslant 10\,000$	中型	$1\,000 \leqslant PH < 5\,000$
大型	$5\,000 \leqslant PH < 10\,000$	小型	$PH < 1\,000$

铁路旅客车站无障碍设计应符合国家现行标准《铁路旅客车站设计规范》（TB 10100）和《无障碍设计规范》（GB 50763）的有关规定。铁路旅客车站建筑节能设计应符合国家现行标准《公共建筑节能设计标准》（GB 50189）的有关规定。

二、基本概念

（1）铁路旅客车站（铁路客站）：办理铁路客运业务，为铁路旅客提供乘降功能的场所。一般由铁路客站站房、客运服务设施和城市配套设施（车站广场和城市交通配套设施）等组成。

（2）铁路客站站房：为铁路旅客办理客运业务的公共建筑。主要由进站、出站集散厅，候车区（厅、室），售票用房，客运作业及附属用房，行包用房以及为旅客服务的商业用房等组成。

（3）客运服务设施：铁路客站范围内为旅客服务的站台、站台雨棚、地道、天桥等建筑物或构筑物，以及检票口、电梯与自动扶梯、公共信息导向系统等设施的统称。

（4）站房平台：由铁路客站站房外墙向城市方向延伸一定宽度，连接铁路客站站房各个部位及进出口的平台。

（5）集散厅：铁路客站站房内，对进站、出站旅客进行疏导的大厅。

（6）最高聚集人数：铁路客站全年发送旅客最多月份中，一昼夜在候车区（厅、室）内瞬时（8～10 min）出现的最大候车（含送客）人数的平均值。

（7）高峰小时发送量：铁路客站全年发送旅客最多月份中，日均高峰小时旅客发送量。

（8）设计行包库存件数：设计年度内最高月的日均行包库存件数。

（9）公共信息导向系统：由导向要素构成的引导人们在公共场所进行有序活动的标志系统。

（10）绿色铁路客站：在建筑的全寿命周期内，最大限度地节约资源（节地、节能、节水、节材），保护环境和减少污染，为旅客和工作人员提供健康、适用和高效的使用空间，以及自然和谐共生的铁路客站

（11）地下铁路客站（地下车站）：全部或部分铁路客站站房、客运服务设施位于地面以下的铁路客站。

（12）无障碍设施：方便残疾人、老年人等行动不便或有视力障碍者使用的安全设施。

三、铁路旅客车站选址和总平面布置

1. 选址

铁路旅客车站的选址应符合下列规定：

① 满足铁路运输需求，与所在地土地利用规划、城市总体规划、综合交通体系规划相协调。

② 根据地形地质条件、既有建筑物分布情况、土地资源开发和城市发展等因素比选确定。

③ 与其他交通方式相协调，且有利于旅客快速集散。

2. 总平面布置

（1）铁路客站总平面布置应符合下列规定：

① 铁路客站流线与功能布局便于旅客乘降和疏解。

② 铁路客站与城市轨道交通、道路等连接顺畅。

③ 功能布局、标高设计、交通组织、景观设计与城市规划相衔接。

④ 有利于集约利用土地资源，并留有发展余地。

（2）铁路客站场地设计高程应符合国家和地方防洪、防涝标准规定，并应与当地控制性规划相协调。

（3）铁路客站站房形式应根据线路条件、地形条件、站区规划、城市配套设施、综合开发和运营管理模式等因素确定。

（4）铁路客站总平面流线设计应符合下列规定：

① 旅客进站、出站和换乘流线应短捷。

② 特大型、大型铁路客站的进站、出站旅客流线应分开设置。

③ 旅客流线与车辆、行包和邮件流线宜相对独立，避免交叉。

（5）铁路客站站房应设置站房平台，并应符合下列规定：

① 平台长度不应小于站房主体建筑长度。

② 与车站广场衔接的平台宽度，特大型站不宜小于 35 m，大型站不宜小于 25 m，中小型站不宜小于 10 m。

③ 采用立体交通布局的铁路客站，其平台应分层设置，每层平台的宽度不宜小于 10 m。

（6）铁路客站应根据需要设置垃圾收集设施、转运站及垃圾转运跨线设施。

（7）行包托取处附近应设置专用停车场，停车场与行包托取处之间应设置便于行包运输的通道。

（8）铁路客站应设置内部停车场，其规模可根据使用需求和车站所在地停车场配建标准计算确定。

四、车站广场

（1）车站广场设计应符合下列规定：

① 人行流线与车行流线应分别设置，并应有利于铁路客站内的交通组织和外部道路衔接。

② 地面应采用硬化防滑地面，并应满足排水要求。

③ 季节性或节假日旅客流量大的铁路客站广场，应有设置临时候车设施的条件。

④ 车站广场道路临近站房平台等人员密集场所时，应设置防冲撞设施。

⑤ 车站广场上各类建（构）筑物不应影响站房建筑景观。

（2）车站广场人行区域设计应符合下列规定：

① 与公交汽（电）车、城市轨道交通站点及出租车载客区等交通设施相连通。

② 地面应高出车行道 0.15 m。

③ 人行区域面积宜根据旅客车站最高聚集人数按 1.83 m^2/人计算确定。

④ 设置座椅及其他相关服务设施。

（3）车站广场应设置厕所，其最小使用面积可根据铁路客站最高聚集人数按每千人不小于 25 m^2 或 4 个厕位确定。当车站广场面积较大时，厕所宜分散设置。

（4）车站广场应根据国家或地方相关规定设置相应的管理用房。

（5）车站广场绿化率不宜小于 10%，绿化和景观设计应符合功能和环境要求。

（6）特大型、大型铁路客站宜采用多方向进站、出站的布局形式，并宜采用立体交通方式。

（7）铁路客站与城市公共交通站点的换乘距离不宜大于 300 m。

（8）公交汽（电）车、出租车、社会车辆等城市交通配套场地规模应根据交通量确定，并适当留有余地。其中，出租车上客区和落客区应根据旅客流线分别设置。

（9）小客车车道边设计应符合下列规定：

① 小客车单位车道边长度宜为 7 m。

② 小客车车道边数量应依据小客车载客人数和平均停靠时间计算确定。其中，出租车平均载客人数宜按 1.5 人/车确定，小型社会车平均载客人数宜按 2.5 人/车确定；小客车落客时间宜按 20～40 s 确定，小客车上客时间宜按 6～26 s 确定。

③ 小客车上客区车道边布置长度尚应满足车道边通行能力与交通组织和管理的需求。

五、站房设计

1. 一般规定

（1）铁路客站站房内应按功能分为公共区、办公区和设备区，其设计应符合下列规定：

① 公共区宜采用开敞空间布局，旅客流线应顺畅、有序。公共区的安全疏散必须符合现行国家标准《建筑设计防火规范》（GB 50016）的有关规定。

② 办公区宜集中设置，并应设置与公共区联系的通道。

③ 设备区宜远离公共区集中设置，并宜利用建筑空间。

（2）铁路客站旅客流线设计应符合下列规定：

① 大型、特大型铁路客站旅客进站流线、出站流线和换乘流线应相对独立设置，中型铁路客站宜相对独立设置，小型铁路客站可合并设置。

② 旅客进站流线可按购票、实名制验票、安检、候车、进站检票等作业环节进行设计。

③ 旅客出站流线上应设置出站检票设施。

④ 旅客中转换乘流线宜按站内换乘进行设计。

（3）铁路客站进站、出站通道和换乘通道及楼梯宽度除应满足旅客高峰通过能力的需要外，尚应符合现行国家标准《建筑设计防火规范》（GB 50016）的相关规定。

（4）线侧式铁路客站站房的进深应满足旅客进站作业要求。

（5）办理行包、快运的铁路客站应设置相应的库房、场地及配套设施，并应方便旅客办理行包、快运业务。行包、快运货物流线应与旅客流线分开设置。

（6）铁路客站站房检修设施应满足建筑物检查、维护的要求并保证作业安全。当采用移动检修设备时，应预留通行条件、作业空间及地面荷载条件。

（7）铁路客站站房设计应积极推广采用 BIM 技术搭建整体建筑信息模型，优化建筑功能，并进行专业协同设计，增强相关专业间的协调配合与系统优化。

2. 集散厅

（1）铁路客站站房应设进站、出站集散厅。小型铁路客站站房的进站集散厅宜与候车区（厅、室）合并设置，进站集散厅使用面积不应小于 250 m^2；出站集散厅使用面积不宜小于 150 m^2；进出站厅合并设置时，使用面积不应小于 350 m^2。中型及以上铁路客站进站、出站集散厅应按高峰小时发送量确定其使用面积，进站集散厅使用面积应按不小于 0.25 m^2/人计算确定，出站集散厅使用面积宜按不小于 0.2 m^2/人计算确定。

（2）进站集散厅应设置问询、小件寄存等服务设施，中型及以上铁路客站宜设自助存包柜。出站集散厅内应设置旅客厕所和检补票室。

（3）铁路客站站房应在进站集散厅等主要旅客入口处设置安检区。安检区的使用面积应根据安检设备设置数量、布置方式及安检作业要求综合确定，且每处安检最小使用面积应满足设置两组安检设备的要求。

（4）进站集散厅应设置实名制验票口。

3. 候车区（厅、室）

（1）候车区（厅、室）总使用面积应根据最高聚集人数按不小于 1.2 m^2/人计算确定。特大型、大型铁路客站候车区（厅、室）的使用面积应在计算结果基础上增加 5%。

（2）特大型、大型铁路客站宜根据客运需求设置软席候车区。软席候车区候车人数，客货共线铁路可采用最高聚集人数的 4%，高速铁路和城际铁路可采用最高聚集人数的 10%；使用面积应按不小于 2 m^2/人计算确定。

（3）中型及以上铁路客站应设置无障碍候车区，小型铁路客站应在候车区内设置轮椅候车席位。无障碍候车区设计应符合下列规定：

① 无障碍候车区宜邻近进站检票口及无障碍电梯。

② 无障碍候车区候车人数可采用最高聚集人数的 4%，使用面积应按不小于 2 m^2/人计

算确定。

（4）铁路客站可根据需要设置商务候车室。商务候车室设计宜符合下列规定：

① 设置单独出入口和直通车站广场的车行道。

② 设置独立的实名制验票和安检设施。

③ 设置厕所、盥洗间、服务员室和备品间。盥洗间应设盥洗用热水。

（5）普通候车区（厅、室）座椅的排列方向应有利于旅客通向进站检票口，座椅间走道净宽不得小于 1.3 m，并应满足军人（团体）候车的要求。

4. 售票用房

（1）售票用房应由售票厅、售票室、票据库、办公室等组成。中型及以上铁路客站应设进款室，特大型、大型铁路客站应设总账室。

（2）售票用房应符合下列规定：

① 特大型、大型铁路客站售票用房应设置在铁路客站站房进站口附近，中型、小型铁路客站售票用房可设置在铁路客站站房候车区附近。

② 铁路客站可根据需要设置自动售（取）票机，必要时可设置独立的自动售（取）票厅。

③ 售票厅应设置公安制证窗口。

④ 售票办公区内应设置售票人员专用厕所。

（3）售票窗口数量应根据窗口售票设备数量确定，且每个售票厅宜预留 1～2 个售票窗口。

（4）售票窗口应符合下列规定：

① 相邻售票窗口的中心距宜为 1.6 m，靠墙售票窗口中心距墙边不应小于 1.2 m。

② 售票窗台面至售票厅地面的高度应为 1.0 m。

③ 无障碍售票窗口设置应符合《铁路旅客车站设计规范》（TB 10100）第 12.0.6 条的规定。

（5）售票厅内自动售（取）票机应集中设置，并宜采用嵌入式安装，其设置空间应满足旅客排队购票和维护要求。

（6）售票厅进深，特大型站不宜小于 13 m，大型站不宜小于 11 m，中、小型站不宜小于 9 m。

（7）售票室应符合下列规定：

① 每个售票窗口使用面积不应小于 6 m²。

② 售票室使用面积不应小于 14 m²。

③ 售票室与公共区之间不应设门。

④ 售票室内除无障碍售票窗口工作区域外，其余地面宜高出售票厅地面 0.2 m，并应采用防静电架空地板。

⑤ 售票室应设置防盗设施。

（8）票据库应符合下列规定：

① 中型和小型铁路客站票据库使用面积不宜小于 15 m²，特大型、大型铁路客站每处售票用房应设置一间不小于 30 m² 的票据库。

② 票据库应有防潮、防鼠、防盗和报警措施。

5. 行包用房

（1）客货共线铁路客站宜设置行李托取处，特大型、大型铁路客站的行李托运和提取应根据旅客进站、出站流线分开设置；中型铁路客站的行李托运处与提取处可合设；小型铁路客站可设行李托取点。

（2）办理行包业务的铁路客站应设置行包通道。特大型、大型铁路客站的行包库宜与跨越线路的行包地道相连。

（3）行包用房主要组成应符合表3-3的规定。

表3-3　行包用房主要组成

房间名称	设计行包库存件数 N/件			
	$N \geqslant 2\,000$	$1\,000 \leqslant N < 2\,000$	$400 \leqslant N < 1\,000$	$N < 400$
行包库	应设	应设	应设	应设
行包托运厅、提取厅	应设	应设	应设	应设
办公室	应设	应设	应设	宜设
票据室	应设	应设	宜设	不设
总检室	应设	不设	不设	不设
装卸工休息室	应设	应设	宜设	不设
牵引车库	应设	应设	宜设	宜设
拖车存放处	应设	宜设	宜设	不设

注：N 为最近统计年度最高月日均包裹作业件数（包括发送、中转、到达作业之和），并考虑周转和发展因素。

（4）行包库应符合下列规定：

① 特大型、大型铁路客站的始发、终到和中转行包库区宜分别设置。

② 线下式行包库和多层行包库应设置垂直升降设施，垂直升降设施应能容纳一辆行包拖车。

③ 特大型铁路客站行包库各层之间应有供行包拖车通行的坡道。铁路客站行包作业区之间以及作业区与站台、广场之间有高差时，应留有供小型搬运设备通过的坡道。坡道坡度不应大于1:12；坡道净宽度，有栏杆时不应小于3 m，无栏杆时不应小于4 m。

④ 特大型铁路客站行李提取厅可设置行李传送带。

（5）行包库使用面积应根据行李和包裹数量计算确定。

（6）设计行包库存件数 2 000 件及以上的铁路客站宜预留室外堆放场地，场地应有防雨设施。

（7）特大型、大型铁路客站宜设无主行包存放间，其使用面积可按设计行包库存件数的1%确定，且不宜小于20 m²。

（8）行包库内净高不应小于4 m。采用机械作业的行包库应满足机械作业要求，其门的宽度和高度均不应小于3 m。

（9）行包库宜设高窗，并应加设防护设施。

（10）行包托运厅、提取厅使用面积及托取窗口数量不应小于表3-4的规定。

表 3-4　行包托运厅、提取厅使用面积及托取窗口数量

名称	设计行包库存件数 N/件					
	$N<600$	$600 \leqslant N < 1\,000$	$1\,000 \leqslant N < 2\,000$	$2\,000 \leqslant N < 4\,000$	$4\,000 \leqslant N < 10\,000$	$N \geqslant 10\,000$
托取窗口数量	1	1	2	4	7	10
行包托运厅、提取厅使用面积/m²	15	25	30	60	150	300

（11）行包库与行包托运厅、提取厅应设置不小于 1.5 m 宽的通道，通道应有可开闭的隔离栅栏门。

（12）中型及以上铁路客站应根据需要设置行包安检仪。

（13）行包作业区域及行包通道两侧的墙体、柱面均应采取防撞措施。

6. 旅客厕所

旅客厕所的设置除应符合国家现行标准《城市公共厕所设计标准》（CJJ 14）的有关规定外，尚应符合下列规定：

（1）位置、标志应方便旅客识别。

（2）厕位数宜根据最高聚集人数按每百人 2.5 个计算确定，男、女厕位比例应为 1∶2，且男厕所大便器数量不应少于 3 个，女厕所大便器数量不应少于 4 个。每个厕所应至少设置 1 个座便器。男厕所应设置与大便器数量相同的小便器。

（3）厕所隔间应设承物台、挂钩。

（4）男女厕所宜分设盥洗间，盥洗间应设面镜，水龙头数量应根据最高聚集人数按每 150 人设置 1 个计算确定，且不应少于 3 个。

（5）候车区（厅、室）内任意一点至最近厕所的距离不宜大于 50 m，大型、特大型站厕所应分散布置。

（6）厕所隔间长度不应小于 1.5 m，宽度不应小于 1.0 m；双侧厕所隔间的净距不应小于 2.0 m；单侧厕所隔间至对面墙面或小便器的净距不应小于 2.0 m。

（7）厕所平面布置应满足私密性要求。

（8）设有旅客换乘区域的站房，旅客换乘区域应根据换乘客流量设置厕所和盥洗间。

（9）无障碍厕所设置应符合《铁路旅客车站设计规范》（TB 10100）第 12.0.11 条的规定。

（10）厕所内应设独立的清扫间。

（11）厕所应按照国家现行标准《城市公共厕所设计标准》（CJJ 14）的规定设置第三卫生间。

7. 客运作业及附属用房

（1）客运作业用房宜根据使用需要设置客运值班室、检补票室、公安值班室、综控（广播）室、上水工室、卸污工室、开水间、安检室及与运营有关的其他房屋，并应符合下列规定：

① 检补票室应设在候车区（厅、室）、出站口、检票口附近，其使用面积应根据最大

班人数按不小于 2 m²/人计算确定，且不宜小于 10 m²。存放票款、票据的检补票室应有防盗设施。

② 上水工室和卸污工室应分别设置，其使用面积应根据最大班人数按不小于 3 m²/人计算确定，且不宜小于 8 m²。

③ 铁路客站内旅客相对集中处应设置公安值班室，其使用面积不宜小于 25 m²。

（2）铁路客站应根据需要设置交接班室、间休室、更衣室、职工活动室、浴室、就餐间、清扫室（含工具间）等，并应符合下列规定：

① 中型及以上铁路客站应设交接班室，其使用面积应根据最大班人数按不小于 1 m²/人计算确定，且不宜小于 30 m²。

② 间休室使用面积应根据最大班人数的 2/3 按不小于 4 m²/人计算确定，且不宜小于 20 m²。

③ 更衣室使用面积应根据最大班人数按不小于 1 m²/人计算确定。

④ 中型及以上铁路客站宜设置职工活动室、浴室、就餐间等生活用房。

⑤ 中型及以上铁路客站的旅客公共区宜设置清扫工具间。采用机械清扫时，应设置清扫设备存放间。

⑥ 中型及以上铁路客站应在行包及职工工作场地附近设置厕所和盥洗间。

8. 口岸站

（1）口岸站应设铁路客站和口岸查验设施。

（2）口岸站站房及客运服务设施应符合下列规定：

① 口岸站站房及客运服务设施应按出入境和境内分别设置。出入境与境内共用旅客通道时，应设置出入境旅客与境内旅客分开或隔离的设施。

② 出入境候车室可按多室设置。

③ 出入境候车室及行包托运处的设置应符合查验机构监管要求。

（3）口岸查验设施应包括边防、海关、检验检疫设施，查验流程可根据边防、海关、检验检疫的布置标准和实际查验需要设置。

（4）口岸站可设置免税商店、货币兑换、邮政、旅游咨询、接待和小型餐饮等设施。

（5）边境地区口岸站广场应设置升挂国旗的旗杆。

六、站场客运建筑

1. 站台、雨棚

（1）铁路客站站台长度、宽度、高度应符合国家现行标准《铁路车站及枢纽设计规范》（TB 10099）的规定。

（2）站台出入口或建筑物边缘至靠线路侧旅客站台边缘的净距不应小于 3.0 m，困难条件下，中、小型站不应小于 2.5 m；改建既有站侧净距不应小于 2.0 m。

（3）旅客站台面应符合下列规定：

① 站台应采用刚性防滑地面，并应满足行包、邮政车荷载要求，通行消防车的站台还应满足消防车荷载要求。

② 站台地面横坡不应大于 1%。

③ 旅客列车停靠的站台应在全长范围内设置宽度为 0.10 m 的安全警戒线。

（4）旅客站台雨棚设置应符合下列规定：

① 旅客站台应设置雨棚，雨棚长度宜与站台长度一致，小型站的雨棚长度可根据客运量和需要确定。

② 雨棚形式及高度应满足防飘雨、飘雪要求。线间立柱雨棚屋面的开口宽度和檐口高度应根据防飘雨、飘雪的要求确定。

③ 雨棚各构件与线路的间距应符合现行国家标准《标准轨距铁路建筑限界》（GB 146.2）的规定。

④ 通行消防车的站台，雨棚悬挂物下缘至站台面的高度不应小于 4.00 m。

⑤ 旅客进站、出站流线上的雨棚应连续设置。

⑥ 地道出入口处无站台雨棚时，应单独设置雨棚，并宜采用封闭式，其覆盖范围应大于地道出入口，且挑出长度不应小于 4.00 m。

⑦ 中型、小型铁路客站宜采用站台立柱雨棚；特大型、大型铁路客站可采用线间立柱雨棚，雨棚应与站房建筑形式相协调。

（5）旅客站台栏杆（板）设置应符合下列规定：

① 旅客站台边缘栏杆（板）高度不应小于 1.30 m，临空高度大于 12 m 时，栏杆（板）高度不应小于 2.20 m，栏杆（板）距站台面 0.10 m 高度内不应留有空隙，当栏板不直接落地时，可设宽 0.15 m、高 0.10 m 的挡台。

② 站台端部（垂直于线路方向）的栏杆高度不应小于 1.30 m。

③ 线侧平式站房与站台相接时，临站房一侧外边缘栏杆（板）高度不应小于 2.20 m。

（6）旅客站台宜结合楼扶梯集中设置客运工作间及保洁用房，并应设置水电设施。

（7）旅客站台可设置座椅。

（8）特大型、大型铁路客站基本站台应设置通向跨线设施的楼梯、电梯和自动扶梯。

2. 跨线设施

（1）旅客进站、出站通道设置应根据旅客流量、铁路客站站房功能布局及进出站流线等情况综合确定，并应符合国家现行标准《铁路车站及枢纽设计规范》（TB 10099）的有关规定。

（2）旅客进站、出站通道宽度和高度应计算确定，且净宽和净高应符合表 3-5 的规定。

表 3-5　旅客进站、出站通道最小净宽和最小净高（m）

项目	特大型站	大型站	中、小型站
最小净宽	12	8～12	6～8
地道最小净高	3.0		2.5
封闭天桥最小净高	3.5		3.0

（3）旅客天桥、地道通向站台出入口宽度应符合下列规定：

① 旅客天桥、地道通向站台宜设双向出入口。高速铁路和客货共线铁路旅客站台出入口

宽度应符合表 3－6 的规定；城际铁路旅客站台出入口宽度应符合表 3－7 的规定。出入口设有自动扶梯或升降电梯时，其宽度应根据升降设备的数量和要求确定。

表 3－6　高速铁路和客货共线铁路旅客站台出入口宽度（m）

名称	特大型、大型站	中型站	小型站
基本站台和岛式中间站台	5.0～5.5	4.0～5.0	3.5～4.0
侧式中间站台	5.0	4.0	3.5～4.0

表 3－7　城际铁路旅客站台出入口宽度（m）

名称	中型站	小型站
站台	4.5～5.0	3.0～4.0

② 既有铁路客站改建时，可利用既有旅客进站、出站通道，并应符合本条第①款的规定。

（4）铁路客站应根据行包、邮件、餐饮物料配送、垃圾转运以及保洁机具和维修设备作业需要，设置通往站台的作业地道。作业地道设置应符合下列规定：

① 特大型、大型铁路客站不应少于 1 处，有始发终到客车作业的中型站可设置 1 处。

② 地道净宽不应小于 5.2 m，净高不应小于 3.0 m。

③ 地道通向各站台均宜设一个出入口，出入口宜设置在站台的端部，其净宽不应小于 4.5 m。受条件限制，且出入口处设有导向标志系统时，其宽度不应小于 3.5 m。

（5）旅客天桥、地道通向站台出入口之间的距离应符合下列规定：

① 特大型、大型铁路客站不宜小于 20 m。

② 中、小型铁路客站不宜小于 15 m。

③ 当自动扶梯相对布置时，其出入口之间的距离应满足自动扶梯工作点间距相关要求。

（6）天桥、地道出入口阶梯和坡道应符合下列规定：

① 旅客用天桥、地道出入口阶梯单独设置时，踏步高度不宜大于 0.14 m，踏步宽度不宜小于 0.32 m；旅客用地道、天桥阶梯与自动扶梯并行设置时，踏步高度不宜大于 0.15 m，踏步宽度不宜小于 0.30 m。每段阶梯不应大于 18 步，直跑阶梯平台宽度不宜小于 1.50 m。

② 旅客用天桥、地道采用坡道时应有防滑措施，且坡度不宜大于 1:8。

③ 行包地道出入口坡道坡度不宜大于 1:12，起坡点距主通道的水平距离不宜小于 10 m。

④ 地道主体与出入口相接位置宜采用圆角处理。

（7）地道应符合下列规定：

① 站台上地道出入口处地面应高出站台面 0.02 m，并采用缓坡与站台面相接。

② 地道应设置防水及排水设施。

③ 自然通风条件不良的地道应设置通风设施并采取防潮措施。

（8）旅客用天桥应符合下列规定：

① 天桥应设有顶棚。严寒和寒冷地区应采用封闭式，其他地区两侧宜设置安全围护结构。

② 天桥栏杆（板）或围护的净高度不应小于 2.2 m。桁架式天桥栏杆（板）或围护应设

置在桁架内侧。

③ 天桥两侧采用玻璃窗采光时,玻璃应采用钢化夹胶玻璃。落地玻璃窗应采取防撞措施。

④ 天桥设计应在满足使用功能前提下尽量美观。

（9）位于线路上方的建（构）筑物应形式简洁、连接安全可靠,且不应采用装饰性构件,并应预留检修维护条件。

（10）高架候车厅和旅客用天桥采光窗、玻璃幕墙开启扇严禁设置在高速铁路正线上方。

3. 检票口

（1）进站、出站检票口设置数量应根据旅客流量、检票口通过能力、候检时间等因素计算确定。

（2）设置自动检票机的铁路客站,每组自动检票机旁应设人工检票口。

（3）进站检票口与直对的疏散门或通向站台楼梯踏步的距离不宜小于 4 m,与自动扶梯工作点的距离不宜小于 7 m。出站检票口与直对的疏散门或楼梯踏步的距离不宜小于 5 m,与自动扶梯工作点的距离不宜小于 8 m。地下车站出站检票口与出入口通道边缘的距离不宜小于 5 m。

（4）进站、出站检票口应满足安全疏散及无障碍通行要求。

（5）进站、出站检票口附近不应设置座椅及其他影响排队验票的设施,且进站检票口前供候检排队区域长度不宜小于 15 m,出站检票口不宜小于 7 m。

（6）检票口宜根据换乘流线需要采取双向进站、出站检票措施。

4. 电梯与自动扶梯

（1）旅客进站、出站通道上宜设置电梯、自动扶梯。水平换乘距离大于 300 m 的换乘通道宜设置自动人行道,自动人行道倾角不应大于 12°。

（2）室外运行的自动扶梯宜设顶棚和围护设施,电梯、自动扶梯应设置排水设施。

（3）自动扶梯应采用公共交通型,并应具有变频调速功能。自动扶梯选用应符合下列规定:

① 设置在旅客进站、出站通道上的自动扶梯,与楼梯并排设置时,倾角宜采用 23.2°;单独设置时,倾角可采用 23.2° 或 27.3°。

② 自动扶梯额定速度宜为 0.5 m/s。

③ 梯级深度不应小于 0.38 m,水平梯级踏面不应小于 3 级。

（4）自动扶梯工作点与前方影响通行固定设施的距离不应小于 8 m;两台相对布置自动扶梯工作点的间距不应小于 16 m。自动扶梯与楼梯相对布置时,自动扶梯工作点与楼梯第一级踏步的距离不应小于 12 m。

（5）电梯选用应符合下列规定:

① 客用电梯额定载重量不应小于 1 000 kg。兼做物流通道时,其额定载重量不应小于 1 600 kg。

② 客用电梯额定速度宜为 1 m/s,且不应小于 0.63 m/s。

③ 客用电梯门宜采用双扇中分门,宽度不应小于 1 m,且不应朝向铁路线路方向。

④ 货运电梯应符合国家现行有关标准的规定。

（6）自动扶梯扶手高度不应小于 1.00 m,也不应大于 1.10 m。提升高度 12 m 及以上的自动扶梯应采取必要的安全措施。

（7）自动扶梯与站台交界处地面宜高出站台面 0.02 m，且应采用缓坡与站台面相接。

七、消防与疏散

1. 建筑防火

（1）铁路旅客车站的站房及地道、天桥的耐火等级均不应低于二级。站台雨篷的防火等级应符合国家现行标准《铁路工程设计防火规范》（TB 10063—2016）的有关规定。

（2）其他建筑与旅客车站合建时必须划分防火分区。

（3）铁路旅客车站集散厅、候车区（室）防火分区的划分应符合国家现行标准《铁路工程设计防火规范》（TB 10063—2016）的有关规定。

（4）特大型、大型和中型站内的集散厅、候车区（室）、售票厅和办公区、设备区、行李与包裹库，应分别设置防火分区。集散厅、候车区（室）、售票厅不应与行李及包裹库上下组合布置。

（5）疏散安全出口、走道和楼梯的净宽度除应符合现行国家标准《建筑设计防火规范》（GB 50016—2014）的有关规定外，还应符合下列要求：

① 站房楼梯净宽度不得小于 1.6 m；

② 安全出口和走道净宽度不得小于 3 m。

（6）铁路旅客车站消防安全标志和站房内采用的装修材料应分别符合现行国家标准《消防安全标志设置要求》（GB 15630—1995）和《建筑内部装修设计防火规范》（GB 50222—2017）的有关规定。

2. 消防设施

（1）铁路旅客车站站台消火栓的设置应符合国家现行标准《铁路工程设计防火规范》（TB 10063—2016）的有关规定。

（2）旅客车站站房的室内消防管网应设消防水泵接合器，其数量应根据室内消防用水量计算确定。

（3）特大型、大型、国境（口岸）站的贵宾候车区（室）和综合机房、票据库、配电室，国境（口岸）站的联检和易发生火灾危险的房屋，应设置火灾自动报警系统。设有火灾自动报警系统的车站应设置消防控制室。

（4）建筑面积大于 500 m^2 的地下包裹库，应设置自动喷水灭火系统；建筑面积大于 300 m^2 且独立设置的行李或包裹库，应设室内消火栓。

八、建筑设备

1. 给水、排水

1）一般规定

（1）铁路客站给水系统应结合生产、生活、消防等用水及对水质、水压、水量要求进行设计。

（2）铁路客站排水系统应按生活污水与雨水分流设计。

（3）站房内应采用节水型卫生洁具及配件。

（4）站房直饮水设施的设置应符合国家相关标准规定。

（5）铁路客站给水排水工程设计除应符合本规范外，尚应符合国家现行标准《铁路给水排水设计规范》（TB 10010）的有关规定。

（6）高架站房下的给水、排水设备及管道不应设置在铁路线路上方，必需设置时，应采取安全防护措施。严寒、寒冷地区高架站房下的给水、排水管道应采取保温防冻措施。

2）给水

（1）铁路客站给水水源宜采用城镇自来水，并应根据其水质、水量、水压和供水保证程度设置加压、贮水和水处理设施。

（2）铁路客站宜根据用水性质采用循环用水和回用水。

（3）站房内旅客用水量应按下式计算，旅客生活用水定额及用水不均匀系数应符合表3-8的规定。给水供应时间内的小时变化系数，客货共线铁路客站站房宜为 2.0～3.0，城际、高速铁路客站站房宜为 2.5～3.0。

$$Q = \alpha \cdot H \cdot q_g \times 10^{-3}$$

式中：Q——站房内旅客用水量（m^3/d）；

α——用水不均匀系数；

H——铁路客站站房最高聚集人数（人）；

q_g——旅客生活用水定额 [L/（d·人）]。

表3-8　旅客生活用水定额及用水不均匀系数

铁路客站站房类别	生活用水定额（最高日）/ [L/（d·人）]	用水不均匀系数
客货共线铁路客站站房	15～20	2.0～3.0
城际、高速铁路客站站房	3～4	1.0～2.0

（4）严寒和寒冷地区特大型、大型站房公共区盥洗间应供应热水。

（5）客货共线铁路客站站房宜按 1.0～2.0 L/（d·人）设置饮水设备，城际、高速铁路客站站房宜按 0.2～0.4 L/（d·人）设置饮水设备。饮水供应时间内小时变化系数宜为 1.0。

（6）铁路客站中间站台两端宜设置保洁作业用给水设施。

3）排水

（1）铁路客站污水宜排入城镇排水管网。无条件排入城镇排水管网的地区，排放的水质应符合国家或地方排放标准的规定。

（2）中水回用及雨水综合利用应符合国家有关标准的规定。

（3）虹吸式屋面雨水排水系统应设置溢流设施，同一系统的虹吸口应设置在同一水平面上。

（4）铁路客站站房内公共场所生活污水排出管管径应比计算管径加大一级。

2. 采暖、通风和空气调节

（1）铁路客站站房各主要房间供暖室内计算温度应符合表3-9的规定。

表 3-9　站房各主要房间供暖室内计算温度

房间名称	供暖室内计算温度/℃
进站集散厅	12～14
售票厅、行包托运厅、提取厅	14～16
候车区（厅、室）	18
商务候车室	20
客服商业	18
办公室、售票室	18
公共厕所	14～16
票据室	10
行包库	5
旅客地道	不供暖
设备房间	根据工艺环境要求

注：1. 采用低温地板辐射供暖时，室内供暖计算温度应比表中规定温度降低 2 ℃。

　　2. 出站集散厅设于室内且与供暖区连通时，其供暖温度应与进站集散厅相同，设于室外时可不设供暖。

（2）铁路客站站房各主要房间空气调节室内计算温度和相对湿度应符合表 3-10 的规定。

表 3-10　站房各主要房间空气调节计算温度和相对湿度

房间名称	夏季空气调节室内计算温度/℃	相对湿度/%
进站集散厅	28～30	40～70
售票厅、候车区（厅、室）	26～28	40～70
商务候车室	24～26	40～60
客服商业	26～28	40～60
办公室、售票室	26	40～60
公共厕所	27～28	40～80
设备房间	根据工艺环境要求	

注：1. 出站集散厅设于室内且与空气调节区连通时，其空气调节温度应与进站集散厅相同，设于室外时可不设空气调节。

　　2. 冬季室内空气调节计算温度可按室内供暖计算温度进行确定。

（3）铁路客站站房采用通风系统时，公共区夏季室内空气计算温度不宜大于室外空气通风计算温度 5 ℃，且不应大于 30 ℃。

（4）铁路客站站房内各主要房间空气调节系统新风量应符合表 3-11 的规定。

表 3-11　站房主要房间空气调节系统新风量

房间名称	最小新风量/ [m³/ (h·人)]
普通候车区（地上及高架站）	10.0
普通候车区（地下站）	12.6
软席候车区（独立）	20.0
商务候车室	30.0
售票厅	10.0
客服商业	20.0
售票室	30.0

注：1. 软席候车设于普通候车区时，应按普通候车区计算。

　　2. 地下车站新风量除满足表中要求外，尚不应少于系统总风量的 10%。

　　3. 集散厅可不设新风系统。

（5）室外空气计算参数应符合现行国家标准《民用建筑供暖通风与空气调节设计规范》（GB 50736）的规定。

2）供暖

（1）铁路客站站房冬季供暖应符合下列规定：

① 累年日平均气温稳定低于或等于 5 ℃的日数大于或等于 90 d 的地区，铁路客站站房应设置供暖设施，并宜采用集中供暖。

② 有供暖需求的设备用房及管理用房可采用局部供暖。

（2）铁路客站站房热负荷计算应结合门斗及旅客流线确定。

（3）严寒、寒冷地区铁路客站站房的售票厅、集散厅、候车区（厅、室）宜采用低温热水地板辐射供暖。

（4）严寒地区铁路客站站房的主要出入口应设热空气幕；寒冷地区铁路客站站房的主要出入口宜设热空气幕；夏热冬暖、夏热冬冷地区铁路客站站房的主要出入口宜设空气幕。

3）通风

（1）铁路客站站房的候车室、售票厅等房间宜采用自然通风，自然通风不能满足要求时，应辅助设置机械通风；公共厕所应设置机械通风。其换气次数宜符合表 3-12 的规定。

表 3-12　铁路客站站房换气次数

房间名称	换气次数/（次/h）
候车区（厅、室）、售票厅	2～3
公共厕所（机械通风）	15～20

（2）无外窗办公用房应设置机械通风。

（3）铁路客站站房内采用机械通风消除余热的电气房屋应设自动温控风机。

（4）铁路客站站房内公共区域的餐饮操作间应设独立通风系统。

（5）铁路客站站房厕所应设置独立的机械排风系统，排出的气体应直接排至室外。

4）空气调节

（1）夏热冬冷地区及夏热冬暖地区的特大型、大型、中型站房和国境（口岸）站房应设空气调节系统，小型站房宜设空气调节系统；其他地区铁路客站站房可设空气调节系统。商务候车室和售票室宜设独立空气调节系统。

（2）铁路客站站房内设备用房应根据工艺环境需求设置空气调节系统。

（3）铁路客站站房内辐射热较高的区域，夏季可利用地板辐射供暖系统进行供冷，并应有防结露措施。

（4）候车区（厅、室）、集散厅、售票厅等高大空间宜采用分层空气调节形式。

（5）设全空气空气调节系统的铁路客站公共区宜设置空气净化装置。

3. 电气、照明

（1）铁路客站的一级负荷应由双重电源供电。用电负荷分级和供电要求应符合国家现行标准《铁路电力设计规范》（TB 10008）的规定。

（2）铁路客站站房照明方式应符合下列规定：

① 公共区可根据功能需求设置分区一般照明。

② 售票口、安检口、业务办理窗口、盥洗台等场所宜设置局部照明。

③ 办公区、设备区应设置一般照明。

（3）铁路客站站房照明种类应符合下列规定：

① 公共区、办公区、设备区均应设置正常照明，灯具布置应有利于分组控制。

② 公共区以及与行车直接相关的信号设备、消防和报警设备机房等重要房间应设置应急照明。

③ 在影响航空安全的站房建筑物上，应根据相关规定设置障碍照明。

④ 景观照明可根据需要设置。

（4）灯具安装高度在 6 m 及以下的场所，宜选用三基色 T5 或 T8 荧光灯、紧凑型荧光灯、发光二极管（LED）灯。灯具安装高度大于 6 m 的场所宜选用金属卤化物灯、发光二极管（LED）灯。

（5）铁路客站站房高大空间宜采用直接照明，灯具宜分组集中布置。

（6）铁路客站站房内开敞式商业用房区域所在的公共空间照明设计，应从分区控制、照度控制等方面统筹考虑。

（7）当正常照明为荧光灯、LED 灯时，可采用部分荧光灯、LED 灯作为应急照明；当正常照明为金属卤化物灯时，可采用卤钨灯或 LED 灯作为应急照明。

（8）站台区域灯具设置应满足安装、检修及与接触网带电体的安全距离要求。

（9）照明灯具应安装在符合受力条件的结构上，站房公共区灯具和光源固定应牢固，并应采取防止坠落措施。

（10）照明灯具及其相关设备的设置位置和安装方式应满足后期维护要求，必要时可配备专用维护设备。

（11）铁路客站景观照明应结合市政布局、建筑特征、地域文化确定设计方案，并应与其相邻建筑相协调。

4. 旅客服务信息系统

（1）旅客服务信息系统可设置集成管理平台、客运广播、综合显示、视频监控、时钟、旅客携带物品安全检查设备、信息查询、入侵报警、求助等子系统。

（2）集成管理平台应具备对客运广播、综合显示、信息查询等集中管控功能。

（3）广播系统应符合下列规定：

① 广播系统应具备为旅客购票、进站、候车、乘车、出站等提供公共广播和为客运服务人员提供业务广播的功能。

② 车站广场、售票厅、进站集散厅、候车区（厅、室）、站台、出站集散厅、办公区、商业区等应设置扬声器。

③ 扬声器应根据建筑结构及装修形式、扬声器电气性能指标进行设置，并应符合现行国家标准《公共广播系统工程技术规范》（GB 50526）及《铁路旅客车站设计规范》（TB 10100）第 5.8.5 条的规定。

④ 扬声器的外形、色调、结构及安装方式应与铁路客站环境相协调。

⑤ 广播系统兼作消防广播时应符合现行国家标准《火灾自动报警系统设计规范》（GB 50116）消防应急广播的有关规定。

（4）综合显示系统应符合下列规定：

① 综合显示系统应具备为旅客提供引导及资讯信息和为客运服务人员提供作业信息的功能。

② 售票厅、进站集散厅、候车区（厅、室）、站台、出站集散厅等旅客集中处，宜结合旅客进站、出站流线设置显示终端设备。

③ 电子显示屏宜与时钟、静态标志等设施统筹设置。

④ 电子显示屏的规格及安装方式应根据客运服务需求及建筑布局等因素确定，并应兼顾功能、美观和经济性。

（5）视频监控系统应符合下列规定：

① 视频监控系统应具备对客运服务作业场所等进行监视和为铁路客站工作人员提供现场情况的实时图像功能。

② 站前广场、售票厅、检票口、售票区、进出站集散厅、候车区（厅、室）、站台、楼扶梯、垂直电梯、通道、站台、办公区处应设置前端视频采集设备。

③ 视频监控设备宜采用高清数字摄像机。

（6）子钟宜设置在售票厅、进站集散厅、候车区（厅、室）、站台、出站集散厅等处。

（7）车站应设置安检仪、安全门、手持金属探测仪、防爆罐、防爆毯等设备，根据需要可设置爆炸物测探仪及液体检测仪。

（8）查询终端宜设置在售票厅、候车区（厅、室）、集散厅、问询处、车站综合服务台等处。

（9）入侵报警系统探测器应设置于票据室、进款室等处；紧急报警按钮应设置在人工售票窗口、售票室通道及补票室等处。

（10）现场求助设备宜设置在售票厅、进站集散厅、候车区（厅、室）、站台、出站集散厅等处。

任务二　高速铁路车站流线组织

技能目标

掌握高速铁路车站流线组织的基本要求；
掌握典型的高速铁路车站流线组织模式；
掌握高速铁路车站客运组织流程。

知 识 点

高速铁路车站流线组织的规定；
典型的高速铁路车站流线组织模式；
高速铁路车站客运组织流程。

任务的提出

高速铁路车站流线是高速铁路从业人员根据规定合理组织旅客进出站的顺序线路，掌握高速铁路车站流线的相关规定对于组织旅客乘降及处理突发事件至关重要。

相关知识

一、流线组织的基本要求

高速铁路车站要充分体现"以人为本、方便旅客"的宗旨，提倡旅客乘车流程立体化、进出站自由化和多样化的设计。高速铁路车站需考虑总体布局，方便旅客流转于城市—进出站—上下车的整个流程；应该设置进出站口至站台全程醒目、清晰的旅客引导电子设备和显示一定时间段内车次情况的电子信息牌；要让旅客方便地"对门上车、对号入座"；要根据客运量配备自动售票、检票系统。

高速铁路车站要注重流线组织，缩小换乘距离，流线组织简洁顺畅、快捷合理，站内导向直观、明确，为旅客提供适宜的站内空间、良好的站内服务、舒适的候车服务、便捷的乘降服务、方便的信息服务、周到的商业服务。

高速铁路车站要采用前瞻性的规模、布局与标准，运用完善的公共安全技术（包括结构安全、消防安全、交通疏解安全），以及先进的节能环保技术、减震降噪技术。

高速铁路车站必须贯彻强本简末的原则，必须要有可持续发展的节俭理念，最大限度地降低建设成本，合理把握车站规模及标准，在充分考虑近、远期规划的同时，兼顾建设投入与维护成本。

二、高速铁路车站流线组织

（一）高速铁路车站典型的流线组织模式

1. 常规的高速铁路车站平、立总体布置方案

常规的高速铁路车站平、立总体布置如图 3-1 所示。

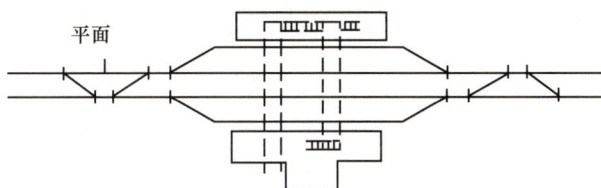

图 3-1　常规的高速铁路车站平、立总体布置

（1）平面：车站，站房在一侧，具有基本站台和中间站台。

（2）立面分为以下几种情况：以地道进站、地道出站的"两地"方式；以高架通廊进站、地下通道出站的"一天一地"方式；以高架通廊进站、高架通廊出站的"两高"方式。

2. 候车室高架于高速铁路股道之上的平、立面总布置方案

因旅客到发量较大，停站列车较多，而采用岛式站台，车站横向用地宽度不足时，为避免采用基本站台与中间站台只夹 1 股道的平面布置，可采用候车室或站房全部建于高速铁路股道之上的方式。

候车室高架于高速铁路股道之上的平面示意图如图 3-2 所示。

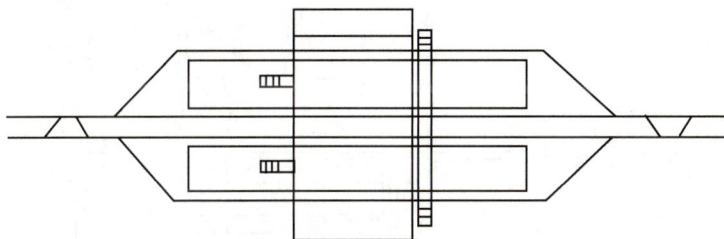

图 3-2　候车室高架于高速铁路股道之上的平面示意图

站房、候车室高架于高速铁路股道之上的布置方案断面图如图 3-3 所示。

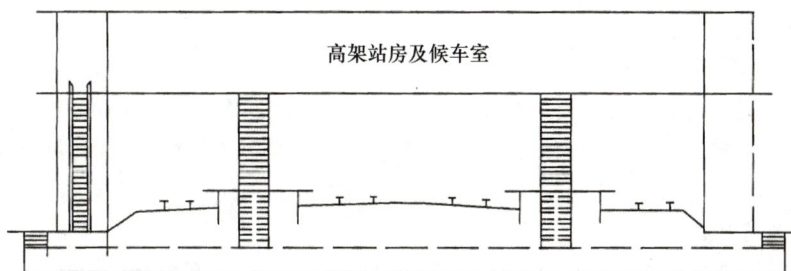

图 3-3　站房、候车室高架于高速铁路股道之上的布置方案断面图

3. 高架站布置方案

新建车站两端线路因与多处道路交叉而设计为高架线路，这种线路经过的车站称为高架站。高架站的平面布置力求简单，其功能仅为列车发到和旅客上下车，其余设施均不应设在高架站上，以减少桥梁的工程量。

高架站断面图如图3-4所示。

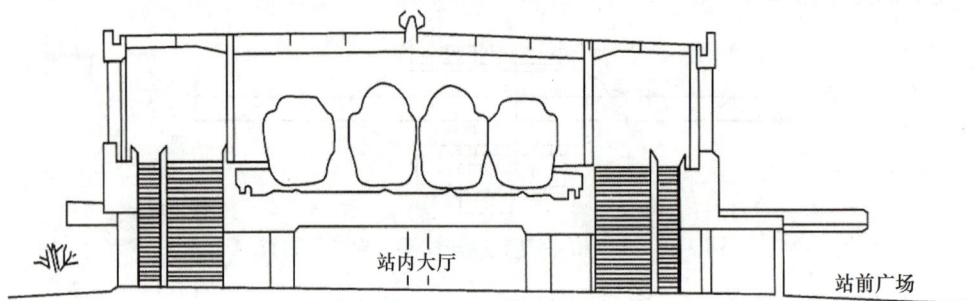

图3-4 高架站断面图

4. 高速铁路车站为高架站与既有站紧靠并列的布置方案

此种方案下，旅客利用既有站房候车，以高架走廊进出高速站，即"高进高出"。

高架站有较高的高度要求，建设成本较高。

高速铁路车站为高架站与既有站紧靠并列的布置图如图3-5所示。

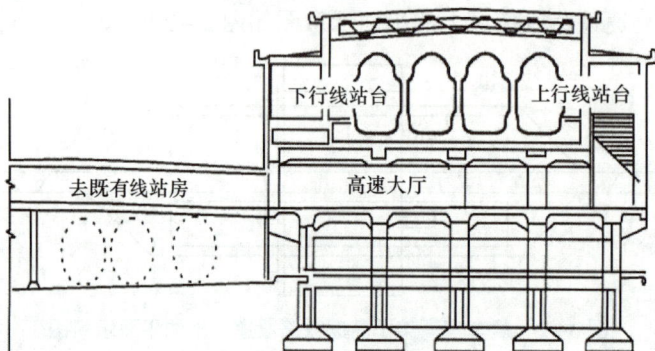

图3-5 高速铁路车站为高架站与既有站紧靠并列的布置图

（二）国内高速铁路车站流线组织

1. 北京南站流线组织模式

北京南站的设计灵感来源于天坛祈年殿。从南北两个方向看，中央主站房微微隆起，东西两侧跨钢结构雨棚，酷似横向拉伸的祈年殿，融入了古典建筑"三重檐"的传统文化元素，承载着皇家气韵，延续着古都文脉传承，成为佐证北京历史神韵与现代气息完美结合的标志性建筑。

1）站内空间布置

（1）高架层（高9 m）。高架层为旅客进站层，是高大的椭圆形建筑，中央为独立的候车室，东西两侧是进站大厅。乘坐小型机动车（包括出租车）的旅客从下客平台直接进入进站大厅（可从任何方向的匝道上到环形车道，也可以由任何方向离开高架层），南北方向中轴线设置中央玻璃采光带，能够充分地利用自然光，使整个空间通透宽敞。

（2）地面层。地面层为搭乘公交车、大巴车，以及步行的旅客的进站入口，北广场设置了进站厅、贵宾候车厅、办公区域等。南广场用地局促，仅设旅客进站厅及后勤用房。

（3）地下一层。地下一层是车站的交通换乘空间。中央为换乘大厅，四周为不同功能进出站厅、候车厅。

2）客流组织与换乘进站

不同交通工具，在不同标高层进站。

（1）进站。

① 乘坐地铁的旅客在地下一层交通换乘空间进站。

② 乘坐公交车、大巴车，以及步行的旅客在地面层侧站房进站。

③ 乘坐小型机动车（包括出租车）的旅客在高架层的下客平台直接进站。

（2）出站。

出站层设在地下一层，即换乘层。

① 换乘地铁的旅客前往换乘大厅中心的地铁站厅。

② 换乘公交车、大巴车，以及步行的旅客行至车站南北两侧的区域。

③ 换乘小型机动车（包括出租车）的旅客在换乘空间东西两侧的地下停车库出站。

3）外部公共空间规划

在车站中部，修建了一条宽阔且贯穿南北的中央绿色通道。这条通道担负着旅客进出站的功能，也是联系南北两端公园的一条绿色走廊。一定面积的绿化公园，为旅客提供了一个室外休憩空间。内部的交通流线组织与外部道路结合，形成了高效、快捷的交通体系。公交车、大巴车、小型机动车（包括出租车）的上、落客区域的分离和隔绝式运行可以简化乘客上、下车流向，减少交叉和相互干扰。两条地铁线路，便于客流从地下分流，创造了便捷的进入与离开方式。

4）对周边区域的影响

区位与交通条件是中心商务区最重要的形成条件，因为这两个因素直接决定了区位的可达性。北京南站与城市中心的距离仅次于北京站，对吸引城市商业人流及商务入驻有利。

北京南站结构图如图3-6所示。

图3-6 北京南站结构图

2. 广州南站流线组织模式

广州南站采用线上式站房，站房位于站台及线路上方。这种站房形式的最大特点是可以旅客的出行需要和列车的行驶线路来对候车空间进行相应的平面划分。线上式站房充分利用垂直空间，有效缩短旅客乘降的步行距离，减少人流的交叉，方便车站工作人员的管理和后勤服务的展开。线上式站房往往横跨站场两侧布局，可以将站场两侧的城市空间紧密联系起来，有效节约了建筑用地，使整个车站真正成为城市"肌理"的一部分，为城市空间的发展留下了余地。此外，线上式站房形式比较完整，站房的整体性更强，能够较好地实现功能划分与建筑形式的统一。在拥有以上诸多优点的同时，线上式站房在实际运营中也存在一些问题，例如造价较高、结构跨度大等。广州南站采用上进下出的模式，所有旅客两端进站、高架候车、站台上车、轨下出站。

广州南站结构图如图 3-7 所示。

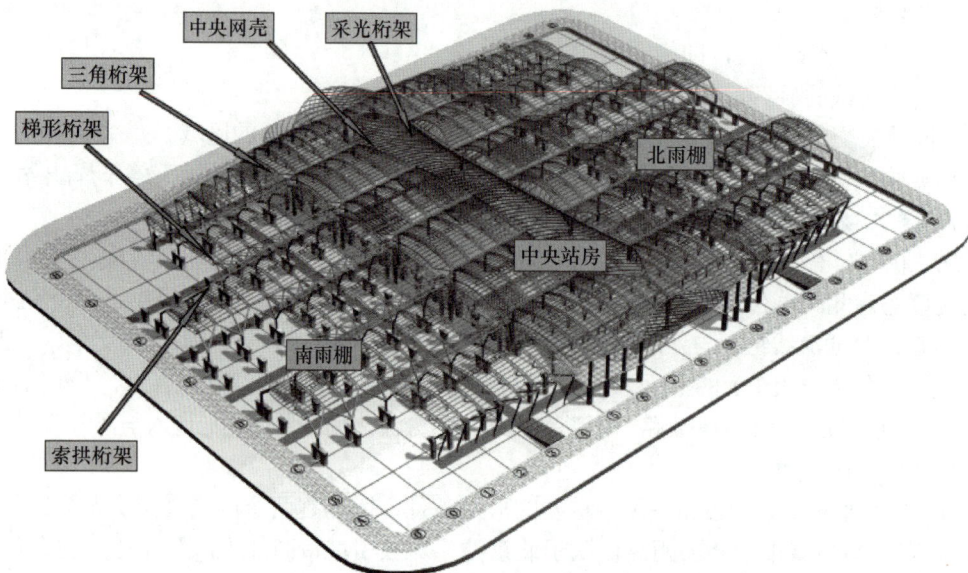

图 3-7　广州南站结构图

三、高速铁路车站客运组织流程

高速铁路车站在很大程度上影响了传统的客运组织模式，促进了售票、候车、检票、上下车、进出站，以及在途服务等全过程的客运组织新模式的形成，最大限度地提升了旅客出行的便捷性和舒适性。在实际工作中，我国高速铁路车站充分借鉴地铁和国外铁路客运站的先进经验，在现有铁路计算机客票发售及预订系统广泛应用的基础上，通过应用自动售检票系统、旅客自助查询系统、车站自动引导揭示系统等先进的信息管理系统，改变了过去以候车厅为中心的组织格局，建立了以综合大厅为中心的新格局；改"等候式"为"通过式"；改革现有"售票—候车室候车—人工检票进站—上车—在途服务—下车—人工检票出站"的客运组织模式，实行"自动售票—自动检票进站—站台或候车室候车—上车—在途服务—下车—自动检票出站"的新客运组织模式，引导旅客快捷进出车站，简化了进站流程，缩短了在站停留时间。

1. 售票厅

随着售票系统的完善，在车站售票厅购票已不再是获取车票的主要途径，原来作为站房主要组成部分的售票大厅功能弱化，售票窗口主要服务于直接购票者和部分换乘的旅客，以售当天票和提供自动售取票设备为主要功能。售票厅如图3-8所示。

图3-8 售票厅

2. 客运综合大厅（集散厅）

高速铁路一般不办理行包业务，一般不再设置行包房。客运用房主要由集散厅和候车室组成，传统车站内的集散厅仅仅起着分散人流的作用，是过渡性空间，旅客在此基本不做停留。高速铁路强调服务，集散厅不仅有分散人流的作用，而且集多种功能于一身，在保证旅客通行的前提下，可设置售票、寄存、邮政、通信、银行、商业、报刊、休息等多种功能区域，大大提高了空间的使用效率，是车站建筑的核心。旅客在集散厅可以选择快速通过，也可以办理相关乘车手续和进行商务活动或休闲购物，甚至，车站不仅面对旅客，也可以向城市开放以增加车站的商业活力，成为城市空间与旅行空间的结合体。在这种功能设置的要求下，集散厅的规模由两方面因素决定，一个方面是保证客流的顺利通过，另一个方面是根据预估的最高聚集人数，按一定比例控制规模。图3-9为亚洲最大铁路综合客运枢纽之一——杭州东站。

3. 候车室

传统车站候车室强调等候功能，一般按最高聚集人数确定面积大小。高速铁路车站强调通过功能，等候空间成为辅助功能，候车室要尽量不影响旅客进站流线；休息区域尽可能宽松，有较好的室内环境，其标准可参照普通铁路的软席候车室；休息区不仅能提供旅客坐着休息的功能，还应该具有丰富的商务活动和服务功能。南京南站候车室如图3-10所示。

北京南站候车室如图3-11所示。

图 3-9 亚洲最大铁路综合客运枢纽之一——杭州东站

图 3-10 南京南站候车室

图 3-11 北京南站候车室

4. 高速铁路站台

按站台与线路钢轨顶面的高差值，高速铁路站台可分为三种。

① 低站台。站台与线路钢轨顶面的高差为 300 mm。

② 一般站台。站台与线路钢轨顶面的高差为 500 mm，站台平面大致与列车最低阶梯的踏板等高。

③ 高站台。站台与线路钢轨顶面的高差为 1 100 mm，站台与列车车厢底平面同高。

旅客站台的宽度，特、一等车站应不少于 2 000 mm，二等车站应不少于 1 200 mm，其他车站应不少于 600 mm。一般情况下，安全标线（白线）距站台边 1 000 mm，宽 100 mm。列车通过速度不超过 120 km/h 时，安全标线距站台边 1 000 mm；列车通过速度在 120～160 km/h 时，安全标线距站台边 1 500 mm；列车通过速度在 160～200 km/h 时，安全标线距站台边 2 000 mm，也可在站台边缘 100 mm 处设栅栏。

昆明南站建筑总面积为 33.47 万 m^2，按 16 个站台 30 条轨道规模建设，设计年发送旅客 4 693 万人。昆明南站站台如图 3 – 12 所示。

图 3 – 12　昆明南站站台

任务三 / 高速铁路安检工作

技能目标

能运用《铁路旅客运输安全检查管理办法》完成安全检查工作；

能按安检工作基本规范完成安检作业；

能确认旅客携带的物品是否为违禁品。

知 识 点

铁路旅客运输安全检查管理办法；
安检工作基本规范；
旅客禁止携带品目录。

任务的提出

高速铁路安检工作是保证高速铁路运输安全的重要手段，依法安检、执法必严、违法必究是高速铁路从业人员的重要职责。

相关知识

一、《铁路旅客运输安全检查管理办法》的内容

为了保障铁路运输安全和旅客生命财产安全，加强和规范铁路旅客运输安全检查工作，根据《中华人民共和国铁路法》《铁路安全管理条例》等法律、行政法规和国家有关规定，制定《铁路旅客运输安全检查管理办法》。

《铁路旅客运输安全检查管理办法》所称铁路旅客运输安全检查是指铁路运输企业在车站、列车对旅客及其随身携带、托运的行李物品进行危险物品检查的活动。

上面所称的危险物品是指易燃易爆物品、危险化学品、放射性物品和传染病病原体及枪支弹药、管制器具等可能危及生命财产安全的器械、物品。禁止或者限制携带物品的种类及其数量由国家铁路局会同公安部规定并发布。

铁路运输企业应当在车站和列车等服务场所内，通过多种方式公告禁止或者限制携带物品的种类及其数量。

铁路运输企业是铁路旅客运输安全检查的责任主体，应当按照法律、行政法规、规章和国家铁路局有关规定，组织实施铁路旅客运输安全检查工作，制定安全检查管理制度，完善作业程序，落实作业标准，保障旅客运输安全。

铁路运输企业应当在铁路旅客车站和列车配备满足铁路运输安全检查需要的设备，并根据车站和列车的不同情况，制定并落实安全检查设备的配备标准，使用符合国家标准、行业标准和安全、环保等要求的安全检查设备，并加强设备的维护检修，保障其性能稳定，运行安全。

铁路运输企业应当在铁路旅客车站和列车配备满足铁路运输安全检查需要的人员，并加强识别和处置危险物品等相关专业知识培训。从事安全检查的人员应当统一着装，佩戴安全检查标志，依法履行安全检查职责，爱惜被检查的物品。

旅客应当接受并配合铁路运输企业的安全检查工作。拒绝配合的，铁路运输企业应当拒绝其进站乘车和托运行李物品。

铁路运输企业可以采取多种方式检查旅客及其随身携带或者托运的物品。

对旅客进行人身检查时，应当依法保障旅客人身权利不受侵害；对女性旅客进行人身检查，应当由女性安全检查人员进行。

安全检查人员发现可疑物品时可以当场开包检查。开包检查时，旅客应当在场。

安全检查人员认为不适合当场开包检查或者旅客申明不宜公开检查的，可以根据实际情况，移至适当场合检查。

铁路运输企业应当采取有效措施，加强旅客车站安全管理，为安全检查提供必要的场地和作业条件，提供专门处置危险物品的场所。

铁路运输企业应当制定并实施应对客流高峰、恶劣气象及设备故障等突发情况下的安全检查应急措施，保证安全检查通道畅通。

铁路运输企业在旅客进站或托运人托运前查出的危险物品，或旅客携带禁止携带物品、超过规定数量的限制携带物品的，可由旅客或托运人选择交送行人员带回或自弃交车站处理。

对怀疑为危险物品，但受客观条件限制又无法认定其性质的，旅客或托运人又不能提供该物品性质和可以经旅客列车运输的证明时，铁路运输企业有权拒绝其进站乘车或托运。

安全检查中发现携带枪支弹药、管制器具、爆炸物品等危险物品，或者旅客声称本人随身携带枪支弹药、管制器具、爆炸物品等危险物品的，铁路运输企业应当交由公安机关处理，并采取必要的先期处置措施。

列车上发现的危险物品应当妥善处置，并移交前方停车站。鞭炮、发令纸、摔炮、拉炮等易爆物品应当立即浸湿处理。

铁路运输企业在安全检查过程中，对扰乱安全检查工作秩序、妨碍安全检查人员正常工作的，应当予以制止；不听劝阻的，交由公安机关处理。

公安机关应当按照职责分工，维护车站、列车等铁路场所和铁路沿线的治安秩序。

旅客违法携带、夹带管制器具或者违法携带、托运烟花爆竹、枪支弹药等危险物品或者其他违禁物品的，由公安机关依法给予治安管理处罚；构成犯罪的，依法追究刑事责任。

铁路监管部门应当对铁路运输企业落实旅客运输安全检查管理制度情况加强监督检查，依法查处违法违规行为。

铁路运输企业及其工作人员违反有关安全检查管理规定的,铁路监管部门应当责令改正。

铁路监管部门的工作人员对旅客运输安全检查情况实施监督检查、处理投诉举报时，应当恪尽职守，廉洁自律，秉公执法。对失职、渎职、滥用职权、玩忽职守的，依法给予行政处分；构成犯罪的，依法追究刑事责任。

随旅客列车运输的包裹的安全检查，参照以上办法执行。

二、安检工作基本规范

（一）安检员职责

（1）遵守各项法律法规和各项安检规章制度，服从各级领导管理，对违反法律法规或安检规章制度的现象应制止并及时向上级报告。

（2）认真履行岗位职责，严格遵守工作纪律，不擅离职守，不做与工作无关的事情。

（3）按规定着装上岗，佩戴标识规范，自觉维护安检人员岗位形象。

（4）熟练掌握各种安检设备的操作及识别方法。

（5）按照"逢包必检"的安检要求，负责宣传引导旅客进入安检区域。

（6）对可疑物品进行针对性探测，初步确定可疑物品性质，必要时，及时将可疑物品移交现场公安人员处理并做好记录。

（7）文明值岗，态度和蔼，遇事讲究方式、方法，做到以理服人。

（二）指挥员职责

（1）负责安检区域的安检设备及人员的管理。

（2）认真组织安检区域的安检人员按照作业流程积极主动地进行安检，确保安检质量和效果。

（3）明令禁止携带的物品且不构成公安机关处理的，做好处置工作。指挥员无法处理的要及时移交现场公安人员。

（4）监督、督促执机员按要求填写《违禁品登记簿》并做好统计上报工作。

（5）在确保安检工作正常的前提下，合理安排安检人员的休息及用餐时间。

（6）在上岗过程中，严格执行"温馨提示"的要求。

（7）负责安排安检区域的卫生清扫工作，坚持随脏随扫。加强对安检区域安检人员的严格管理，认真落实各项安检工作规章制度。

（三）引导员职责

（1）在指挥员的领导下开展安检工作。

（2）对乘客携带的超长、超高、超大物品（体积大于 X 光机检测通道），易碎物品（如玻璃器皿、工艺品），易损物品（食品、药品、电脑）等不宜机检的物品，要及时提醒手检员进行手检。

（3）引导乘客配合安检。

（4）遇特殊群体（包括残障人士、孕妇等），提醒手检员进行手检。

（5）及时、准确地发现可疑人、可疑物。

（四）手检员职责

（1）在指挥员的领导下开展工作。

（2）及时对乘客携带的超长、超高、超大物品（体积大于 X 光机检测通道），易碎物品（如玻璃器皿、工艺品），易损物品（食品、药品、电脑）等不宜机检的物品进行手检。

（3）检查中发现可疑物品应及时向指挥员报告。

（4）负责各类安检设备的摆放及保管（将手检设备整齐摆放在安检桌的空白位置，将防爆毯摆放在安检机周围不阻碍乘客的地方，将防尘罩叠好放入安检亭或放入安检机底部的适当位置）。

（五）执机员职责

（1）在指挥员的领导下开展安检工作。

（2）负责填写《违禁品登记簿》。

（3）熟练掌握图像识别技能，熟悉危险物品的外部特征，及时准确观察、识别可疑物。

（4）发现可疑物品，及时向指挥员报告并进行妥善处理。

（5）负责 X 光机、显示器、键盘的保管。

三、安检工作流程

（一）岗前准备

（1）集合点名：指挥员根据工作要求，集合安检员，开展点名工作，保障执勤人员全部到位。

（2）着装检查：安检员、引导员、手检员列队，指挥员开展着装检查工作，各岗位人员相互整理帽子、上衣、标识、裤子、鞋子等，发现问题进行调整。

（3）到达现场：指挥员掌控时间，要求提前 20 min 到达任务现场。

（4）分配岗位：按照任务要求，按小组分配岗位，确定小组组长。

（5）传达要求：指挥员，现场叙述各岗岗位职责、细则、注意事项等。

（6）分配装备：以小组为单位，配发对讲机、对讲耳机、取证仪器、手持探测仪等装备。

（7）检查装备：测试、检查装备的性能，确定装备的使用分工（装备如有问题须及时上报指挥员，以便进行调整）。

（二）开展执勤

（1）文明执勤：安检各岗位人员要做到语言文明、动作文明、微笑执勤。

（2）检查安检设备：执机员提前 10 min 开启安检设备，其他岗位人员配合进行安检设备性能检测。

（3）事件处置：发现不配合检查者，安检人员须立即上报组长，组长与其沟通，如无效果，上报指挥员及现场公安人员，请求指示。经检查发现对方携有疑似违禁物品，安检人员立即请对方配合，进行复查。对于查出的违禁物品，安检人员须按规定妥善处理。

（4）违禁物品的保管：安检人员明确告知对方，对于违禁物品铁路部门无保管和丢失赔偿义务。收缴的物品须集中存放，并做好书面记录，禁止据为己有。

（三）任务结束

（1）关闭设备：待指挥员下达停止工作命令后，各小组关闭安检设备。根据需要，做好设备断电、防雨、防盗、防破坏等保管工作。

（2）上交违禁物品：安检人员上交违禁物品，组长负责盘点，核对记录本。以小组为单位，配合指挥员，向执法部门或铁路相关部门上交违禁物品。

（3）上交装备：组长负责检查对讲机、对讲耳机、取证仪器、手持探测仪等装备的使用情况，检查无问题，上交指挥员。

（4）收队撤回：各小组进入集合地点，指挥员整队清点人数，讲评执勤工作，收队撤回。

四、旅客禁止携带品要求

（一）国家铁路局、公安部禁止携带物品目录

（1）枪支、子弹类（含主要零部件）。

① 军用枪：手枪、步枪、冲锋枪、机枪、防暴枪等，以及各类配用子弹。

② 民用枪：气枪、猎枪、运动枪、麻醉注射枪等，以及各类配用子弹。

③ 其他枪支：道具枪、发令枪、钢珠枪等。

④ 上述物品的样品、仿制品。

（2）爆炸物品类。

① 弹药：炸弹、照明弹、燃烧弹、烟幕弹、信号弹、催泪弹、毒气弹、手雷、手榴弹等。

② 爆破器材：炸药、雷管、导火索、导爆索等。

③ 烟火制品：礼花弹、烟花、鞭炮、摔炮、拉炮、砸炮、发令纸等各类烟花爆竹，以及黑火药、烟火药、引火线等。

④ 上述物品的仿制品。

（3）管制器具。

① 管制刀具：匕首、三棱刀（包括机械加工用的三棱刮刀）、带有自锁装置的弹簧刀，以及其他类似的单刃、双刃刀等。

② 其他器具：警棍、催泪器、催泪枪、电击器、电击枪、防卫器、弓、弩等。

（4）易燃易爆物品。

① 压缩气体和液化气体：氢气、甲烷、乙烷、丁烷、天然气、乙烯、丙烯、乙炔（溶于介质的）、一氧化碳、液化石油气、氟利昂、氧气（供病人吸氧的袋装医用氧气除外）、水煤气等。

② 易燃液体：汽油、煤油、柴油、苯、乙醇（酒精）、丙酮、乙醚、油漆、稀料、松香油及含易燃溶剂的制品等。

③ 易燃固体：红磷、闪光粉、固体酒精、赛璐珞、发泡剂 H 等。

④ 自燃物品：黄磷、白磷、硝化纤维（含胶片）、油纸及其制品等。

⑤ 遇湿易燃物品：金属钾、钠、锂、碳化钙（电石）、镁铝粉等。

⑥ 氧化剂和有机过氧化物：高锰酸钾、氯酸钾、过氧化钠、过氧化钾、过氧化铅、过醋酸（过氧乙酸）、双氧水（过氧化氢）等。

（5）毒害品：氰化物、砒霜、硒粉、苯酚等剧毒化学品，以及剧毒农药等。

（6）腐蚀性物品：硫酸、盐酸、硝酸、氢氧化钠、氢氧化钾、蓄电池（含氢氧化钾固体、注有酸液或碱液的）、汞（水银）等。

（7）放射性物品：放射性同位素等。

（8）传染病病原体：乙肝病毒、炭疽杆菌、结核杆菌、艾滋病病毒等。

（9）其他危害列车运行安全的物品，如可能干扰列车信号的强磁化物、有强烈刺激性气味的物品、不能判明性质可能具有危险性的物品等。

（10）国家法律、行政法规、规章规定的其他禁止携带、运输的物品。

（二）中国国家铁路集团有限公司铁路进站乘车禁止和限制携带物品

根据国务院颁布的《铁路安全管理条例》等国家法律、行政法规、规章等规定，为维护铁路公共安全，确保广大旅客安全旅行，中国国家铁路集团有限公司规定的铁路进站乘车禁止和限制携带物品如下。

（1）请勿携带以下枪支、子弹类（含主要零部件）：

手枪、步枪、冲锋枪、机枪、防暴枪等军用枪，以及各类配用子弹（含空包弹、战斗弹、检验弹、教练弹）；气枪、猎枪、运动枪、麻醉注射枪等民用枪，以及各类配用子弹；道具枪、仿真枪、发令枪、钢珠枪、消防灭火枪等其他枪支；上述物品的样品、仿制品。

军人、武警、公安人员、民兵、射击运动员等人员携带枪支子弹的，按照国家法律法规的有关规定办理并严格执行枪弹分离等有关枪支管理规定。

（2）请勿携带以下爆炸物品类：

炸弹、照明弹、燃烧弹、烟幕弹、信号弹、催泪弹、毒气弹、手雷、手榴弹等弹药；炸药、雷管、导火索、导爆索、爆破剂、发爆器等爆破器材；礼花弹、烟花、鞭炮、摔炮、拉炮、砸炮、发令纸等各类烟花爆竹，以及黑火药、烟火药、引火线等烟火制品；上述物品的仿制品。

（3）请勿携带以下器具：

匕首、三棱刀（包括机械加工用的三棱刮刀）、带有自锁装置的弹簧刀，以及其他类似的单刃、双刃刀等管制刀具；管制刀具以外的，可能危及旅客人身安全的菜刀、餐刀、屠宰刀、斧子等利器、钝器；警棍、催泪器、催泪枪、电击器、电击枪、射钉枪、防卫器、弓、弩等其他器具。

（4）请勿携带以下易燃易爆物品：

氢气、甲烷、乙烷、丁烷、天然气、乙烯、丙烯、乙炔（溶于介质的）、一氧化碳、液化石油气、氟利昂、氧气（供病人吸氧的袋装医用氧气除外）、水煤气等压缩气体和液化气体；汽油、煤油、柴油、苯、乙醇（酒精）、丙酮、乙醚、油漆、稀料、松香油及含易燃溶剂的制品等易燃液体；红磷、闪光粉、固体酒精、赛璐珞、发泡剂 H 等易燃固体；黄磷、白磷、硝化纤维（含胶片）、油纸及其制品等自燃物品；金属钾、钠、锂、碳化钙（电石）、镁铝粉等遇湿易燃物品；高锰酸钾、氯酸钾、过氧化钠、过氧化钾、过氧化铅、过醋酸（过氧乙酸）、双氧水（过氧化氢）等氧化剂和有机过氧化物。

（5）请勿携带以下剧毒性、腐蚀性、放射性、传染性、危险性物品：

氰化物、砒霜、硒粉、苯酚等剧毒化学品，以及毒鼠强等剧毒农药（含灭鼠药、杀虫药）；硫酸、盐酸、硝酸、氢氧化钠、氢氧化钾、蓄电池（含氢氧化钾固体、注有酸液或碱液的）、汞（水银）等腐蚀性物品；放射性同位素等放射性物品；乙肝病毒、炭疽杆菌、结核杆菌、艾滋病病毒等传染病病原体；《铁路危险货物品名表》所列除上述物品以外的其他危险物品及不能判明性质可能具有危险性的物品。

（6）请勿携带以下危害列车运行安全或公共卫生的物品：

可能干扰列车信号的强磁化物，有强烈刺激性气味的物品，有恶臭等异味的物品，活动物（导盲犬除外），可能妨碍公共卫生的物品，能够损坏或者污染车站、列车服务设施、设备、备品的物品。

（7）限量携带以下物品：不超过 20 ml 的指甲油、去光剂、染发剂；不超过 120 ml 的冷烫精、摩丝、发胶、杀虫剂、空气清新剂等自喷压力容器；安全火柴 2 小盒；普通打火机 2 个。

（8）其他禁止和限制旅客携带物品按照国家法律、行政法规、规章规定办理。

（9）违规携带上述物品，依照国家法律法规的规定处理。

任务四　　铁路客票系统

技能目标

能登录计算机售票系统；

能按售票规章的相关规定进行窗口售票作业；

能根据相关规定完成退票作业。

计算机售票系统登录；
窗口售票作业；
退票作业。

在理解、掌握售、退票规章的基础上，学习具体售、退票业务的操作。在进行售、退票作业时，一定要注意按照相关售、退票规章进行售、退票作业。

一、计算机售票系统登录

（1）打开 UPS 电源，打开制票计算机，进入制票机初始化界面（见图 3－13）。

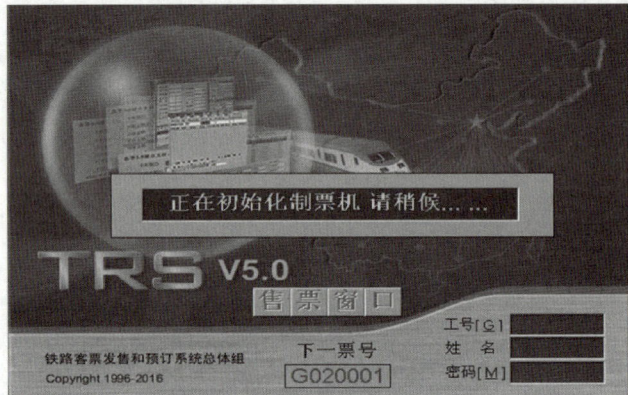

图 3－13　制票机初始化界面

（2）如图 3－14 所示，在制票机初始化完成后，输入工号、姓名和密码。

图 3－14　输入登录信息界面

（3）如图 3 − 15 所示，选择售票班次（白班或者夜班）。

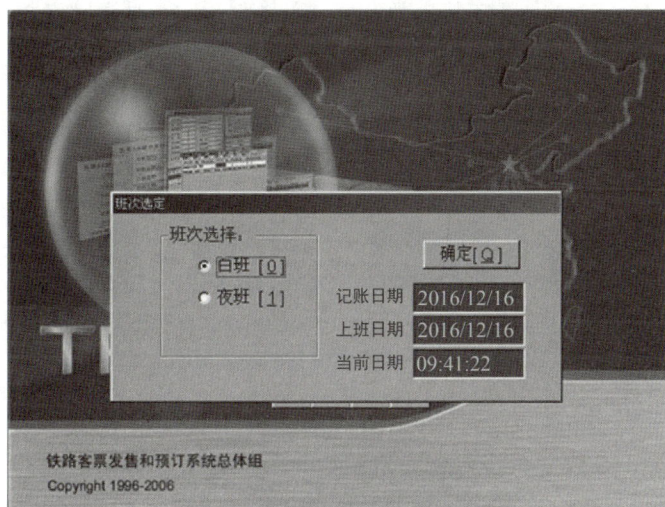

图 3 − 15 选择售票班次界面

二、窗口售票作业

（一）普通票发售

1. 普通票发售的要素

普通票发售的要素如图 3 − 16 所示。

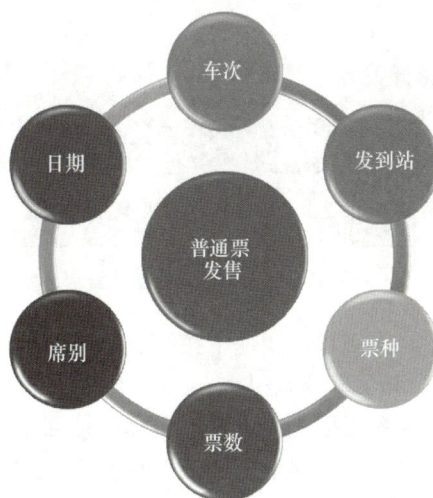

图 3 − 16 普通票发售的要素

2. 普通票发售的基本流程

普通票发售的基本流程如图 3 − 17 所示。

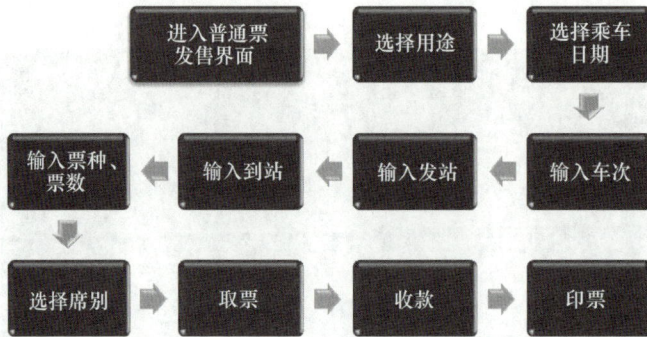

图 3-17 普通票发售的基本流程

3. 普通票发售的操作方法

（1）通过热键 Alt+S 或菜单进入普通票发售界面（见图 3-18）。

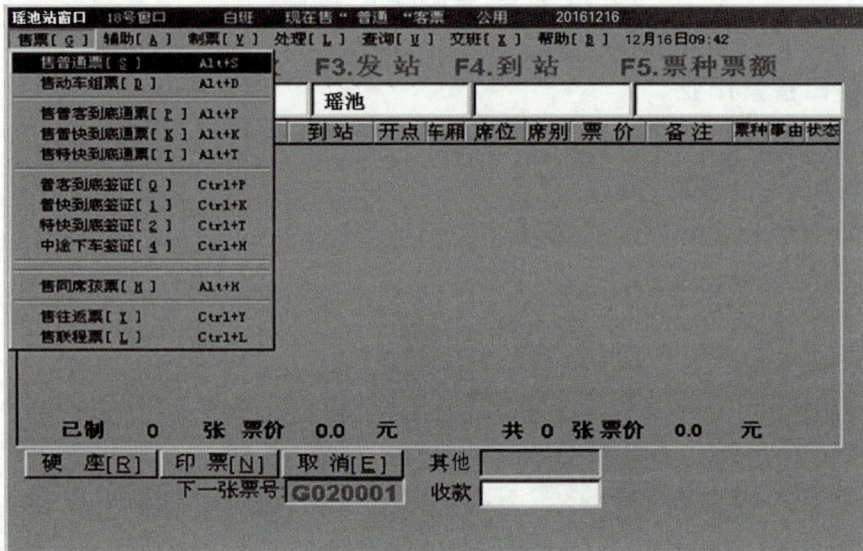

图 3-18 普通票发售界面

（2）如图 3-19 所示，按 F11 键显示用途下拉列表，用"→""←"或空格键移动光标至相应用途（有公用、学生等），按回车键确认。

（3）按 F1 键打开日期输入列表框，上下移动光标，按回车键确认；或按 Alt+Q 键将光标切入日期输入框，输入乘车日期，按回车键确认；或按 F1 键加数字键设置乘车日期。日期选择界面如图 3-20 所示。

（4）如图 3-21 所示，按 F2 键可以转换到车次栏，输入车次，按回车键确认。

（5）若不另外按 F3 键选择发站，系统默认发站为售票地车站，光标自动跳至到站栏，显示本列车终点站并打开到站下拉菜单。到站选择界面如图 3-22 所示。

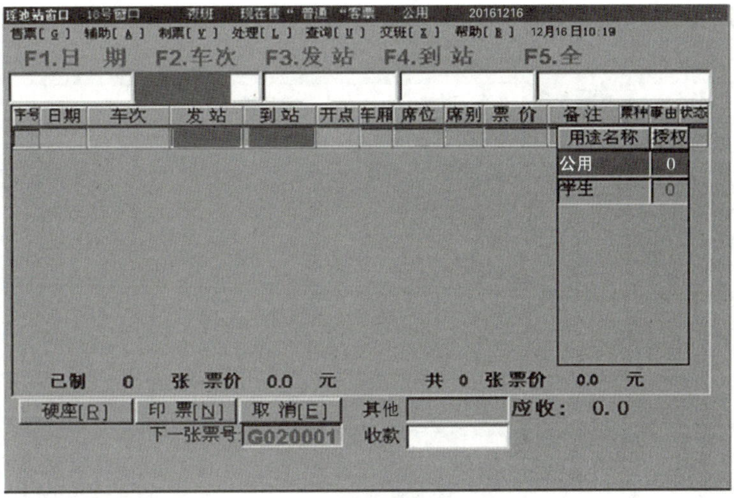

图 3-19　用途确认界面

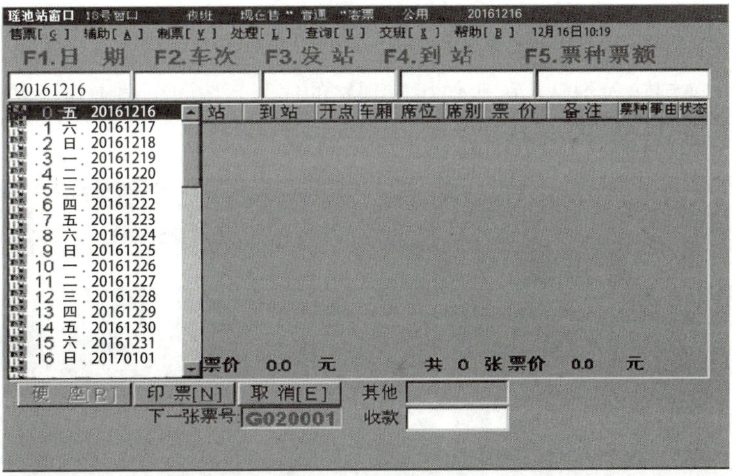

图 3-20　日期选择界面

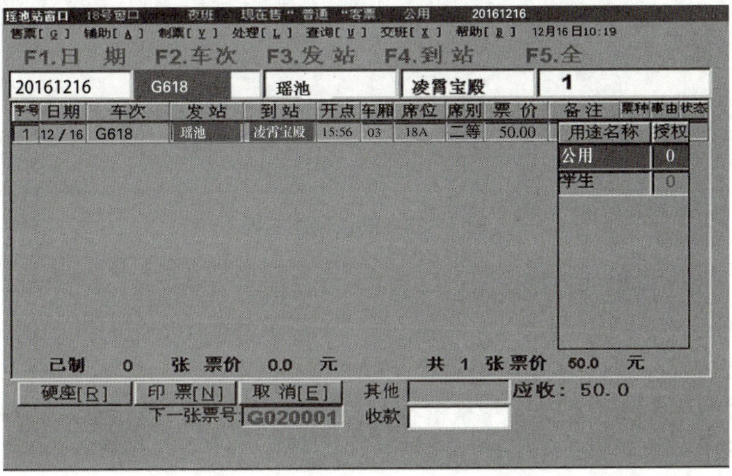

图 3-21　按车次发售车票界面

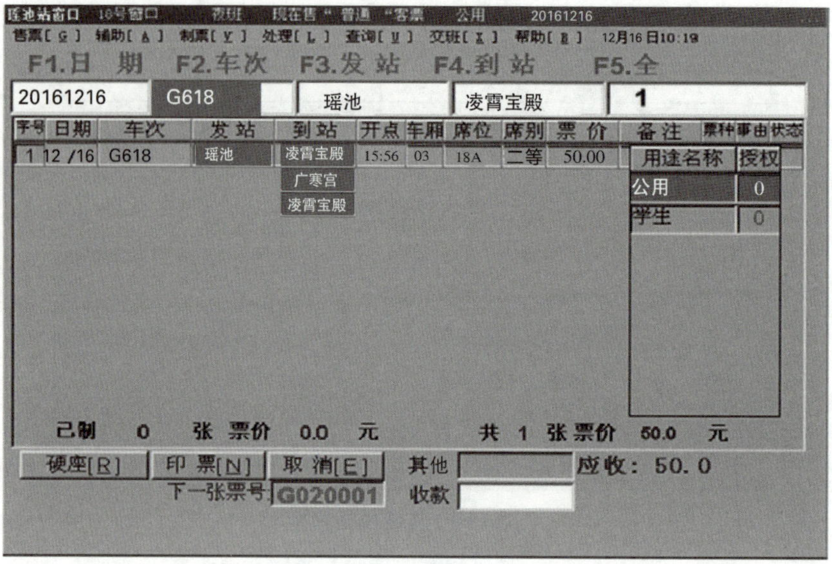

图 3-22　到站选择界面

（6）还可按 F4 键输入到站，可输入相应到站的序号，按回车键确认；也可输入到站拼音码或电报码，按回车键确认。确认到站界面如图 3-23 所示。

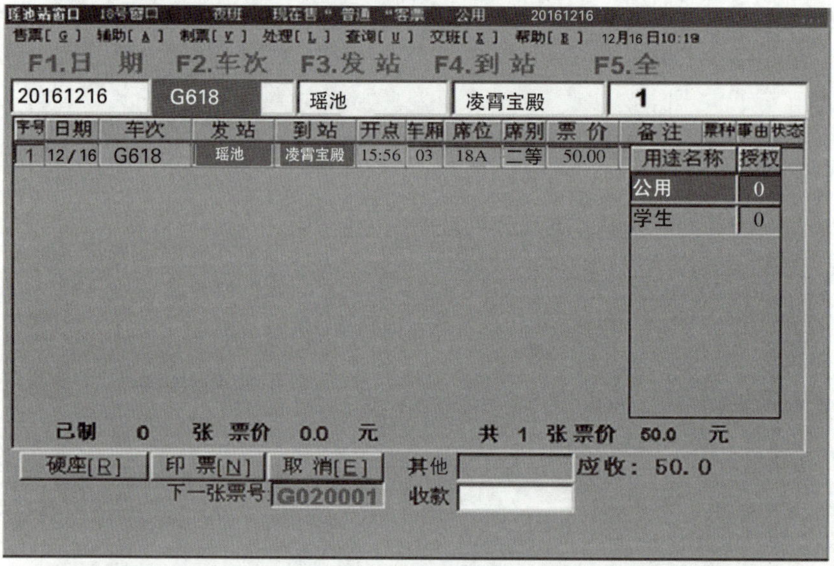

图 3-23　确认到站界面

4. 票种、席别、票数的选择

（1）票种包括 7 种：全、孩、学、残、单（小孩单独使用卧铺时购买的车票）、免、探。

（2）票种、席别、票数的选择方法：

① 用"→""←"或空格键（空格键也是确认制票的快捷键，所以一定要确认光标在票种栏中时才能用空格键切换票种）移动光标至相应票种。

② 如图 3-24 所示，按 F7 键显示席别下拉列表，选择席别或输入席别代码。

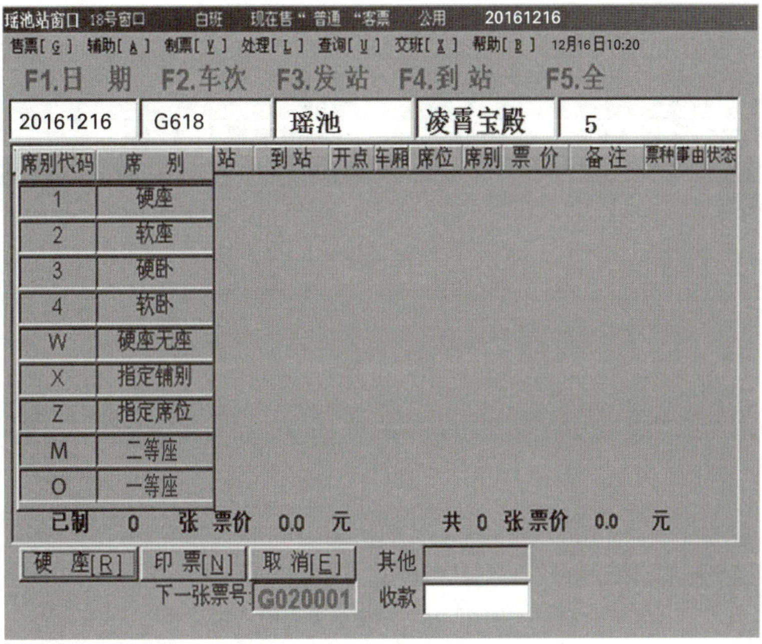

图 3-24　选择席别界面

③ 如果选择了座席，直接输入票数，如 5 张票就直接输入 5。

④ 如果选择了卧席，则出现铺别数输入界面（见图 3-25）。

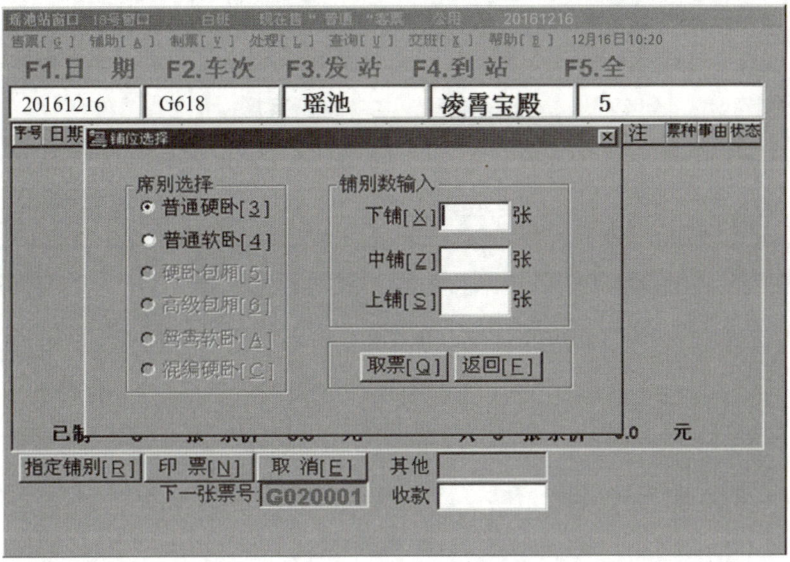

图 3-25　铺别数输入界面

⑤ 按回车键确认。

5. 确认制票

（1）如图 3-26 所示，系统将席（铺）位取出后，屏幕上显示全部席（铺）位信息。

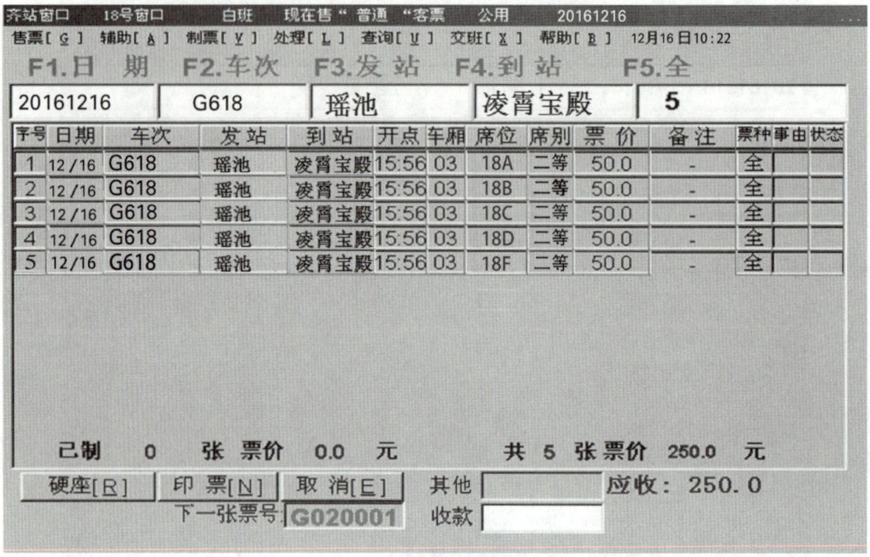

图 3−26　车票信息界面

（2）如图 3−27 所示，如果要取消个别席（铺）位，按 F9 键让光标切换至选取的票上，再移动光标至要取消的票上，按 Alt+E 键取消，选定的席（铺）位返回席（铺）位库。

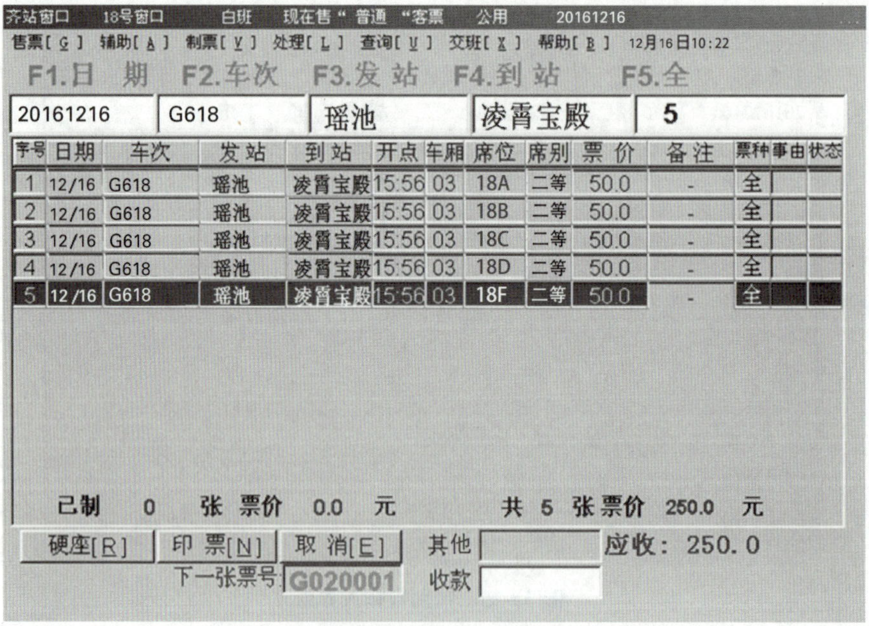

图 3−27　席位取消界面

（3）制票。

按空格键确认制票后，可在制票机出票口（见图 3−28）取出车票。

图 3−28　制票机出票口

（二）办理始发签证

1. 始发签证

始发签证是指旅客在始发站变更乘车日期、车次、席（铺）位时需要办理的签证手续。

2. 作业流程

办理始发签证作业流程如图 3−29 所示。

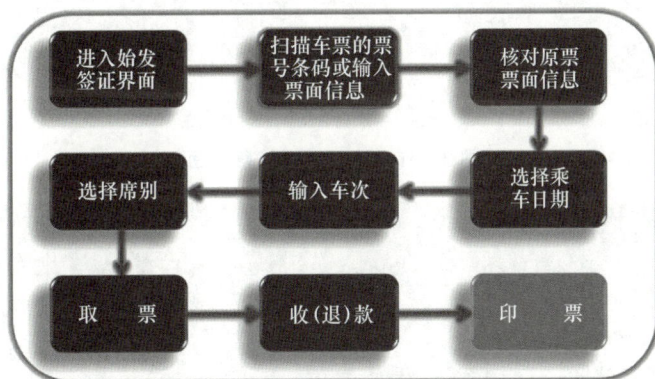

图 3−29　办理始发签证作业流程

3. 操作步骤

（1）如图 3−30 所示，扫描车票的票号条码，也可手工输入票面信息。

（2）如图 3−31 所示，核对计算机系统页面的信息是否与原票相符。

（3）如图 3−32 所示，核对重新输入的新票信息是否与旅客要求的日期、车次相符，产生差额时，实行多退少补。

图 3-30　扫描车票的票号条码

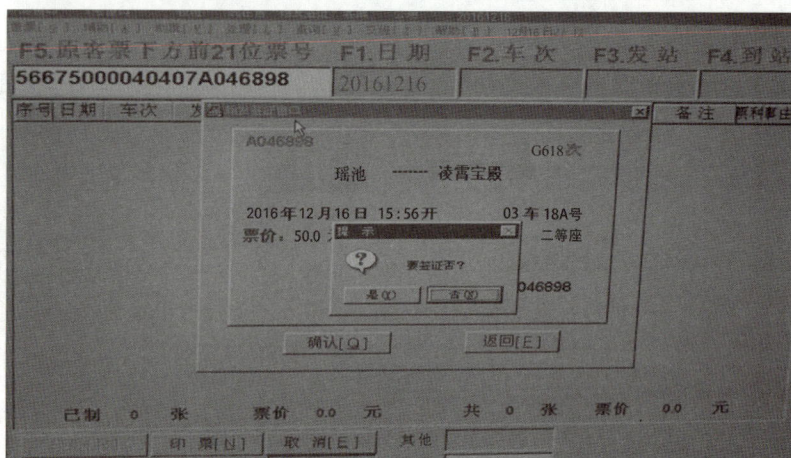

图 3-31　核对原票信息界面

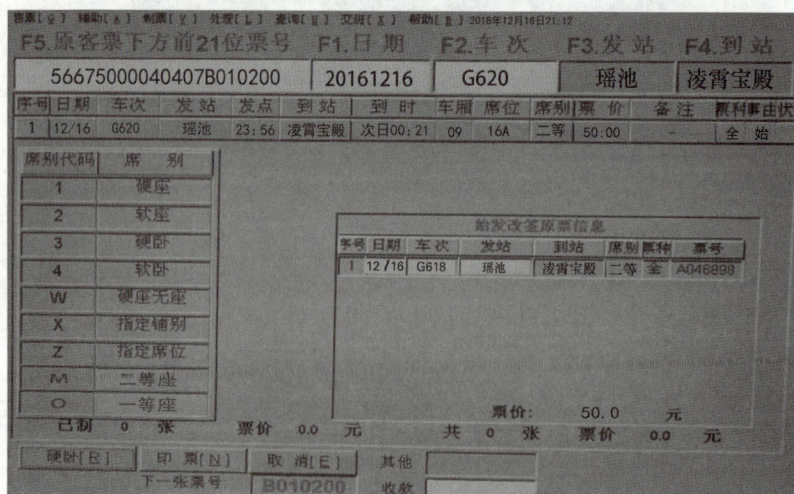

图 3-32　改签办理界面

（4）如图 3－33 所示，新票信息核对正确后按确认键，打印始发改签车票。

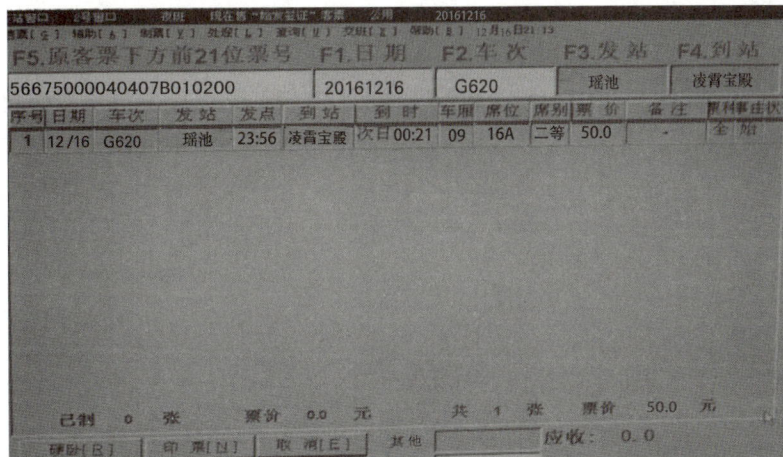

图 3－33　打印始发改签车票

（5）如图 3－34 所示，在原车票正面加盖"改签"戳，将原车票用纸绳穿订，妥善保管，切勿丢失。

图 3－34　原车票处理

（6）如图 3－35 所示，打印出新车票。

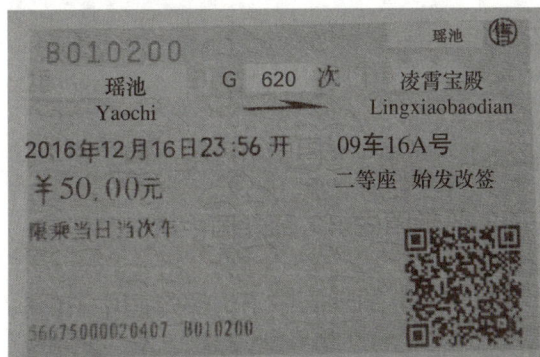

图 3－35　打印新车票

（三）办理中转签证

1. 中转签证

（1）中途临时下车，须办理中转签证，否则不能继续旅行。

（2）因起点站到目的站没有直达列车而购买通票时，必须持通票在中转车站办理中转签证。

2. 办理中转签证的条件

（1）窗口有办理中转签证的权限。

（2）购票旅客持有有效的车票。

（3）窗口有发售相应票种、用途、日期车票的权限。

3. 中转签证改签方式

如图3−36所示，通过扫描车票的票号条码或手工输入21位票号进入中转签证办理界面，然后按规定的程序操作。

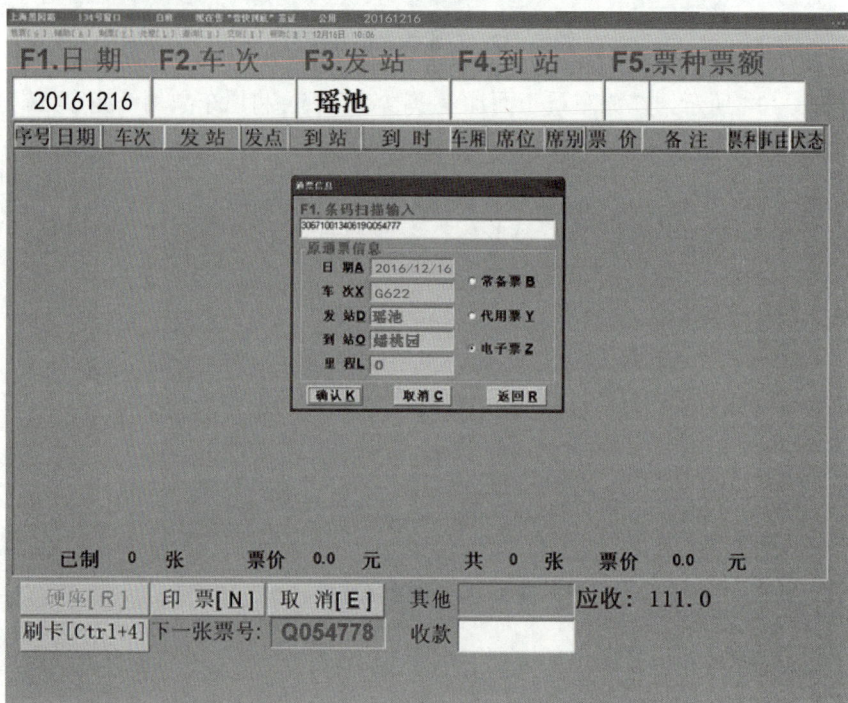

图3−36　中转签证办理界面

（四）联程票

1. 联程票的特点

（1）发售联程票可方便旅客，提高列车上座率。

（2）联程票可以异地发售。

2. 联程票发售操作步骤

（1）如图3−37所示，在普通票发售界面发售联程票的第一张车票。

（2）如图3−38所示，按Ctrl+L键切换到联程票发售界面，发售联程票。

图 3−37　发售联程票的第一张车票界面

图 3−38　联程票发售界面

（3）继续发售下一段联程票或打印车票。打印联程票界面如图 3−39 所示。

图 3−39　打印联程票界面

（五）往返票

1. 往返票的特点

（1）发售往返票可方便旅客，提高列车上座率。

（2）往返票可以异地发售。

2. 往返票发售操作步骤

（1）如图 3-40 所示，在普通票操作界面发售去程票。

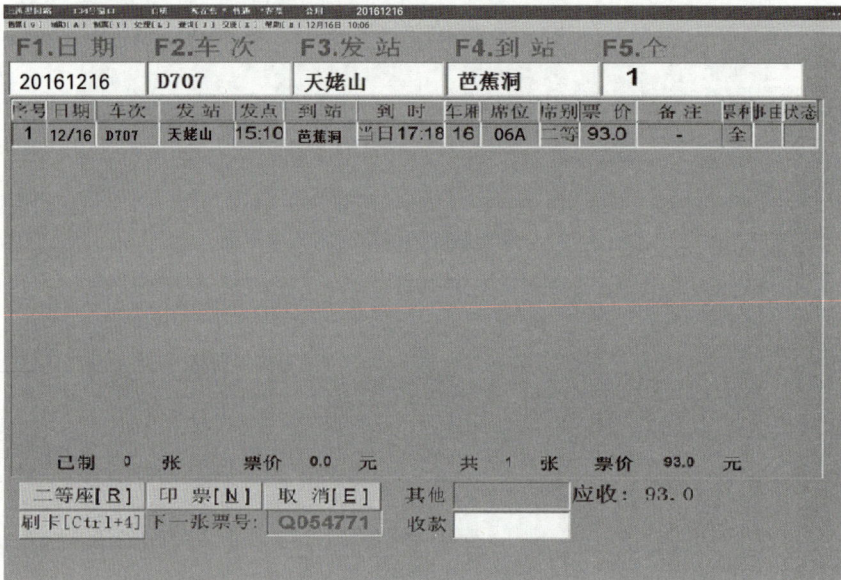

图 3-40 发售去程票界面

（2）如图 3-41 所示，按 Ctrl+Y 键切换到发售返程票界面，发售返程票。

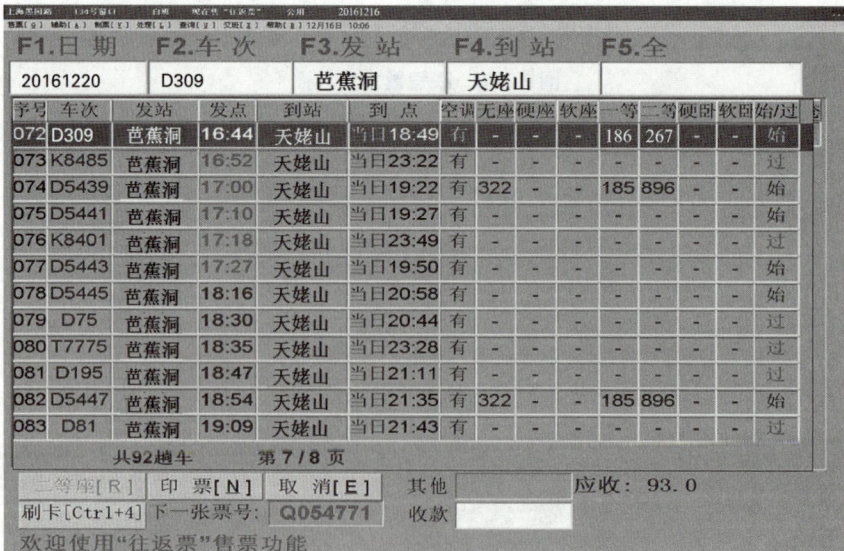

图 3-41 发售返程票界面

（3）如图3-42所示，打印往返车票。

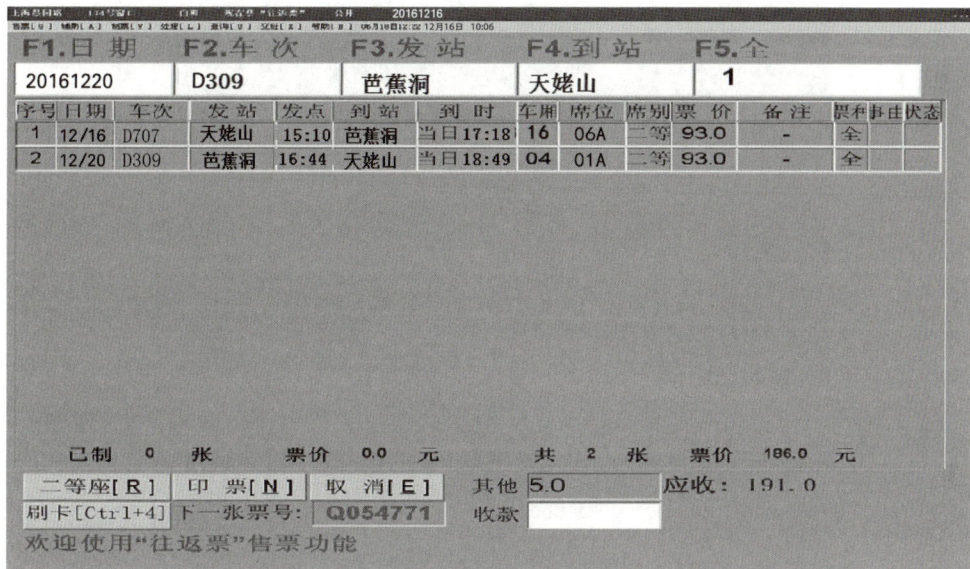

图3-42 打印往返票界面

（六）已预订车票的制票

1. 已预订车票制票的分类

（1）根据合同号制票。

个人使用互联网和电话订票时，系统会生成合同号，可根据合同号确认购票信息，进行制票。

（2）根据流水号制票。

团体订票时，企业经办人根据《企业确认订票计划通知书》上的流水号，严格按照取票时间安排（不按时间安排到取票点无法取票），携带本单位公章或财务专用章，凭加盖单位公章的《企业确认订票计划通知书》（请企业于取票前复印留存）、经办人身份证原件到指定地点取票。

（3）根据身份证制票。

根据身份证为旅客打印其预订的车票。

2. 制票系统中的制票代码

（1）0：根据合同号、流水号制票。

（2）1：根据身份证制票（可通过设备读取身份证信息也可输入身份证号码）。

（3）2：身份证读取制票（只能通过设备读取身份证信息）。

3. 已预订车票的制票界面

（1）根据合同号制票的界面如图3-43所示。

（2）根据流水号制票的界面如图3-44所示。

（3）根据身份证制票的界面如图3-45所示。

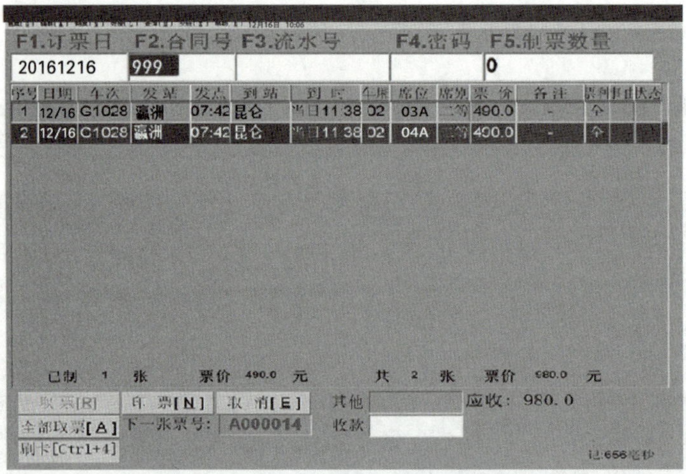

图 3-43　根据合同号制票的界面

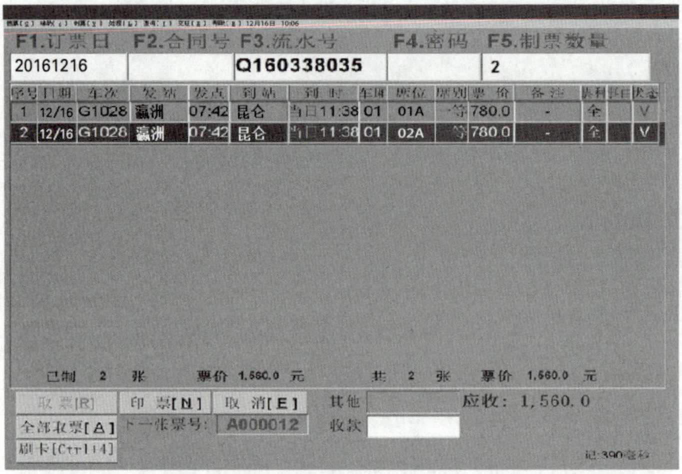

图 3-44　根据流水号制票的界面

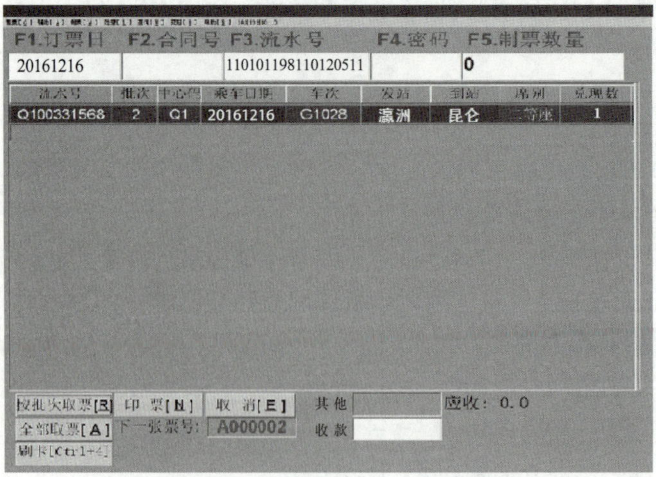

图 3-45　根据身份证制票的界面

（七）故障处理

1. 补制空白票

当制票机内的票号小于计算机系统显示的票号时，应印制空白作废票。空白作废票制票界面如图 3-46 所示。

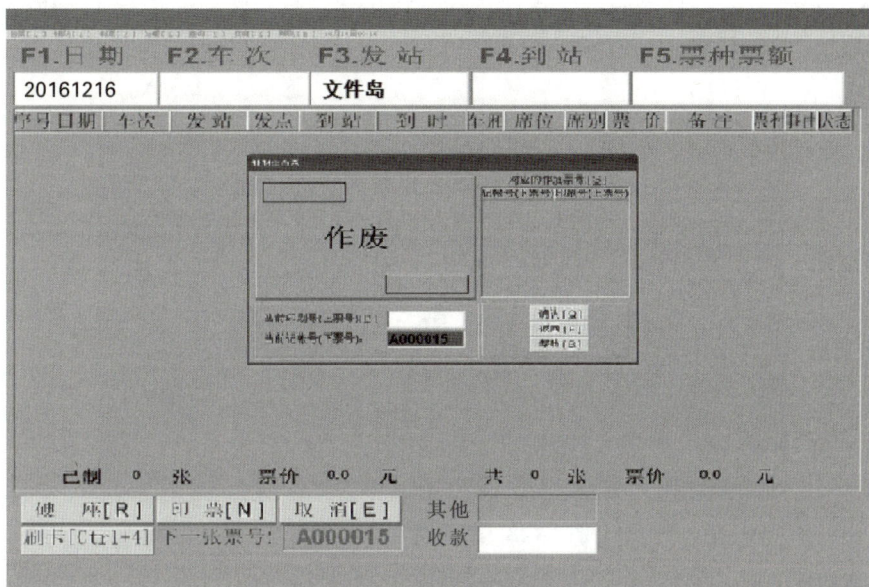

图 3-46　空白作废票制票界面

2. 空白票处理

当制票机内的票号大于计算机系统显示的票号时，应补记空白票存根。补记空白票存根界面如图 3-47 所示。

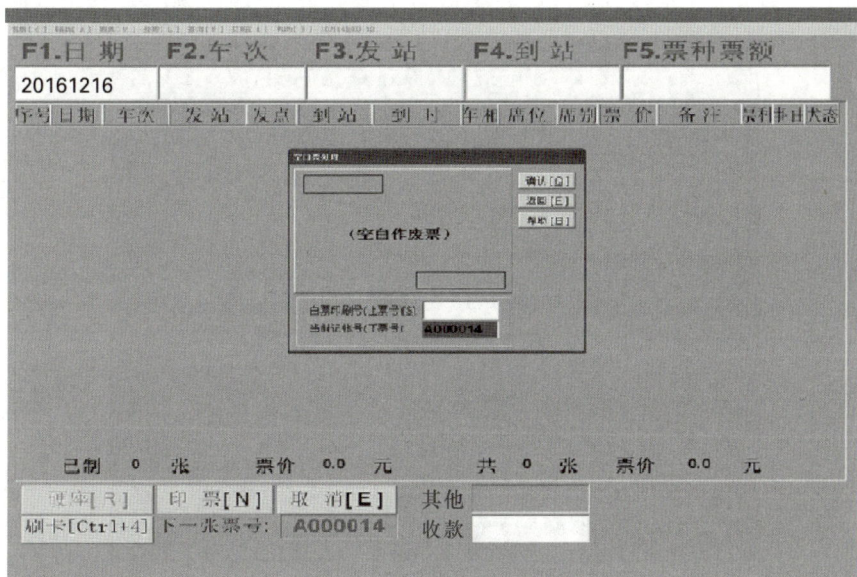

图 3-47　补记空白票存根界面

三、退票

（一）现金购票的退票操作

旅客可持车票或有效身份证件在窗口办理退票业务。扫描车票条码（也可手工输入车票号）或输入、读取身份证件号码后，程序自动查找售票信息，将票面信息还原供操作员核对车票，根据选定的退票理由计算手续费和净退款，退回席位。票面信息还原界面如图3-48所示。

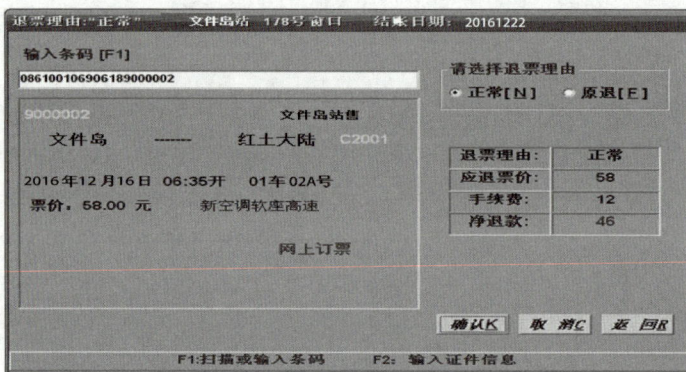

图 3-48　票面信息还原界面

（二）银行卡支付车票退票

1. 银行卡支付车票退票特点

程序自动判断所退车票是否为银行卡支付，对于银行卡支付车票，遵循"卡售卡退"原则，确认退票后，售票系统自动将净退款返回购票时使用的银行卡中。

2. 银行卡支付车票退票操作步骤

（1）如图3-49所示，银行卡支付车票退票时，在退票界面会显示购票所使用银行卡的卡号。

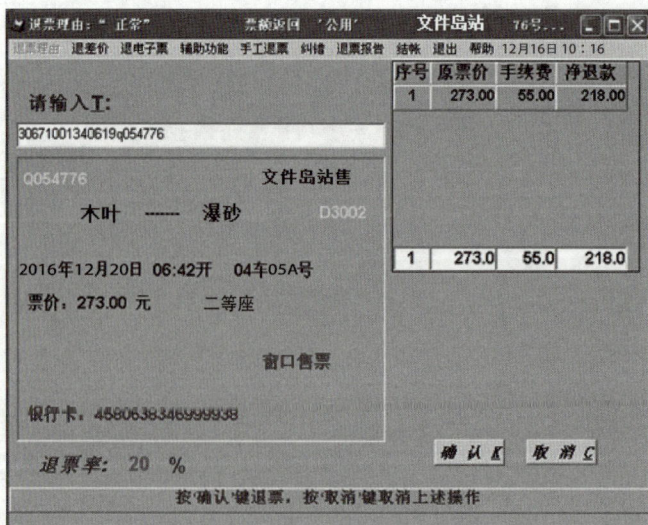

图 3-49　银行卡支付车票的退票界面

（2）如图 3-50 所示，单击"确认"按钮后，界面会出现"此票为非现金支付，正在返款"提示。

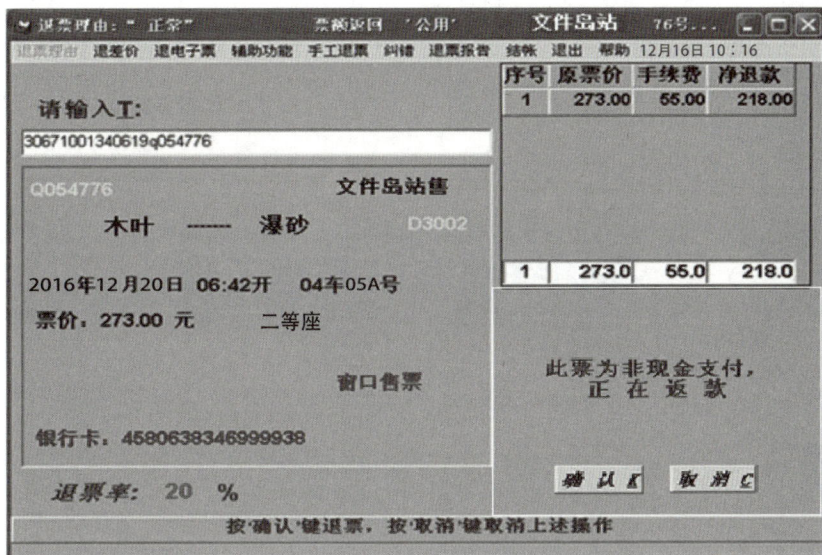

图 3-50 返款处理界面

（3）如图 3-51 所示，退款成功后，系统会提示注意事项。

售票员要让旅客在 POS 机凭条下方指定位置处签名。将 POS 机凭条的持卡人联交由旅客保管，并提示旅客退票款会在 15～20 个工作日内退回购票时使用的银行卡内。

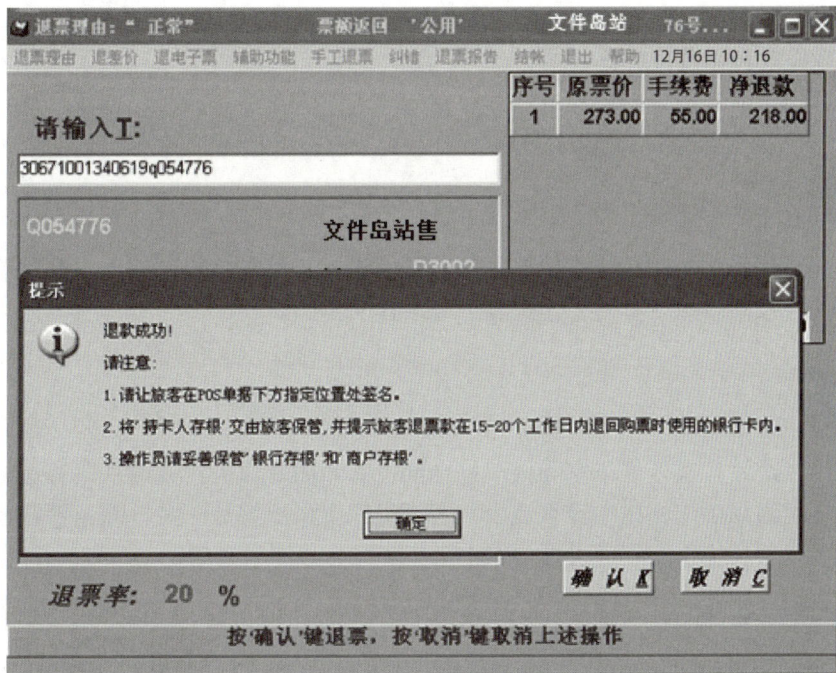

图 3-51 退票注意事项提示界面

（三）电子车票退票

旅客在网上购买的车票，未在售票窗口、代售点或自助取票机取票时，可在网上自助办理退票手续。电子车票均在互联网上支付票款，退票遵循"卡售卡退"原则，"确认"退票时，售票系统自动将净退款返回购票时使用的银行卡中。对于已在售票窗口、代售点或自助取票机办理取票的电子客票，其电子客票生命周期已结束，需要持取出的普通客票办理退票手续。

（四）学生票退票

在售票系统学生购票记录中查找学生购票信息，信息一致才允许退票并恢复购票次数。

任务五 高速铁路车站客运工作

技能目标

能掌握售票工作的基本要求；
能按规定组织旅客进站、候车、检票；
能按规定进行站台的客运组织与应急处理。

知识点

售票作业基本要求；
进站、候车、检票作业程序；
站台的客运组织与应急处理标准。

任务的提出

高速铁路客运工作的目标是完成旅客的购票、进站、乘车、出站流程，熟悉这些流程的相关规章要求并按规章完成客运工作是服务好旅客的基础。

相关知识

由于采用了进站检票，候车室和候车站台间没有障碍等原因，高速铁路客运组织工作与普速铁路的客运组织工作相比中转客流少，客运组织工作更容易一些。高速铁路客运组织的主要内容包括售票、检票、正确引导旅客上下车和站台候车管理等。

一、售票作业流程

售票作业要严格执行相关作业标准（"六字售票法"），即：问、输、收、做、核、交。
（1）问。问清旅客购票方式、乘车日期、车次、发到站、席别、票种、张数、支付方式。

（2）输。输入旅客乘车日期、车次、选择发到站、票种、票数及席别。

（3）收。收取旅客购票票款后认真清点，并与旅客认真核对票面信息（采用 24 小时制核对乘车日期）。

（4）做。打印车票，如果旅客选择刷卡购票，则按 Ctrl+4 键进行刷卡，打印 POS 机凭条，将经旅客签字的 POS 机凭条的商户联粘贴到 POS 机凭条粘贴单上。

（5）核。核对票面上的上、下票号是否一致，以及价格是否正确，发现票号不一致或证件号码错误应及时改正。

（6）交。将车票、购票时使用的证件、余款、银行卡、POS 机凭条的持卡人联一起交给旅客。

1. 办理旅客现金购票作业流程

（1）做好售票准备，使用文明用语向旅客问好。

（2）问清旅客购票信息，如日期、车次、发到站、票数等，向旅客宣传可以购买往返票、联程票。按旅客要求，认真查找条件相符车次的余票。将所查到的票数情况告知旅客，征求旅客意见。在票数不足的情况下，向旅客推荐其他适合的车次。

（3）按顺序在计算机内录入旅客购票信息，包括乘车日期、车次，发到站、票种、席别、票数等，与旅客核对票面的详细信息，确认信息正确，选择现金支付。

（4）按机器显示金额，收取票款。使用验钞机验证大面额票款的真伪，向旅客唱报所收票款数额。

（5）将收到的票款数额输入计算机。再次与旅客核对车票信息、所交款额后，打印车票。

（6）确认票面上、下票号一致，票面不完整的车票禁止出售。

（7）将找零款和票面数额告知旅客，旅客无异议后，将车票及余款交予旅客。

（8）将所收票款按币种分类，放入抽屉。百元票款达到一万元时，将百元票款锁入保险柜。

2. 办理旅客银行卡购票作业流程

（1）做好售票准备，在 POS 机上签到，工号、密码与售票员登录售票系统的工号、密码相同。使用文明用语向旅客问好。

（2）问清旅客购票信息，如日期、车次、发到站、票数等，向旅客宣传可以购买往返票、联程票。按旅客要求，认真查找条件相符车次的余票。将所查到的票数情况告知旅客，征求旅客意见。在票数不足的情况下，向旅客推荐其他适合的车次。发售异地票时，提示旅客需用现金支付每张车票 5 元的异地手续费。

（3）按顺序在计算机内录入旅客购票信息，包括乘车日期、车次，发到站、票种、席别、票数等，与旅客核对票面的详细信息，确认信息正确，选择银行卡支付。

（4）在 POS 机上进行刷卡操作，提示旅客输入密码，并将打印的 POS 机凭条交给旅客签字后收回。

（5）再次与旅客核对车票信息、所刷卡金额后，打印车票。

（6）确认票面上、下票号一致。票面不完整的车票禁止出售。

（7）将消费金额告知旅客。将车票、银行卡、有效证件、POS 机凭条的持卡人联交予旅客。

（8）将经旅客签字的 POS 机凭条的商户联粘贴到 POS 机凭条粘贴单上。本班次结束后将 POS 机凭条粘贴单上交。

3. 办理旅客互联网购票的取票作业流程

（1）做好售票准备，使用文明用语向旅客问好。

（2）问清旅客订票时使用了哪种订票方式，确认旅客采用的是互联网购票方式。查看旅客递交的换票证件是否是有效证件。

（3）按 Alt+Y 键进入合同制界面，并通过 Ctrl+W 键切换至网上订票界面。将旅客身份证放在识别器上，按 F7 键读取信息，如果旅客提供二代身份证原件以外的其他证件，请旅客出示订单号，将订单号与证件号一起输入系统。

（4）获取所订车票信息后，按回车键确认，界面出现旅客所订车票。根据旅客需要选择当次要取的车票或选择全部车票。与旅客核对票面的详细信息，确认信息正确。换取异地票时，需收取每张车票 5 元的异地手续费。再次与旅客核对车票信息，确认无误后制票。

（5）与旅客核对张数、到站、车次等信息，将取票证件和车票交予旅客。

4. 办理旅客电话订票的取票作业流程

（1）做好售票准备，使用文明用语向旅客问好。

（2）问清旅客订票时使用了哪种订票方式，确认旅客所办业务为电话订票取票。查看旅客递交的有效身份证件原件或复印件。

（3）按 Alt+Y 键进入合同制界面，并通过 Ctrl+W 键切换至取普通票界面。将旅客身份证放在识别器上，按 F7 键读取信息，如果旅客提供二代身份证原件以外的其他证件，请旅客出示订单号，将订单号与证件号一起输入系统。

（4）获取所订车票信息后，按回车键确认，界面出现旅客所订车票。根据旅客需要选择当次要取的车票或选择全部车票。与旅客核对票面的详细信息，确认信息正确。根据计算机显示金额向旅客收取票款，旅客可使用现金或银行卡支付。将收到的票款数额输入计算机或进行刷卡操作。再次与旅客核对车票信息、所交款额，确认无误后制票。

（5）将找零款和票面数额告知旅客。将车票及找零款或银行卡和 POS 机凭条的持卡人联交予旅客。

（6）将所收票款按币种分类，放入抽屉，百元票款达到一万元时，将百元票款锁入保险柜。如为刷卡方式取票，则将 POS 机凭条的商户联粘贴到 POS 机凭条粘贴单上。本班结束后将 POS 机凭条粘贴单上交。

二、检票作业流程

（1）客运员（检票）在列车开车前 20 min 列队到达检票口，每组闸机 2 人，检查检票闸机、自动感应门、扶梯、检票显示屏等设备的状态。

（2）客运员（检票）利用区域广播向旅客介绍检票闸机、自动扶梯的使用方法和安全注意事项，引导持软纸车票和磁介质车票的旅客分别排队，引导重点旅客到队列前方优先检票进站。

（3）旅服系统在列车开车前 18 min，广播播放检票准备信息，检票显示屏、引导显示屏显示准备检票信息，站台显示屏显示车次、开车时间、编组引导信息。

（4）列车开车前 15 min 旅服系统播放开始检票广播，每 5 分钟循环播报一次，检票显示屏、引导显示屏显示开始检票信息，客运值班员（综控）核对检票闸机操作终端是否处于检票状态。

（5）客运员（检票）利用对讲机通知客运员（站台）检票开始，用语："×站台××次列车开始检票"，客运员（站台）回答："××次列车开始检票，×站台明白。"

（6）客运员（检票）进行检票作业，引导旅客正确使用检票闸机，携带大件行李旅客经大件行李闸机检票进站；引导持软纸车票旅客经人工检票口检票进站，核对票面信息后加剪。

（7）列车开车前 3 min，旅服系统播放停止检票广播，闸机关闭，检票显示屏显示停检状态，客运员（检票）核实检票闸机处于关闭状态、检票显示屏显示停检，停止该次列车检票作业，对人工检票口进行加锁。

（8）停检后，客运员（检票）在检票口值守，对当日当次未上车旅客，劝阻进站，并引导其到售票窗口办理改签或退票。

（9）检票口客运员接到站台列车开车通知后，检查设备设施状态，通知保洁人员对相关区域的环境卫生进行清理，列队退岗。

三、站台组织作业流程

1. 始发列车站台组织作业流程

（1）列车开车前 20 min 客运员（站台）出场，客运员（站台）不少于 2 人（具体出场位置由各站自定），佩带对讲机、扩音器或口笛。

（2）客运员（站台）出场后，检查线路、站台有无异状，站台显示屏、时钟显示是否正确，扶梯、直梯作用是否良好，及时消除安全隐患，对无法消除的，报告综控室处置。

（3）列车发车前 15 min，客运员（检票）通知客运员（站台）开始检票，客运员（站台）站在指定地点立岗引导旅客。

（4）客运员（站台）对乘坐扶梯旅客进行安全宣传，引导旅客前往其车票所示车厢的上车位置。

（5）就重点旅客和重点工作与列车长办理交接。

（6）接到客运员（检票）停止检票通知后，客运员（站台）提醒还未上车的旅客及时上车，通知列车长本次列车停止检票。

（7）有上水作业和高铁快件作业的列车，客运员（站台）必须在确认上水作业和高铁快件作业完毕后，及时通知列车长。

（8）列车关闭车门后，客运员（站台）足踏安全白线，面向列车，发现异状，及时处置。

（9）列车开车后，客运员（站台）身体随列车转动，目送列车。通知客运值班员（综控）、客运员（检票）该次列车已经开车。

（10）列车驶出站台端部后，客运员（站台）对站台进行巡视，清理站内滞留人员，列队退岗。

2. 终到列车站台组织流程

（1）客运员（站台）于列车终到前 10 min 出场，准备接车。

（2）客运员（站台）出场后，检查线路、站台有无异状，站台显示屏、时钟显示是否正确，扶梯、直梯作用是否良好，及时消除安全隐患，对无法消除的，报告综控室处置。

（3）列车进站后，利用对讲机通知综控室到达时间，通知客运员（出站）做好出站检票准备。

（4）与到达列车列车长办理站车交接。

（5）引导旅客经由出站流线出站，对重点旅客重点照顾。

（6）确认旅客全部离开站台后，利用对讲机通知客运员（出站）。

（7）清理站台。

四、出站口验票作业流程

（1）列车到站前 5 min，客运员（出站）检查检票闸机、自动感应门、扶梯、直梯等设备设施作用是否良好，打开卷帘门，核对出站显示屏的显示内容是否正确，及时消除安全隐患，对无法消除的，报告综控室。

（2）接到客运员（站台）通知列车进站后，客运员（出站）在指定位置立岗迎接旅客出站。

（3）旅客出站时，客运员（出站）向持磁介质车票的旅客宣传检票闸机使用方法，引导其通过检票闸机验票出站，对持软纸车票的旅客引导其经由人工验票口出站，并仔细查验车票。

（4）对无票人员和旅客违章携带物品办理补票、补费手续。办理补票、补费手续时，通知客运值班员（外勤）安排人员替岗。

（5）客运员（出站）在验票的同时要关注检票闸机的使用状态，发现问题及时处理，并对旅客做好解释工作。

（6）客运员（出站）接到客运员（站台）下车旅客已全部离开站台的通知，组织全部旅客验票出站后，对出站口进行锁闭，检查出站楼梯上有无滞留人员，对存在的卫生问题及时通知保洁人员进行清扫。

五、服务台接待重点旅客作业流程

（1）接到重点旅客接待任务后，及时掌握重点旅客所乘列车车次、需要帮助情况等信息并向客运值班主任报告。

（2）重点旅客需要使用轮椅时，客运员（服务台）要及时登记、提供轮椅（有送站人员时按规定办理相关手续，收取身份证或抵押金）并按客运值班主任指示将重点旅客安排到指定地点候车，重点监控，做好服务。

（3）客运员（服务台）掌握重点旅客所乘列车的运行情况，提前协助家属将重点旅客引导到检票口。

（4）客运员（检票）与客运员（站台）做好互控，经客运员（站台）同意后提前组织重点旅客检票进站，同时进行防护，保证旅客乘降安全。

（5）客运员（站台）就重点旅客与列车长进行重点交接。站车交接认真仔细，不漏项，手续齐全，互有签字。

（6）办理站车交接后，客运员（站台）将轮椅收回，无接发列车作业时送回服务台。

六、贵宾室接待服务作业流程

（1）客运值班主任接到相关任务通知后，通知客运员（贵宾室）提前 2 h 完成准备工作。客运员（贵宾室）须着装整齐规范，举止大方，表情自然，女性客运员（贵宾室）化淡妆上岗。

（2）客运员（贵宾室）提前立岗。室内外卫生彻底清扫，消除死角，做到窗明地净，四壁无尘，室内灯光明亮（如灯具损坏，迅速报修），卫生间可喷洒少量空气清新剂，贵宾毛巾要进行消毒，提前将灯、空调、电视打开。备足开水、茶叶，准备白瓷杯（按接待任务人数准备）。

（3）客运员（贵宾室）携带备品齐全，熟练掌握列车运行情况。迎接、引导贵宾进入贵宾室后进行供水服务，并按规定程序上报。

（4）客运员（贵宾室）注意检查有无危险隐患，做好普通旅客引导，防止普通旅客与贵宾产生对流，警惕一切可疑问题。

（5）客运员（贵宾室）掌握列车运行情况，按贵宾指示，不需要工作人员在室内时，可关门后到门口立岗。

（6）接待任务结束后，客运员（贵宾室）立岗恭送贵宾，客运值班主任将贵宾送到站台乘车。

（7）客运员（贵宾室）检查有无贵宾遗失物品，通知保洁人员清理环境卫生。

七、高铁快件作业

设置高铁快件承运、交付办理窗口，提供托运单、高铁快件快递面单和必要的填写用具。承运高铁快件及时准确，实名验证，逐件安检，正确检斤、制票，唱收唱付。"站到站"和"站到门"高铁快件按到站和服务产品正确分拣、装箱。装卸、搬运高铁快件时轻搬轻放，堆码整齐。装车时，按计划方案装载，站、车认真核对、准确交接，装车完毕及时确认信息，做到不逾期、不破损、不丢失。运输过程中发生高铁快件包装松散、破损时，有记录、有交接。

高铁快件到站卸车时，相关人员提前到位，立岗接车，准确交接。集装件外包装、施封破损或集装件短少的，凭客运记录核实现状，办理交接。到达的高铁快件要核对票据，妥善保管，及时通知，正确交付。"站到站"和"站到门"集装件双人拆箱，一箱一清。对无法交付的高铁快件按规定处理。认真处理高铁快件站间运输差错，发生高铁快件损失比照行李包裹损失处理的有关规定执行，先赔付、后定责。作业区无闲杂人员出入，禁止非高铁快件工作人员查找、搬运高铁快件。发现非工作人员持集装件出站时，当场制止。高铁快件装卸人员须经装卸作业知识、技能和铁路安全知识培训合格，持证上岗。

八、列车给水、吸污作业

给水站根据给水方案配备给水人员并确保相关防护用具齐全。给水人员按指定线路提前到指定位置接送车，有人防护，同去同回。按规定程序及时上水，始发列车辆辆满水，中途站按给水方案补水，给水作业完成后，锁闭注水口的挡板，水管回卷到位（管头插入上水井内）。吸污站按规定进行吸污作业，保持作业清洁。相关作业完毕后，须及时向客运员（站台）报告。

九、应急处置

遇恶劣天气、列车停运、大面积晚点、启动热备车底、突发大客流、设备故障、客票（服）系统故障、火灾爆炸、重大疫情、食物中毒、作业车辆（设备）坠入站台、旅客人身伤害等非正常情况时，及时启动应急预案，掌握售票、候车、旅客滞留等情况，维持站内秩序，准确通报信息，做好咨询、解释、安抚等善后工作。

列车晚点 15 min 以上时，根据调度通报，公告列车晚点信息，说明晚点原因、晚点时间，广播每次间隔不超过 30 min。电子显示屏实时显示晚点信息。按规定办理退票、改签或提供免费饮、食品，协调市政交通。遇列车在车站空调失效时，站车共同组织处理，必要时，组织旅客下车、换乘其他列车或疏散到车站安全处所，到站按规定退还票价差额。遇车底变更时，车站按车底变更计划调整席位，组织旅客换乘，并按规定办理改签、退票。遇售票、检票系统故障时，组织设备维护部门进行故障排查，按规定启用应急售票、换票程序，组织人工办理检票。

遇列车故障途中需更换车底时，在车站换乘的，由客运调度员通知换乘站、高铁快件到站，由换乘站组织集装件换车。在区间换乘的，集装件不换至救援车，由故障车所在地铁路局根据救援方案一并安排随车运送至动车运用所所在地高铁车站，动车运用所所在地高铁车站编制客运记录并安排最近车次运送至到站。

春、暑运等客流高峰时期，换票、验证、安检、进站等处所应设有快速（绿色）通道。

任务六　高速铁路车站综合控制室工作

技能目标

掌握综合控制室的工作内容；
掌握综合控制室的作用。

知识点

综合控制室的工作内容；
综合控制室的作用。

任务的提出

综合控制室在高速铁路车站客运组织工作中居于中心地位，是高速铁路车站客运组织工作的核心环节，对其进行充分的了解才能胜任相关岗位的工作。

相关知识

一、车站综合控制室的主要工作内容

车站综合控制室（以下简称综控室），是车站的客运指挥中心，相当于车站的心脏。车站

综合控制室主要运用旅客服务系统，对行车调度、客运计划、广播系统、引导系统、监控系统等进行高度集成，实现信息充分共享。综控室接入 CTC 终端，车站行车人员可实时了解列车运行情况。

综控室如图 3-52 所示。

综控室一般设客运人员、售票计划员，有些车站还有运转行车人员。客运人员包括广播员、信息监控员，综控室客运人员由广播主管总负责，负责修改当日广播计划，将广播计划下发给广播员和信息监控员，确保旅客服务系统的各子系统信息高度统一，运转行车人员负责实时监控 CTC 运行图，发现运行非正常时及时与广播主管联系，售票计划员根据列车运行情况对票额进行管理，三部门密切配合，及时沟通，确保旅客乘降组织安全。

在综控室内，正前方是几十块液晶显示屏，可以实时切换，监控车站每一个角落；操作台上，同样是一排电脑屏幕，主控台客运员需要查看显示不同信息的屏幕；对讲机可以切换不同的频道，与车站不同岗位上的工作人员进行联络。

综控室工作场景如图 3-53 所示。

| 图 3-52　综控室 | 图 3-53　综控室工作场景 |

综控室，是连接列车、车站及乘客的桥梁，是保障庞大客流有序出行的"中枢神经"。综控室班组成员相互分工配合，通过监控视频、行车系统等实现了以下功能。

（1）不断广播提醒、引导旅客上车。

（2）与工作人员对接车次、旅客的即时信息。

（3）及时预判晚点、车流高峰等应急情况，保证客流运行有序，确保乘客出行安全。

（4）监控验证口、安检口、候车室、检票口、站台、乘车、出站口等处所情况。

可以说，综控室的工作涵盖了旅客从进站到出站的每一个环节，环环相扣。

作为车站"大脑"，综控室的一个重要任务就是核对列车运行图。只要列车运行进行了新的调整，在接到调图资料之后，综控室客运员并非简单地输入系统，而是需要将停靠在站的车次信息全部筛选出来，逐条核对车次、区间、本站到开时刻、停靠时间、停靠站台、检票口，等等，每一个环节都必须核对无误。

大量服务旅客的临时广播，让综控室工作更繁重。为旅客排忧解难，是综控室工作的一部分。比如，在相邻的站台有列车同时进站停靠，综控室就会加强广播，提醒旅客进站后不要上错车，这样的提醒一直要持续到列车开出站。

二、旅客服务系统的组成及作用

旅客服务系统（以下简称客服系统）由旅服系统和客票系统等组成。旅服系统通过与列车调度指挥系统、客票系统的网络连接，为旅客进出站、候车、乘降等提供实时、准确的信息和服务。客票系统为旅客提供票务、自动检票等服务。

旅服系统由动态导向、广播、监控、时钟、查询、求助、站台票发售、寄存等子系统组成，通过集成管理平台对各子系统进行操作控制。客票系统由窗口售票、自动售票、自动检票等子系统组成。

1. 系统应用管理

客服系统实行统一的设备技术标准、配置要求和软件版本。客服系统集成软件由中国铁路总公司统一组织开发和更新，任何单位和个人不得擅自更换和修改。其设备的选型、购置、安装、使用必须满足铁道部颁布的相关技术标准和管理规定。

客服系统开发商应向使用单位提供必要的人员培训和售后服务。办理客服系统移交时，软件开发商应将工程设计文件、设备说明书、操作手册等资料一并向使用单位移交。

客服系统的一般更新、扩容、升级由中国铁路××局集团有限公司（铁路局）客运处和信息技术所共同组织实施。如需对客服系统关键设备、通信网络进行较大更新、扩容、升级时，由铁路局客运处会同信息技术所制定更新方案，报中国铁路总公司批准后方可实施。

使用单位如需对客服系统进行更新、修改时，应向铁路局客运处提交书面申请和初步方案，具体包括：变更项目、实施时间、实施单位、实施方案和步骤、参与单位及负责人等。经铁路局客运处会同信息技术所对方案进行审定后组织实施。

2. 系统维护管理

车站应建立客服系统用户管理制度，根据岗位职责，确定相关人员的使用管理权限。遇人员调整时，应立即变更用户名、权限和密码等。车站系统管理员负责集成管理平台操作人员的增加、删除、修改及其权限设置。集成管理平台操作人员应有个人专用的用户名，并设置密码，密码长度不低于6位数，至少每三个月更换一次。不得设置共用用户名和密码。

车站要建立客服系统值班制度，明确值班电话，确保信息畅通。无关人员不得进入综控室。

车站应明确相关日常操作、系统管理和设备维护人员的岗位职责，制定日常工作制度和作业流程，建立和完善系统设备管理、维护、巡查和日常操作台账。

遇节假日等旅客运输高峰期，客服系统技术维护部门应组织对客服系统主机、存储设备、数据库、操作设备的软硬件进行全面检查，及时排除故障隐患。检查情况报铁路局客运处和信息技术所。

如需对客服系统进行停机巡检时，技术维护部门应会同车站确定停机时间、制定实施方案和应急措施，经铁路局客运处和信息技术所同意后方可实施。

技术维护部门对客服系统的日常调试、测试等工作，应安排在夜间无作业时段进行。施工单位（如房建、水电、通信等部门）因施工检修设备等原因，将影响机房电源或网络通道时，施工单位必须提前48 h向车站提报详细方案，车站应将施工方案上报铁路局客运处，经同意后方可实施。

车站应加强计算机病毒防范工作，配置客服系统规定的杀毒软件，及时升级，定期查杀病毒，并做好相关记录。

车站应确保客服系统封闭运行，相关的计算机设备必须与办公网、互联网等其他网络进行物理隔断，不得与其他无关系统共用硬件或者网络设备。严禁私自在客服系统设备上使用U盘、移动硬盘等外接存储设备。

车站应当指定专人负责系统设备的管理工作，并与开发商或者专业维护单位建立联系机制，确保系统设备发生故障时，能及时实施抢修。

车站负责对因设备数量、种类和位置的变更所造成的基础数据变化进行维护，并做好列车运行图、广播内容、导向揭示等信息的创建和修改工作，保证对外信息公布准确。

3. 集成管理平台

集成管理平台对导向揭示、广播、监控、求助、寄存等业务进行集成，与列车调度系统连接，实现旅客服务信息共享和功能联动。在正常工作情况下，车站所有的广播、导向揭示、视频监控、求助、信息查询、信息发布、业务维护、设备监控等业务均在集成管理平台上完成。

集成管理平台可对若干车站的旅服系统进行集中操作控制，为车站客运组织工作提供综合信息。简易集成管理平台只对本站旅服系统进行操作控制，满足本站旅服各子系统与集成管理平台中断联系时应急控制。

4. 列车到发管理

客票系统每次在修改列车基础数据信息后，即向集成管理平台发送车次目录和列车停靠站信息；列车调度系统每天实时向集成管理平台发送列车运行阶段计划和列车实时到发信息。

车站操作人员确认列车到发信息后，由集成管理平台根据客票系统和列车调度系统提供的信息自动生成客运组织计划，并由操作人员根据列车运行实际和车站客流情况进行计划调整。

车站操作人员确认客运组织计划后，由集成管理平台自动生成检票计划、广播计划、导向计划，并将各计划分别发送给自动检票系统和到发通告终端。

5. 广播管理

车站广播系统自动从集成管理平台获取广播计划和信息，按时向旅客和工作人员进行发布。

车站操作人员负责对自动生成的广播计划和执行情况进行监控，必要时可采取人工广播。

操作人员可以对广播区域进行分组，可以选择人工话筒与其他形式的广播音源进行混音广播。

6. 动态导向管理

车站动态导向系统自动从集成管理平台获取各类旅客服务信息，并通过售票厅、进站口、候车室、天桥、地道、站台、出站口等处设置的显示终端，为旅客提供及时准确的动、静态信息服务。

车站操作人员对每日生成的导向计划和自动执行情况进行监控，必要时进行人工干预，确保导向信息准确。

7. 检票管理

车站自动检票系统自动从集成管理平台获取列车检票信息和检票计划，通过闸机为旅客提供自助检票进出站服务。闸机检票车次要与广播、引导系统显示的作业内容一致。

进出站检票区域应有客运人员值守，负责本区域的闸机管理和为旅客服务，引导旅客按闸机提示正确检票。遇系统故障或旅客无法通过闸机时，引导旅客通过人工口检票进出站。

8. 监控管理

车站监控系统实现对站区内的服务现场和服务设备设施的监控。

车站操作人员、设备维护人员及相关管理人员可以在监控权限范围内浏览监控系统的实时图像信息和录像回放。

按照优先级的高低，具有权限的相关人员可以锁定（解锁）、屏蔽（解除屏蔽）相关摄像机的内容。

车站要制定监控系统录像资料管理制度，加强对监控录像的日常管理，操作人员不得擅自复制录像资料，未经批准监控录像资料不得外传。

9. 求助管理

车站求助系统通过集成管理平台响应旅客的求助需要，使旅客及时获得车站工作人员的帮助。

车站求助系统安装位置应充分考虑服务旅客的要求，并设置醒目的导向标志。求助系统应与监控系统相结合，求助点附近应有监控设备，并做到对求助点的覆盖。

当旅客按下求助按钮后，综控室操作人员应立即接听，并通过集成管理平台查清求助点位置；求助点附近指定的监控设备将自动调整预制位，并将求助点图像自动显示在综控室显示屏上。

遇有综控室操作人员无法处理的旅客求助问题时，综控室操作人员应立即通知附近岗位作业人员，帮助旅客处理相关求助事宜。

10. 寄存管理

车站寄存系统通过集成管理平台实现对寄存柜的自动管理，满足旅客自助寄存小件物品的要求。

当集成管理平台收到寄存设备发生故障或外力破坏的信号时，寄存机柜附近指定的监控设备将自动调整预制位，并将寄存柜图像自动显示在集成管理平台，综控室操作人员应立即通知相关工作人员到现场进行处理。

车站应指定专人负责寄存机柜的日常管理，负责钱箱的清点及找零箱、凭条的补充和更换。

11. 时钟管理

车站时钟系统从统一的时钟源获得标准时间，实现整个站区内各个子钟及相关系统与时钟源同步。

时钟系统具有自动校时、自动追时功能。

12. 查询管理

车站查询系统通过集成管理平台获取列车时刻表和实时到发信息及各类公告内容，为旅客提供自助查询服务。

遇有列车信息、公告信息变动时，车站工作人员应及时做好信息资料的更新维护，保证各类信息的准确、一致。

三、设备维护保养

铁路局集团公司客运处负责客服系统建设规划、组织管理和监督检查，协调和监督客服系统设备的维护保养工作；信息技术所负责客服系统设备、网络和软件的日常管理工作；车站负责客服系统的日常使用、管理和报修。

客服系统软硬件设备保养、维护在保修期内由系统建设单位负责；保修期满，铁路局采用市场化运作的模式公开招标，由中标单位负责。

客服系统设备维护单位应定期对设备进行巡检、技术支持，发生故障及时修复。车站应按照有关规定与维护单位签订设备维护合同和安全质量协议，对双方职责和维修质量进行明确。根据协议检查、监督维护单位的日常维护工作质量，并对维护单位的工作予以配合。

客服系统设备维修费用纳入铁路局年初预算安排统一下达。

车站应建立日常设备故障报修制度，明确报修流程，完善设备故障处理登记台账，做好登记。

铁路局信息技术所、维修单位要加强客服系统的日常维护和检修，保证使用质量。在接到车站故障报修通知后，必须按规定及时赶赴现场，迅速排除故障，恢复设备正常使用。

四、人员培训

客服系统的相关管理、操作人员要经过严格的培训和考试，相关培训内容要记入培训考试档案。

客服系统相关管理、操作人员培训内容如下。

（1）客服系统应用软件使用。

（2）客服系统管理办法及作业流程。

（3）客服系统的使用操作及日常维护。

（4）常见故障分析和应急处理。

五、应急管理

车站应针对客服系统特点和客运专线实际，建立和完善相关应急预案，各子系统的应急预案应以方便现场旅客运输组织、确保旅客运输安全为原则，做到作业岗位人员职责明确，应急措施具有可操作性，并定期组织演练。

客服系统发生故障时，车站相关操作人员应当迅速处理。一时不能恢复的，应及时启动应急预案，并立即向上级主管部门报告。

当"集管站"集成管理平台与各"代管站"旅服子系统发生联系中断时，综控室操作人员应立即通知相关"代管站"站长，并向车站报告故障情况，通知技术维护人员进行抢修。"代管站"接到"集管站"综控室通知后，应立即启用本站简易集成管理平台对各旅服子系统进行控制。

当发生检票计划无法下达或自动检票闸机发生故障时，综控室操作人员或检票员应立即向站长报告，站长（客运值班员）要马上组织人员启动人工检票程序，并通知技术维护人员进行处理。检票人员要根据客流开放足够的检票通道，自动检票闸机定位于长开状态，确保旅客顺利进站上车。

车站要建立故障处理、分析、追踪制度，建立详细的故障处理档案。对多发性、重复性故障要组织技术维护单位和开发商进行专题攻关，有效减少系统故障的发生。

六、北京南站旅客服务信息系统简介

北京南站是目前国内铁路客站中规模最大、先进技术运用最多、现代化程度最高的车站之一。北京南站客运服务系统广泛应用数字技术，包含现代高速铁路管理思想、服务理念和当今最新的信息技术，现简单介绍如下。

1. 集成管理平台

北京南站集成管理平台按照统一的接口标准，集成和互联综合显示系统、广播系统、监控系统等多个系统，实现车站内多个系统的信息共享和联动功能。各子系统的业务操作集成在集成管理平台上完成，各子系统执行集成管理平台监控指令，完成本系统的维护管理。通过集成管理平台，北京南站同时实现对亦庄站的业务监管。

2. 综合显示系统

综合显示系统通过前端多种显示设备，在站内为旅客出行提供完整的引导服务及公告、新闻、天气、财经等各类资讯信息，并向车站工作人员提供列车到发信息服务。

（1）为旅客提供进站候车信息的进站大屏幕采用全彩 LED 显示屏，分别预设置于高架层南进站大厅、北进站大厅、东西落客平台、地下一层换乘大厅。

（2）窗口屏、检票屏、进出站通道屏等采用双基色 LED 显示屏。

（3）各候车区、进出站厅门口为满足旅客近距离观看，设置液晶显示屏。

（4）在贵宾室、软席室、各候车区设置等离子显示屏。

3. 客运广播系统

北京南站广播系统采用数字音频控制和传输技术，将多路信号源同时传输到不同的分区，保障旅客能够在整个站区内清晰、明确地获取音频信息；在特定情况下，能够实现紧急情况广播。

4. 监控系统

综控室设置大屏幕监控系统，为工作人员提供视频信息，并可通过对摄像机的控制，实现现场实时视频监视。摄像机的设置按售票窗口、售票大厅公共区域、自动售票区域、候车室、车站进款室、票据室、小件寄存区域、进出站厅通道口、安检通道、电梯、站台等处设置。

5. 自动查询系统

自动查询系统采用计算机、触摸屏、多媒体、网络技术等，为旅客提供查询客运专线、车站及周边环境等信息，其由自助查询终端、人工查询终端组成。

6. 时钟系统

时钟系统为旅客服务信息系统各子系统提供统一时间信号，并通过子钟为站房内的旅客和工作人员提供统一标准时间的各个子钟提供统一标准时间。

7. 小件寄存系统

小件寄存系统允许旅客以自助的方式存放小件物品，为旅客提供便捷服务。

8. 绿色系统

绿色系统在车站设置投诉终端，各类投诉信息均通过车站集成管理平台上传至中心服务器，为旅客的投诉和建议提供一个快速响应的客户服务平台。

9. 紧急求助系统

紧急求助系统以计算机电话集成技术为基础，采用摘机即时通话（无须拨号）的求助分机或按钮，通过监控系统的配合，响应旅客的紧急求助需要，使旅客及时获得车站值班人员的帮助。

10. 站台票发售系统

站台票发售系统完成车站的站台票发售工作。旅客可以通过自助、窗口售票两种方式购站台票。

11. 安检仪系统

为确保旅客列车运行安全，在车站进站厅处设置行包安检仪系统并与综控室进行信息交换。

12. 门禁及防盗入侵报警

售票厅进款、票据室等重点设防场所设置防盗报警子系统及门禁子系统，防范等级为一级。

素质拓展

服务走在需求之前，满意尽显细微之处

哈尔滨站始建于1899年，共经历了6次改造，最近的一次改造自2015年11月开始至2018年12月结束，历时3年。

新建的哈尔滨站重塑了它百年前的风貌，站房以延续哈尔滨独具特色的城市历史文脉、唤起人们对哈尔滨老火车站悠久历史的回忆为立意出发点，结合交通建筑的空间需求以及新时代铁路客运站开拓创新的精神特点，创造出厚重端庄、典雅大气的新哈尔滨站。

复古造型的内里，是现代铁路车站应有尽有的便捷和精细。

为了保证旅客进站通道畅通，车站决定打破传统摆放模式，将实名制、安检区域后移，设置在南站房高架层距离进站扶梯口20 m处，将一层阳光集散厅与自动售票处直接连通，让旅客进站体验更美好。

此外，为完善旅客出行体验，满足广大旅客出行需要，新建的哈尔滨站引进了最先进的自助旅客服务设备，如自助售票厅内设置了临时身份证自助补办机及自助售（取）票机，人脸识别实名制进站闸机、自助刷脸厕纸机、自助检票闸机等智能设备，为旅客提供全自助、精细化服务。

哈尔滨站实名制查验作业均采用人脸识别自助实名制核验闸机，设备通过摄像头识别软件将旅客实时照片与身份证上的照片进行比对，基本实现了验票的自动化。科技手段节省了人力，平均每个班次可节省11名安检人员，而每台闸机平均通过率为12～20人/min，同时车站也设置了引导人员帮助旅客顺利体验"刷脸"进站。

作为黑龙江省内高铁主要的换乘站，官方统计数据显示，哈尔滨站日均换乘旅客为5 000人左右。为了方便旅客中转换乘，提升换乘体验，哈尔滨站实现了8个站台间的互联互通，

与以往出站换乘相比节省时间近 15 min。

　　车站设备设施更新换代的同时，服务质量也不断提高。车站不断加强工作人员在服务和业务上的培训，从而打造高质量的服务内容和优质的服务品牌。哈尔滨火车站的全体工作人员承担起为旅客提供更加便捷、精细化服务的责任。"服务走在需求之前，满意尽显细微之处"，成为这座百年老站焕发新颜的宗旨。

项目四

高速铁路乘务工作组织

🏴 **思政目标**

● 树立乘务工作"一心为旅客，想得周到，做得彻底"的职业素养。

引导案例

高速铁路乘务组人员组成与工作流程

一、人员组成

1. 列车长

列车长是高速铁路乘务组的负责人。负责在动车上会同机车、车辆和公安乘务人员一起，保证旅客和行李的安全，保持列车清洁卫生和车内设备运行良好，维持旅客乘降秩序，做好服务工作，组织列车饮食供应，高质量完成旅客输送任务。

2. 乘务员（含餐服员）

乘务员承担服务旅客的职责。以8辆编组动车组为例，共配备4名乘务员（含1名餐服员、1名餐服长）。一名负责1至4号车厢，另一名负责5至8号车厢。

3. 乘警

随车乘警身着公安制服，特种腰带上挂有金属探测仪、巡检仪、伸缩棍、约束带、防割手套。

4. 动车组司机

动车组司机安全平稳驾驶动车组，将旅客平安送达目的地。

5. 随车机械师

随车机械师对动车组的运行状态实时监控，并在运行途中对突发故障进行处置、提报等，保障动车组运行安全。

二、工作流程

1. 发车前

在动车组每日上线运行之前，由随车机械师对车组状态进行全面检查，确保动车组顺利上线运行。开车前5 min，司机确认司机室门窗锁闭，操纵台开关按钮、手柄位置正确，行车安全装备设置良好，各仪表显示正常，为发车做好最后的检查确认工作。乘务员做好旅客的乘车组织。在站台发车铃响时，提示站台和车门口旅客进入车厢，并及时向列车长汇报旅客乘降情况及车门情况。

站台响铃，列车长与司机保持联系，关闭车门，准备发车。司机确认停放制动缓解、车机联控、信号开放、车门关闭、到点开车。

2. 途中

列车长和乘务员对列车用票进行清点和签字交接。列车长对全列进行巡视检查。

乘务员对旅客开展验票工作。如果遇商务座车型或复兴号车底时，乘务员向商务座和一等座旅客做好接待服务工作。

列车长会同乘务员进行二次查危工作，开展对隔离席位、空余席位查验，作业中实时使用巡检仪进行视频摄录。乘务员定时检查列车上反恐器械、应急设备、安全设施情况。随车机械师对列车进行全列巡视，查看电气柜状态、监听转向架异音、查看高压设备状态等工作项点。

3. 终到前

列车长督促各工种按标准落实到站前工作，检查到站前车内卫生情况。提前做好与车站办理高铁快运、订餐配送、重点旅客及重点运输等各项业务交接。随车机械师会同列车长对全列设施设备状态共同确认，确保列车下次出库的设施状态良好。

4. 终到后

列车长开启巡检仪对全列进行检查，安全员协助检查行李架上是否存在旅客遗失物品，发现后按规定交车站。随车机械师进行站台巡视，主要检查动车组头罩、车门、高压设备状态，并对全列进行最后一次巡视，排查是否有旅客未下车或有遗落物品。巡视结束后，护送动车组入库。

一趟趟平安旅途的背后离不开铁路人的默默付出，各工种铁路人员各司其职、紧密配合，他们在列车长的统筹安排下共同守护旅客安全出行。

任务一　高速铁路动车组列车

技能目标

能掌握我国动车组车型组成；

能掌握我国 CRH$_1$、CRH$_2$、CRH$_3$、CRH$_5$、CRH$_6$、CRH380、CR 系列动车组列车的组成与结构。

知识点

我国动车组车型的发展；

CRH$_1$、CRH$_2$、CRH$_3$、CRH$_5$、CRH$_6$、CRH380、CR 系列动车组列车的组成与结构。

任务的提出

高速铁路动车组的发展是我国高速铁路运输发展的缩影，也是高速铁路运输从业人员必须掌握的内容。

相关知识

一、我国动车组车型简介

（一）动车组车型

CRH$_1$——青岛四方庞巴迪铁路运输设备有限公司（简称 BST），8 辆编组，定员 668 人，运营时速 200～250 km，牵引功率 5 300 kW，不锈钢车体，轴重小于 16 t。

CRH$_2$——中车青岛四方机车车辆股份有限公司（简称中车青岛四方）、川崎重工业株式会社，CRH$_2$ 型动车组有两种列车，一种 8 辆编组，定员 610 人，运营时速 200～250 km，牵引功率 4 800 kW，铝合金车体，轴重小于 14 t；另一种，运营时速 300～350 km，总牵引功率 7 200 kW。

CRH$_3$——中车唐山机车车辆有限公司（简称中车唐山公司）、德国西门子股份公司，8 辆编组，定员 557 人，运营时速 300～350 km，牵引功率 8 800 kW，铝合金车体，轴重小于 17 t。

CRH$_5$——中车长春轨道客车股份有限公司（简称中车长客股份公司）、阿尔斯通公司，8 辆编组，定员 622 人，运营时速 200～250 km，牵引功率 5 500 kW，铝合金车体，轴重小于 17 t。

CRH$_6$——中车南京浦镇车辆有限公司（简称中车浦镇公司），8 辆编组，运营速度分为时速 200 km 和 160 km 两种。

CRH380A——四方股份，运营时速 350～380 km，最高试验时速超过 400 km，铝合金车体，轴重小于 15 t，8 辆编组（CRH380A），定员 494 人，牵引功率 9 600 kW；16 辆编组（CRH380AL），定员 1 066 人，牵引功率 21 560 kW。

CRH380B/BL 型动车组是由中车唐山公司、中车长客股份公司，在 CRH$_3$ 型动车组的基础上自主研发的动车组，其是以 CRH$_3$ 型动车组产品技术平台为基础，以京津、武广等线路的运用实践经验为依托，以"高速列车国家科技支撑计划"为支撑研制开发的，以满足长编组、大运量的需求，其持续运营时速为 380 km，最高试验时速 487.3 km。2011 年 1 月，CRH380BL 型动车组在春运前夕投入沪杭客运专线的商业运营。

CRH380CL 型动车组，是原铁道部为营运新建的高速城际铁路及客运专线，要求中车长定股份公司在 CRH$_3$C、CRH380BL 型动车组的基础上自主研发的动车组。与 CRH$_3$C 型动车组相比，CRH380CL 型动车组持续运营时速由 300 km 提高到 350 km，最高运营时速由 350 km 提高到 380 km，最高试验时速超过 400 km，在性能方面，以提高牵引功率、降低传动比及动车组气动外形减阻为优化重点，而在舒适度方面，主要采取提高列车减振性能、车厢降噪、加强车内气压控制等方式进行优化。

CRH380D 型动车组是由 BST 基于庞巴迪 ZEFIRO 平台研发的。2013 年 4 月，在宁杭甬高速铁路线路上，CRH380D 型动车组的最高试验时速达 420 km。

CR 系列中国标准动车组目前生产了两个型号：CR400AF（"海豚"）；CR400BF（"金凤凰"）。

（二）动车组编组中的车种代码

车种代码为汉语拼音缩写，分别为：一等座车 ZY，二等座车 ZE，软卧车 RW，硬卧车 YW，餐车（含酒吧车）CA，二等座车/餐车 ZEC，餐车卧车合造车 CW，商务车 SW，一等座车/观光车 ZYG，二等座车/观光车 ZEG。

（三）动车组的型号和列车编号的构成

1. 技术序列代码命名方式

CRH$_X$－×××Z

CRH：中国高速铁路动车组简称。

X：技术序列代码（BSP 动车组为 1，四方动车组为 2，唐客动车组为 3，长客动车组为 5 等）。

×××：制造序列代码，由 001～999 排列。

Z：型号系列代码。

A——运行速度 200 km/h，8 辆编组，座车；

B——运行速度 200 km/h，16 辆编组，座车；

C——运行速度 300 km/h，8 辆编组，座车；

E——运行速度 250 km/h，16 辆编组，卧铺车。

实例：CRH_1–001A 表示中国高速铁路动车组 BSP CRH_1 第 1 列，运行速度 200 km/h，8 辆编组，座车。

2. 速度目标值命名方式

（1）CRH 系列动车组的速度目标值命名方式。

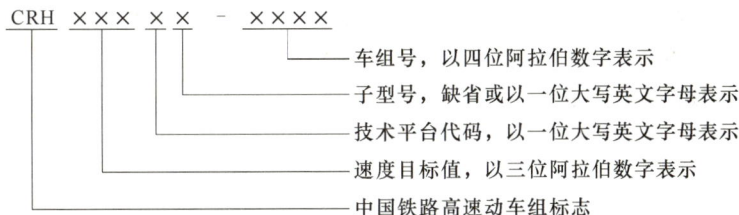

CRH ××× ×× － ××××
———— 车组号，以四位阿拉伯数字表示
———— 子型号，缺省或以一位大写英文字母表示
———— 技术平台代码，以一位大写英文字母表示
———— 速度目标值，以三位阿拉伯数字表示
———— 中国铁路高速动车组标志

① 速度目标值。

速度目标值以动车组设计的最高运行速度目标值的三位阿拉伯数字表示，例如：380——设计最高运行速度目标值为 380 km/h。

② 技术平台代码。

以一位大写英文字母表示，由 A 开始顺序排列。

A——四方研制生产、8 辆编组、座车动车组；

B——长客/唐客研制生产、8 辆编组、座车动车组；

C——长客研制生产（与 B 采用不同的牵引及控制系统）、8 辆编组、座车动车组；

D——BST 研制生产、8 辆编组、座车动车组；

E——预留；

F——预留。

③ 子型号。

以一位大写英文字母表示，由 G 开始顺序排列，缺省时为基本型。

G——耐高寒动车组；

H——耐风沙及高寒动车组；

I——预留；

J——综合检测动车组；

K——预留；

L——基本型的 16 辆编组动车组；

M——更高速度等级试验列车改为综合检测动车组；

N 及后续字母——预留。

（2）CR 系列动车组的速度目标值命名方式。

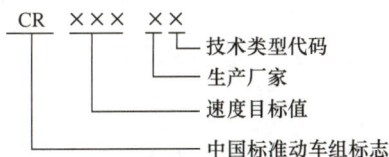

CR ××× ××
——— 技术类型代码
——— 生产厂家
——— 速度目标值
——— 中国标准动车组标志

① 速度目标值。

速度目标值以动车组设计的最高运行速度目标值的三位阿拉伯数字表示。

400——设计最高运行速度目标值为 400 km/h；

300——设计最高运行速度目标值为 300 km/h；

200——设计最高运行速度目标值为 200 km/h；

② 生产厂家。

A——四方生产制造；

B——长客生产制造。

③ 技术类型代码。

F——动力分散式动车组；

J——动力集中式电力动车组；

N——动力集中式内燃动车组。

动车组基础结构示意图如图 4-1 所示。

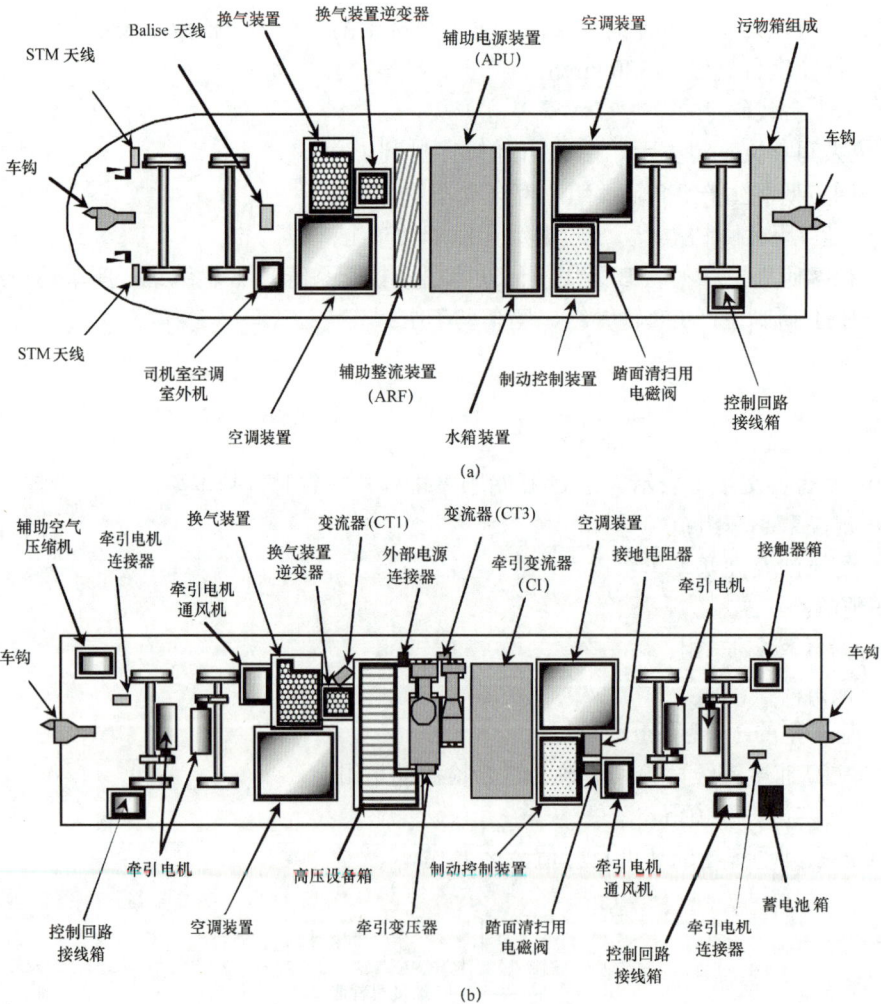

(a)

(b)

图 4-1　动车组基础结构示意图

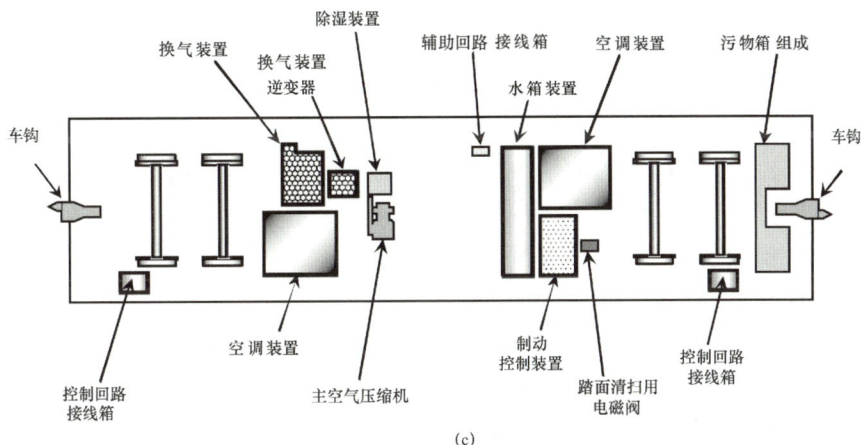

图 4-1　动车组基础结构示意图（续）

二、CRH₁型动车组概述

CRH$_1$型电力动车组，是 2004 年我国向庞巴迪运输集团和青岛四方庞巴迪铁路运输设备有限公司订购的 CRH 系列高速电力动车组车款之一。

目前，我国 CRH$_1$型电力动车组主要有 CRH$_1$A、CRH$_1$B、CRH$_1$E 三种类型，其中 CRH$_1$A、CRH$_1$B 的主要区别是：CRH$_1$A 型列车编组方式是全列 8 节，包括 5 节动车及 3 节拖车（5M3T）；CRH$_1$B 是在 CRH$_1$A 基础上扩编至 16 节车厢的大编组座车高速列车，全列 16 节编组中包括 10 节动车配 6 节拖车（10M6T），其中包括 3 节一等座车、12 节二等座车、1 节餐车。两种类型列车的最高运营速度为 200～250 km/h，而车体外观不变。CRH$_1$E 为 16 节车厢的大编组卧铺动车组，每组包括 10 节动车配 6 节拖车（10M6T），其中包括 1 节高级软卧车（WG）、12 节软卧车（WR）、2 节二等座车（ZE）和 1 节餐车（CA），全列定员 618 人。其中位于 10号车厢的高级软卧车每车定员 16 人，设 8 个包厢，每个包厢 2 个铺位，每个包厢中均有沙发和衣柜，但没有独立卫生间，车厢一端设有带转角式沙发的休息室，最高运营速度为 250 km/h。

CRH$_1$型动车组头车如图 4-2 所示。

图 4-2　CRH₁型动车组头车

三、CRH₂ 型动车组概述

CRH₂ 型动车组，是川崎重工业株式会社及中车青岛四方生产的 CRH 系列高速动车组车款之一。

在国产化之后，CRH₂ 系列亦衍生了多组系列车型，如长大编组型、高速型及卧铺型等系列。

1. CRH₂A 型动车组

目前，CRH₂A 型动车组生产了 194 列（包含 1 列综合检测车，以及 70 列统型列车），首 3 列由日本原装进口，均为 8 辆编组的列车。CRH₂A 型动车组的编组方式是 4 节动车配 4 节拖车（4M4T），每 4 节为一个单元，牵引功率为 4 800 kW，最高营运时速为 250 km，标称时速 200 km，列车装有两副受电弓。列车设有一等座车、二等座车和二等座车/餐车，其中一等座及二等座座椅均可旋转。CRH₂A 型动车组可两组重联运行。

CRH₂A 型动车组一般在第 5 车厢设置二等座车/餐车，在第 7 车厢设置一等座车。后来为改善乘车环境及加强服务，部分初期制造的 CRH₂A 型动车组增加了一等座车的数量，后期制造的 CRH₂A 型动车组亦在第 3 车厢将原有的二等座车改为一等/二等座车，现在的统型 CRH₂A 型动车组亦将一等座车直接设于第 1 车厢。

后期制造的统型 CRH₂A 型车，是根据中国铁路总公司的要求采用统一的动车组设计规范生产的，除了将一等座车直接设于第 1 车厢之外，每节车厢均设厕所，部分车厢更设无障碍座位。

2. CRH₂B 型动车组

CRH₂B 在 CRH₂A 基础上扩编至 16 节，目前生产数量有 20 列。列车最大的亮点在于头车车身两侧加装了类似丹凤眼的车灯。CRH₂B 型列车设有 3 节一等座车、12 节二等座车和 1 节餐车，其中一等座及二等座座椅均可旋转，全列车定员增加至 1 230 人，并在一等座车车厢内加装了电视屏幕影视系统。CRH₂B 型动车组的编组方式是 8 节动车配 8 节拖车（8M8T），每 4 节为一个单元，牵引功率为 9 600 kW，最高营运速度为 250 km/h，标称时速 200 km。列车装有四副 DSA250 型受电弓。CRH₂B 型长大编组动车组取消了重联控制系统，无法两车重联运行。CRH₂B 型动车组编组表见表 4-1。

表 4-1 CRH₂B 型动车组编组表

车厢号	1	2	3	4	5	6	7	8	9	10	11	12	13	14	15	16
动力配置	无动力，带驾驶室（Tc）	有动力（M）		无动力，带受电弓（Tp）	无动力（T）	有动力（M）		无动力（T）	有动力（M）		无动力（T）	无动力，带受电弓（Tp）		有动力（M）		无动力，带驾驶室（Tc）
动力单元	单元 1				单元 2				单元 3				单元 4			
车型	一等座车			二等座车				餐车	二等座车							

车厢号	1	2	3	4	5	6	7	8	9	10	11	12	13	14	15	16
定员	36	68	51	100	85	100	85		85	100	85	100	85	100	85	65
车辆编号	CRH2B-2×××ZY2×××01	ZY2×××02	ZY2×××03	ZE2×××04	ZE2××05	ZE2××06	ZE2××07	CA2××08	ZE2××09	ZE2××10	ZE2××11	ZE2××12	ZE2×××13	ZE2××14	ZE2××15	CRH2B-2×××ZE2×××00

3. CRH₂C 型动车组

CRH₂C 第一阶段共生产了 30 列，编号 CRH₂-061C～CRH₂-090C，是在 CRH₂A 的 200 km/h 平台基础上进行改进，并把动车数量增至 6 节（6M2T），牵引功率达到 7 200 kW，采用大型中空薄壁铝合金焊接结构，使用 DSA350 型高速受电弓，以及在受电弓两旁加装挡板等。CRH₂C 可两组重联运行。

CRH₂C 第二阶段共生产了 30 列，编号 CRH₂-091C～CRH₂-110C、CRH₂-141C～CRH₂-150C，均为 8 节编组。第二阶段在第一阶段的基础上进行了重新研制，对多方面改善了设计。与第一阶段的动车组相比，CRH₂C 第二阶段改用了大功率的 YQ-365 型交流牵引电动机（365 kW），8 节短编组列车总功率提升至 8 760 kW，传动比也作出相应修改，列车持续运营时速提高至 350 km，最高运营时速为 380 km。车体铝合金结构和隔音减振降噪技术借鉴了 CRH₃ 的设计，改善了车体在高速运行时的共振和气动变形问题，并且对转向架二系悬挂进行了改进，另外列车也加强了减少阻力的设计，以及减少了头车车顶的信号天线等。

4. CRH₂E 型动车组

铁路相关企业在 CRH₂B 大编组座车的基础上实行自主创新，设计了 16 节长大编组的 CRH₂E 型卧铺电力动车组，标称速度 200 km/h，最高营运速度为 250 km/h。列车设有 13 节软卧车、2 节二等座车和 1 节餐车。软卧车每辆 10 个包厢，共 40 个铺位，每个铺位均装有附耳机的液晶电视，并增加了即时联系乘务员的旅客呼唤系统。餐车内设有休闲酒吧和三台液晶电视机。另外，为方便旅客使用随身电子产品，每个车厢均安装了 AC 220 V 家用电源插座。其中二等座车每隔三排座椅下设 1 个插座；软卧车每个包间设 1 个插座，走廊设 2 个插座；餐车酒吧区设 2 个插座。全列车装有四副受电弓。表 4-2 为 CRH₂E 型动车组编组表。

表 4-2　CRH₂E 型动车组编组表

车厢号	1	2	3	4	5	6	7	8	9	10	11	12	13	14	15	16
动力配置	无动力，带驾驶室（Tc）	有动力（M）		无动力，带受电弓（Tp）	无动力（T）	有动力（M）		无动力（T）		有动力（M）		无动力（T）	无动力，带受电弓（Tp）	有动力（M）		无动力，带驾驶室（Tc）

车厢号	1	2	3	4	5	6	7	8	9	10	11	12	13	14	15	16
动力单元	单元1				单元2				单元3				单元4			
车型	二等座车	软卧车						餐车	软卧车							二等座车
定员	55	40	40	40	40	40	40		40	40	40	40	40	40	40	55
车辆编号	CRH2E-2×××ZE2×××01	WR2×××02	WR2×××03	WR2×××04	WR2×××05	WR2×××06	WR2×××07	CA2×××08	WR2×××09	WR2×××10	WR2×××11	WR2×××12	WR2×××13	WR2×××14	WR2×××15	CRH2E-2×××ZE2×××00

四、CRH_3 型动车组概述

CRH_3 型动车组，主要有 CRH_3A 型（200～250 km/h）动车组列车、CRH_3C 型（300～350 km/h）动车组列车和 CRH_3G 型（200～250 km/h）动车组列车。

1. CRH_3A 型动车组

CRH_3A 型动车组由原中国北车主导，中国北车所属中车长客股份公司和中车唐山公司联合设计生产，并于 2013 年 6 月 8 日在中车长客股份公司亮相。CRH_3A 型动车组是在借鉴了多种型号动车组优点的基础上，由我国研制开发的具有自主知识产权的动车组。这一新型动车组可根据不同运营线路的需求，分别以时速 160 km、时速 200 km、时速 250 km 三个速度等级运行，是目前国内唯一既适合时速 200～250 km 之间客运专线又适合时速 160～250 km 之间城际铁路运行的动车组。CRH_3A 型动车组能充分考虑中国复杂的地理气候条件和运营环境，根据各地的区域特点量身打造。相对于此前国内运行的这一速度等级的动车组，该型动车组还有较强的成本优势和售后维护优势。图 4-3 为 CRH_3A 型动车组头车。

图 4-3 CRH_3A 型动车组头车

CRH_3A 型动车组采用 4 动 4 拖 8 辆编组，牵引总功率 5 120 kW。为了给乘客带来更加舒适的乘车感受，设计人员对 CRH_3A 型动车组进行了全方位人性化设计。车头采用漂亮的流线型设计，在满足空气动力学要求的基础上显得动感十足；车门车窗均采用拓宽设计，满足乘客快速上下车，并能为乘客提供更好的观光视野；密闭的车厢结构将行车噪声降至最低；

而更加先进的空调系统能让车内温度更加舒适；全新设计的座椅和大空间过道给乘客带来了全新的乘车体验。

2. CRH$_3$C 型动车组

CRH$_3$C 型动车组采用动力分散式设计，每列 8 辆编组，分 4 辆动车和 4 辆拖车（4M4T），最高运营速度达 350 km/h。列车设有一等座车（ZY）1 辆、二等座车（ZE）6 辆和带酒吧的二等座车（ZEC）1 辆。其中一等座采用 2+2 方式布置，二等座为 2+3 布置。除了带酒吧的二等座车外，其他车厢所有座位均能旋转。图 4-4 为 CRH$_3$C 型动车组头车。

图 4-4　CRH$_3$C 型动车组头车

由中车唐山公司制造的第一列国产化 CRH$_3$C 于 2008 年 6 月 24 日上午 9 时 13 分在京津城际铁路的试验中创下了 394.3 km 的最高时速。在当天的试验中，CRH$_3$C 仅用了 5 min 左右，速度就提升至 300 km/h。CRH$_3$C 于 2009 年 12 月 9 日在武广客运专线进行试验，最高时速达到了 394.2 km，创下了两车重联情况下世界已运营高速铁路的最高速度纪录。

3. CRH$_3$G 型动车组

CRH$_3$G 型动车组是我国在充分消化吸收时速 350 km 动车组研发制造技术的基础上，自主集成及创新的新产品项目。CRH$_3$G 型动车组采用 4 动 4 拖 8 辆编组形式，最高运营时速 250 km，填补了我国在时速 200～250 km 动车组列车公里速度等级中城际动车组产品的空白。CRH$_3$G 型动车组具有极高的安全性设计水平，符合欧洲 EN12663 等标准，具有良好的耐撞、防火、制动性能，采用创新设计的新型气动外部造型，降低了运行阻力和车外噪声，相对于时速 350 km 动车组，人均能耗更低，实现了平稳舒适、节能环保。图 4-5 为 CRH$_3$G 型动车组头车。

图 4-5　CRH$_3$G 型动车组头车

五、CRH₅型动车组概述

CRH₅型动车组目前在线路上运营的有CRH₅A型、CRH₅G型和CRH₅H型动车组。CRH₅G型动车组列车主要是为适应部分地区的高寒情况而设计生产的；CRH₅H型动车组列车主要是为适应部分地区风沙大的情况而设计生产的。2015年子型号H统一为子型号G。图4-6为CRH₅型动车组头车。

图4-6 CRH₅型动车组头车

1. CRH₅A型动车组概述

CRH₅A由中车长客股份公司负责在国内生产，为8辆车厢编组座车动车组，250 km/h速度级别（最高运营时速250 km，具备时速300 km的提速能力）。CRH₅A型动车组采用动力分散式设计，共5节动车和3节拖车（5M3T）。列车可通过两组联挂方式增至16节。列车设有一等座车（ZY）、二等座车（ZE）、一等包座/二等座车（ZYE）和带酒吧的二等座车/餐车（ZEC）。其中一等座采用2+2方式布置，二等座为2+3布置。该系列动车组有23列CRH₅A型车（编号为CRH₅A-5001～CRH₅A-5012、CRH₅A-5043～CRH₅A-5053）的一等、二等座椅不可回转。图4-7为CRH₅A型动车组座椅分布。

车号	1	2	3	4	5	6	7	8	全列定员
固定座椅	74	93	93	93	93	42	74	60（一等）	622
旋转座椅	56（一等）	90	90	90	90	40	74	56（一等）	586

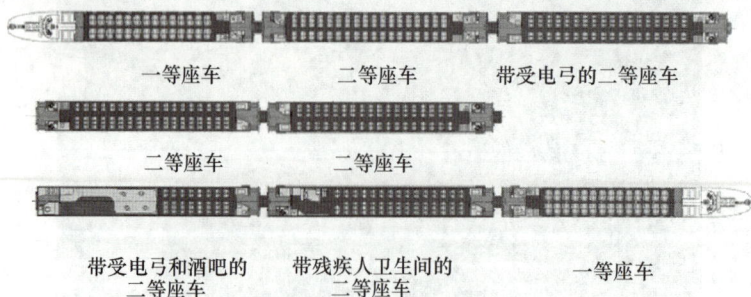

一等座车　　　　二等座车　　　带受电弓的二等座车

二等座车　　　　二等座车

带受电弓和酒吧的
二等座车　　　　带残疾人卫生间的
二等座车　　　　一等座车

图4-7 CRH₅A型动车组座椅分布

2. CRH₅G 型动车组概述

CRH₅G 型动车组以 CRH₅A 型动车组为基础，在抗高寒方面有了多方面的优化和适应性设计。列车采用 8 辆编组，5 动 3 拖，为降低阻力，车头采用仿生学的流线型设计。CRH₅G 型动车组特别针对材料的低温适应性、防雪密封技术、保温防冻技术等方面进行研究，通过使用耐严寒的材料，优化转向架、给水卫生系统、空调系统、电气结构等多种措施，解决积雪和结冰等情况对车辆的不利影响。在雨雪天气时，轨道与车轮之间的摩擦系数减小，车轮可能出现空转和滑行现象。CRH₅G 型动车组设有撒砂装置，通过激活撒砂装置，向钢轨上喷撒砂粒以增加钢轨与车轮间的摩擦系数，提高轮轨黏着，保证雪天车轮不打滑，有利于行车安全。图 4-8 为 CRH₅G 型动车组头车。

图 4-8　CRH₅G 型动车组头车

CRH₅G 型动车组在人性化设施方面进行了优化布置和设计，整列车的座椅都可 180° 旋转，还可以调整倾斜度，乘客只需用脚轻踩座椅下的脚踏板，就可以将座椅调整 180°，这样可以和对面乘客打牌休闲。每排座椅设有安全插座，可以随时为手机充电。窗户下面设有小窗台，便于旅客放置水杯、手机等小件物品。

由于运行沿线温度较低，CRH₅G 型车采用车顶单元式空调，遵循国际先进标准，不管是严寒还是酷暑，车内始终保持 20～24 ℃黄金舒适乘坐温度，确保乘客有良好的乘坐体验。

CRH₅G 型动车组采用了先进的航空隔音材料和结构，有效控制了车外辐射噪声和司机室、客室内噪声，以 250 km 的时速运行时，客室内噪声指标可低至 61 dB，远低于飞机和小汽车的内部噪声。

在安全性方面，CRH₅G 型动车组列车控制与监控系统标准高，全车设有 2 000 多个传感器，对 32 个设备进行监控，监控点达 1 000 多个。该套系统对动车组的主要系统或零部件的工作状态进行实时监控，如电机、齿轮箱、走行部轴承温度等。另外，动车组还设有远程专家故障诊断系统，保证行车安全。

CRH₅G 型车检修周期长，是动车组里的"经济适用型车"，运行达 120 万 km 后进行三级修，240 万 km 进行四级修，480 万 km 进行五级修，极大地降低了后期维修成本。

六、CRH₆型动车组概述

CRH₆型电力动车组是由中车青岛四方和中车浦镇公司共同研制开发的 CRH 系列电力动

车组。列车由中车青岛四方任技术总负责，中车青岛四方和中车浦镇公司联合设计，并分别在两公司及广东（新会）基地生产。CRH6型动车组适用于城市间及市区和郊区间的短途通勤客运，满足载客量大、快速乘降、快启快停的运营要求。

CRH6型动车组采用8辆标准编组，编组长度为201.4 m。根据运输距离、站点和乘客群的不同，CRH6型动车组分为两大类型，运营时速分别为200 km和160 km两个等级。时速200 km的CRH6型动车组最高运营速度200 km/h，试验速度220 km/h，以"大站停"的模式运营；而时速160 km的CRH6型动车组最高运营速度160 km/h，试验速度180 km/h，以"站站停"模式运营。图4-9为CRH6型动车组头车。

CRH6型动车组装备有轻量化大功率牵引设备，采用交流传动技术。由于通勤铁路站间距较小、客流量较大，因此CRH6型动车组具有快速停车启动、大载客容量的特点。时速200 km的车型由静止加速到200 km/h需时183 s，加速距离6 697 m；时速160 km的车型由静止加速到160 km/h需时102 s，加速距离2 843 m。列车采用计算机控制的电空复合制动、高热容量的盘式制动装置，并按高减速度设计，确保动车组在最短的时间和最小的距离内实现快速停车；同时设有再生制动，最大常用制动时产生的可再生电能可以100%回馈接触网。CRH6型动车组采用轻量化设计，降低运行能耗，轻量化转向架重量比同类车型轻25%，牵引设备重量平均比同类车型轻43%。CRH6型动车组均根据站台屏蔽门设置需要，采用等距侧门设计。

图4-9 CRH6型动车组头车

1. CRH6A（200 km/h）

CRH6A型动车组定员载客量达557人（座席），超员载客量1 488人（按每平方米站立4人计算）。座位采用2+2布置，座椅可调节，局部设茶桌，端部设可翻转座椅，非端部的车厢座椅编排与欧洲铁路车辆及大部分国铁车厢的软座相类似，全部座椅面向车厢中心的编排。另外1、3、5、7号车厢设置卫生间，列车采用真空集便器。值得一提的是，CRH6A-4002和CRH6A-4502中间车厢为3门车厢，而其他的CRH6A车型均为2门车厢。

2. CRH6F（160 km/h）

CRH6F型动车组定员载客量达1 502人（包括座席及站席，按每平方米站立4人计算），超员载客量达1 998人（包括座席及站席，按每平方米站立6人计算）。列车座位同样采用2+2布置，但座椅不可调节或翻转。列车在3、6号车设卫生间。与CRH6A不同，车门采用宽阔的对开塞拉门，每节车两侧设有3个塞拉门（头尾车辆有2个，其中1个为驾驶室门）。该车牵引制动性能比 CRH6A 更优。载客量更大，更适合较短站间距的城际线路和"站站停"模式使用。

3. CRH$_6$S（140 km/h）

CRH$_6$S 型动车组定员载客量达 765 人（包括座席及站席，按每平方米站立 4 人计算），超员载客量达 1 322 人，为地铁式座椅。列车在 5 号车厢设残疾人乘坐空间，列车不设洗手间。

七、CRH380 系列动车组概述

（一）动车组的型号和车号的编制规则

为体现新一代高速动车组的自主创新和速度特征，在原有动车组编号规则的基础上，对新一代高速动车组 CRH380 系列的型号、车号及座席号的编制重新进行了规定。

1. 动车组的型号构成

CRH380A－6001L 的型号构成如下：

CRH——中国高速铁路；

380——时速特征代码，体现最高运营时速 380 km；

A——型号代码，以大写英文字母 A、B、C 表示不同型号动车组；

6001——制造序列代码，以四位阿拉伯数字表示，新一代动车组统一编号，以 6 字开头；

L——编组数量代码，以一位大写英文字母表示，L 表示 16 辆编组，8 辆编组时不带标号。

2. 动车组中车辆的车种和编号的构成

ZY600102 的代表含义如下：

ZY——车辆车种代码，以大写汉语拼音缩写表示；

6001——动车组制造序列代码；

02——车辆编组顺位代码，以两位阿拉伯数字表示，由 1 位头车至 2 位头车的代码分别为 01，02，03，…，10。

动车组中车辆车种代码是车种名称的汉语拼音缩写，车辆车种代码见表 4–3。

表 4–3　车辆车种代码

车种代码	车种名称	备注
SW	商务车	设置可躺式 VIP 座椅车
ZY	一等座车	设置一等座椅车（包括设置一等座椅、VIP 座椅包间车）
ZE	二等座车	设置二等座椅车
CA	餐车	16 节编组中的餐车
ZEC	座车、餐车	8 节编组中的餐座合造车
ZYG	一等座车/观光车	16 节编组中的带观光区和座卧包间头车
ZEG	二等座车/观光车	16 节编组中的带观光区头车

（二）各型新一代高速动车组型号和车号的类型

1. 型号代码

380A——中车青岛四方新一代高速动车组；

380B——中车长客股份公司/中车唐山公司新一代高速动车组；

380C——BST 新一代高速动车组。

2. 制造序列代码

不同技术平台车组号统一编号，以 6 字打头。各制造厂制造序列号按已签订合同数量以百位间隔分配不同的号段，并按出厂时间顺序编排。具体分配如下：

① 中车青岛四方（140 列 CRH380A）：6001～6140；

② 中车长客股份公司（110 列 CRH380B）：6201～6310；

③ 中车唐山公司（70 列 CRH380B）：6401～6470；

④ BST（80 列 CRH380C）：6601～6680。

（三）座位编号规则

为体现人性化的服务，直观显示座椅的具体位置（靠窗、中间、走廊），采用数字和字母组合的方式表示座椅号，数字表示排号，字母表示位置。

座椅排号从车辆一位端开始按顺序编排，用阿拉伯数字表示。每排座椅位置用 5 个字母 A、B、C、D、F 表示，其中 3+2 座椅排列中，3 人座椅用 A、B、C 表示，分别代表靠窗、中间和走廊位置，2 人座椅用 D、F 表示，分别代表走廊、靠窗位置；2+2 座椅排列分别用 A、C 和 D、F 表示；2+1 座椅排列分别用 A、C 和 F 表示。这样，无论是何种座椅排列，A、F 代表靠窗座椅，C、D 代表走廊座椅，具体说明如下。

1. 客室座席编号

座席编号构成如下。

如 16A：

16——排数代码，表示第 16 排；

A——位置代码，表示靠窗座椅。

2. 包间座席编号

一等座包间的座椅排号从一位端按 1、2 排列。位置代码采用 A、B、C 表示；商务包间的座椅排号从一位端按 1、2 排列，位置代码用 A、C 表示。对观光区、贵宾包间内座椅不编号，一位头车观光区包间为"观光区 1"，二位头车观光区包间为"观光区 2"。

（四）CRH380 系列动车组基本类型和功能特点

CRH380 系列动车组是原中车南车公司和原中车北车公司在 CRH_1 至 CRH_5 系列型电力动车组基础上自主研发的 CRH 系列高速动车组，也是"中国高速列车自主创新联合行动计划"的重点项目，最高运营时速为 380 km。

1. CRH380A 系列动车组列车

CRH380A 系列主要由原中车南车四方股份研发生产，其中 8 辆编组的动车组被命名为 CRH380A，而 16 辆编组的动车组被命名为 CRH380AL。图 4-10 为 CRH380A 型动车组头车。

CRH380A 列车总数为 40 列（CRH380A-2501～CRH380A-2540），采用 6 动 2 拖的编组方式，牵引功率为 9 600 kW，使用 DSA350 型高速受电弓，在受电弓的两侧设有挡板。列车设有带一等包厢座位的一等座车（ZY）2 辆、二等座车（ZE）3 辆、带观光座的二等座车（ZET）2 辆和带酒吧的二等座车（ZEC）1 辆。其中一等座采用 2+2 方式布置，二等座为 2+3 布置。除了带酒吧的二等座车、一等包厢座位外，其他车厢所有座位均能旋转。列车设有观光座定员 12 人，一等包座定员 6 人，一等座定员 89 人，二等座定员 373 人，全列定员 480 人。

图 4-10 CRH380A 型动车组头车

在 CRH380A 型列车的基础上，原南车青岛四方机车车辆股份有限公司又开发了 CRH380AL 型动车组列车。CRH380AL 列车总数为 100 列（CRH380AL-2541～CRH380AL-2640），采用了 14 动 2 拖的编组方式，牵引功率为 20 440 kW，共 7 个动力单元，56 台牵引电动机，使用 DSA350 型高速受电弓，在受电弓的两侧设有挡板。列车设有带 VIP 座席的商务车（SW）1 辆、一等座车（ZY）2 辆、二等座车（ZE）10 辆、带观光座的一等座车（ZYS）2 辆和餐车（CA）1 辆。其中一等座采用 2+2 方式布置，二等座为 2+3 布置，商务车和观光座为 1+2 布置。除了带酒吧的二等座车外，其他车厢所有座位均能旋转。前期列车商务座定员 28 人，一等座定员 162 人，二等座定员 838 人，全列定员 1 028 人。后期列车商务座定员 26 人，一等座定员 112 人，二等座定员 923 人，全列定员 1 061 人。表 4-4 为 CRH380A 型动车组编组表，表 4-5 为 CRH380AL 型动车组编组表。

表 4-4 CRH380A 型动车组编组表

车厢号	1	2	3	4	5	6	7	8
车型（CRH380A-2501～2540）	二等座车/特等座	二等座车	一等座车/特等座	一等座车	二等座车/餐车	二等座车		二等座车/特等座
车型（CRH380A-2641～2800）	一等座车/观光车	二等座车			二等座车/餐车	二等座车		二等座车/观光车
车辆编号（CRH380A-2501～2540）	CRH380A-2×××ZET 2×××01	ZE 2×××02	ZYT 2×××03	ZY 2×××04	ZEC 2×××05	ZE 2×××06	ZE 2×××07	CRH380A-2×××ZET 2×××08
车辆编号（CRH380A-2641～2800）	CRH380A-2×××ZYG 2×××01	ZE 2×××02	ZE 2×××03	ZE 2×××04	ZEC 2×××05	ZE 2×××06	ZE 2×××07	CRH380A-2×××ZEG 2×××00
动力配置	拖车，带驾驶室（Tc）	动车（M）		动车，带受电弓（Mp）	动车（M）	动车，带受电弓（Mp）	动车（M）	拖车，带驾驶室（Tc）
定员（CRH380A-2501～2540）	6+40	85	38+6	51	38+14	85	85	6+40
定员（CRH380A-2641～2800）	5+28	85	85	75	63	85	85	5+40
动力单元	单元 1				单元 2			

注：2×××列车编号（501～540、641～800）。

表 4–5　CRH380AL 型动车组编组表

车厢号	1	2	3	4	5	6	7	8	9	10	11	12	13	14	15	16
车型（CRH380AL–2541~2570）	一等座车/观光车	一等座车	商务车	一等座车	二等座车				餐车	二等座车						一等座车/观光车
车型（CRH380AL–2571~2640）	观光车/商务车	一等座车		二等座车					餐车	二等座车						观光车/商务车
车辆编号（CRH380AL–2541~2570）	CRH380AL–2×××ZYS 2×××01	ZY 2×× ×02	SW 2×× ×03	ZY 2×× ×04	ZE 2××× 05	ZE 2×× ×06	ZE 2×× ×07	ZE 2×× ×08	ZEC 2×× ×09	ZE 2×× ×10	ZE 2×× ×11	ZE 2×× ×12	ZE 2××× 13	ZE 2×× ×14	ZE 2×× ×15	CRH380AL–2×××ZYS 2×××00
车辆编号（CRH380AL–2571~2640）	CRH380AL–2×××ZYS××01	ZY 2×× ×02	ZY 2×× ×03	ZE 2×× ×04	ZE 2××× 05	ZE 2×× ×06	ZE 2×× ×07	ZE 2×× ×08	CA 2×× ×09	ZE 2×× ×10	ZE 2×× ×11	ZE 2×× ×12	ZE 2××× 13	ZE 2×× ×14	ZE 2×× ×15	CRH380AL–2×××ZYS 2×××00
定员（CRH380AL–2541~2570）	25+2	56	24	56	73	85	85	85	38	85	85	85	85	85	85	25+2
定员（CRH380AL–2571~2640）	10+3	56	56	85	73	85	85	85	38	85	85	85	85	85	85	10+3
动力配置	拖车,带驾驶室（Tc）	动车（M）			动车,带受电弓,车厢两端均有（Mp）	动车（M）							动车,带受电弓,车厢两端均有（Mp）	动车（M）		拖车,带驾驶室（Tc）
动力单元	单元1			单元2		单元3		单元4		单元5		单元6		单元7		

注：2××× 为列车编号（541~640）。车辆分为两种，CRH380AL–2541~CRH380AL–2570 为一种，3 号车厢为商务座车 SW；CRH380AL–2571~CRH380AL–2640 为另一种，原 4 号车一等座改为 3 号车，增加一节二等座车为新 4 号车，原 1 号车和 16 号车的后部一等座改为了商务车厢。

2. CRH380B 系列动车组列车

CRH380B 型动车组是在 CRH$_3$C 基础上研发的新一代高速动车组，与 CRH$_3$C 相比，持续运营时速由 300 km 提高至 350 km，最高运营时速由 350 km 提高到 380 km，最高试验时速达 400 km 以上。性能优化以提高牵引功率，降低传动比及动车组气动外形减阻为主；而列车舒适度优化方面主要采取提高列车减振性能、车厢降噪、加强车内气压控制等方式。

CRH380B 系列动车组列车由中车唐山公司和中车长客股份公司生产，采用 4 动 4 拖的编组方式。该型号为 CRH380B 的非高寒型动车组，主要为京沪高铁、京广高铁等大部分除东北以外的地区使用。图 4–11 为 CRH380B 型动车组头车。

图 4-11　CRH380B 型动车组头车

　　CRH380B 型动车组设有一等座、二等座、观光座、VIP 座等座席等级。二等座车座席采用 2+3 方式布置；一等座车座席采用 2+2 方式布置，每组列车其中一辆一等座车设有一个 4 人包间及两个 6 人包间；VIP 座位于商务车车厢（又称 VIP 车），采用 1+2 方式布置，设置类似民航客机头等舱的高级可躺座椅。与 CRH_3 型动车组一样，CRH380B 型动车组两端头车后方也设有包间，称为观光区，但旅客不可以通过透明的玻璃幕墙看到驾驶室的操作。

　　CRH380BL 型动车组列车总数为 115 列，其中 45 列由中车长客股份公司生产（CRH380BL-5501～CRH380BL-5545），另外 70 列由中车唐山公司生产（CRH380BL-3501～CRH380BL-3570）。采用了 8 动 8 拖的编组方式，牵引功率为 18 400 kW，列车由 1 辆商务车（又称 VIP 座车）、4 辆一等座车、10 辆二等座车和 1 辆餐车组成，其中商务车定员 28 人，一等座车定员 186 人，二等座车定员 791 人，总定员 1 005 人。

　　CRH380BG 型动车组列车总数为 26 列（CRH380BG-5586～CRH380BG-5600、CRH380BG-5626～CRH380BG-5636、CRH380BG-5682）全部由中车长客股份公司生产，根据中国铁路总公司的要求及目前运营经验和乘客乘坐需求，在各型动车组技术平台上，对列车的车型、定员、旅客服务设施、司机操作设施、列车的主要性能进行统一而设计出来的动车组型型。该型车同样为高寒型，主要为津秦客运专线提供。表 4-6 至表 4-8 为 CRH380B、CRH380BL、CRH380BG 型动车组编组表。

表 4-6　CRH380B 型动车组编组表

车厢号	1	2	3	4	5	6	7	8
车型	一等座车/观光车	二等座车			二等座车/餐车	二等座车		二等座车/观光车
车辆编号	CRH380B-×××× ZYS ××××01	ZE ××××02	ZE ××××03	ZE ××××04	ZEC ××××05	ZE ××××06	ZE ××××07	CRH380B-×××× ZES ××××00
动力配置	动车，带驾驶室（Mc）	拖车，带受电弓（Tp）	动车（M）	拖车（T）		动车（M）	拖车，带受电弓（Tp）	动车，带驾驶室（Mc）
定员	28+5	85	85	75	63	85	85	40+5
动力单元	单元 1				单元 2			

表 4-7　CRH380BL 型动车组编组表

车厢号	1	2	3	4	5	6	7	8	9	10	11	12	13	14	15	16
车型（CRH380BL-3501～3543、5501～5545）	一等座车/观光车	一等座车	商务车	一等座车	二等座车				餐车	二等座车						一等座车/观光车
车型（CRH380BL-3544～3570）	观光车/商务车	一等座车		二等座车					餐车	二等座车						观光车/商务车
车辆编号（CRH380BL-3501～3543、5501～5545）	CRH380BL-××××ZYG××××01	ZY×××02	SW×××03	ZY×××04	ZE××××05	ZE×××06	ZE××××07	ZE×××08	CA×××09	ZE××××10	ZE×××11	ZE××××12	ZE××××13	ZE×××14	ZE××××15	CRH380BL-××××ZYG××××00
车辆编号（CRH380BL-3544～3570）	CRH380BL-××××SW××××01	ZY×××02	ZY×××03	ZE×××04	ZE××××05	ZE×××06	ZE××××07	ZE×××08	CA×××09	ZE××××10	ZE×××11	ZE××××12	ZE××××13	ZE×××14	ZE××××15	CRH380BL-××××SW××××00
动力配置	动车，带驾驶室（Mc）	拖车，带受电弓（Tp）	动车（M）	拖车（T）	动车（M）	拖车，带受电弓（Tp）	动车（M）	拖车，带受电弓（Tp）	动车（M）	拖车（T）	动车（M）	拖车，带受电弓（Tp）	动车，带驾驶室（Mc）
定员（CRH380BL-3501～3543、5501～5545）	2+37	56	24	56	71	80	80	80	0	80	80	80	80	80	80	2+37
定员（CRH380BL-3544～3570）	3+13	56	56	80	71	80	80	80	0	80	80	80	80	80	80	3+13
动力单元	单元 1				单元 2				单元 3				单元 4			

表 4-8　CRH380BG 型动车组编组表

车厢号	1	2	3	4	5	6	7	8
车型（CRH380BG-5546～CRH380BG-5585）	一等座车/特等座车	二等座车			二等座车/餐车	二等座车		二等座车/特等座车
车辆编号（CRH380BG-5546～CRH380BG-5585）	CRH380BG-5×××ZYT5×××01	ZE5×××02	ZE5×××03	ZE5×××04	ZEC5×××05	ZE5×××06	ZE5×××07	CRH380BG-5×××ZET5×××00
动力配置	动车，带驾驶室（Mc）	拖车，带受电弓（Tp）	动车（M）	拖车（T）		动车（M）	拖车，带受电弓（Tp）	动车，带驾驶室（Mc）
定员（CRH380B-5546～5585）	44+8	80	80	71	40	80	80	60+8
定员（CRH380B-5586～5600、CRH380B-5626～5636、CRH380B-5682～5800）	28+5	85	85	75	63	85	85	40+5
动力单元	单元 1				单元 2			

3. CRH380C 系列动车组列车

CRH380C 型动车组，是中国铁路总公司为营运新建的高速城际铁路及客运专线，由原中国北车长客股份在 CRH3C、CRH380BL 型电力动车组基础上自主研发的 CRH 系列高速电力动车组，持续运营时速由 300 km 提高至 350 km，最高运营时速由 350 km 提高到 380 km，最高试验时速达 400 km 以上。性能优化以提高牵引功率，降低传动比及动车组气动外形减阻为主；而列车舒适度优化方面主要采取提高列车减振性能、车厢降噪、加强车内气压控制等方式。图 4-12 为 CRH380C 型动车组头车。

图 4-12 CRH380C 型动车组头车

CRH380CL 型动车组列车总数为 25 列（CRH380CL-5601～5625），全部由长客股份生产，采用了 8 动 8 拖的编组方式，牵引功率为 19 200 kW，采用了新头型及基于日立技术的永济牵引系统。列车由 2 辆商务车（又称 VIP 座车）、2 辆一等座车、11 辆二等座车和 1 辆餐车组成，定员为 1 015 人。其中 CRH380CL-5601 的头型与其余 24 列的头型有区别：除 CRH380CL-5601 之外其余车型车头增加了银色装饰板，且车两侧车窗范围的黑色涂装并非一体式而是分体式。表 4-9 为 CRH380CL 型动车组编组表。

表 4-9 CRH380CL 型动车组编组表

车厢号	1	2	3	4	5	6	7	8	9	10	11	12	13	14	15	16
车型（CRH380CL-5601）	一等座车/商务车	一等座车	商务车	二等座车					餐车	二等座车						一等座车/商务车
车型（CRH380CL-5602～5625）	一等座车/商务车	一等座车		二等座车					餐车	二等座车						一等座车/商务车
车辆编号（CRH380CL-5601）	CRH380CL-5601 ZYG 560101	ZY 5601 02	SW 560 103	ZE 560 104	ZE 560 105	ZE 560 106	ZE 5601 07	ZE 560 108	CA 560 109	ZE 5601 10	ZE 560 111	ZE 5601 12	ZE 5601 13	ZE 5601 14	ZE 5601 15	CRH380CL-5601 ZYG 560100
车辆编号（CRH380CL-5602～5625）	CRH380CL-56×× ZYS 56××01	ZY 56× 02	ZY 56× ×03	ZE 56× ×04	ZE 56× ×05	ZE 56× ×06	ZE 56×× 07	ZE 56× ×08	CA 56× ×09	ZE 56×× 10	ZE 56× ×11	ZE 56× ×12	ZE 56× ×13	ZE 56× ×14	ZE 56×× 15	CRH380CL-56×× ZYS 56××00
动力配置	动车，带驾驶室（Mc）	拖车，带受电弓（Tp）	动车（M）	拖车（T）		动车（M）	拖车，带受电弓（Tp）	动车		拖车，带受电弓（Tp）	动车（M）	拖车（T）		动车（M）	拖车，带受电弓（Tp）	动车，带驾驶室（Mc）

续表

车厢号	1	2	3	4	5	6	7	8	9	10	11	12	13	14	15	16
动力单元	单元 1				单元 2				单元 3				单元 4			
定员 （CRH380CL- 5601）	2+37	56	24	80	71	80	80	80	0	80	80	80	80	80	80	2+37
定员 （CRH380CL- 5602~5625）	3+13	56	56	80	71	80	80	80	0	80	80	80	80	80	80	3+13

注：××为列车编号（01~25）。车辆分为两种，CRH380CL-5601 为一种，3 号车厢为商务车；其他为另一种，原 4 号车一等座改为 3 号车，增加一节二等座车为新 4 号车，原 1 号车和 16 号车的后部一等座改为了商务车厢。

八、CR 系列动车组概述

（一）CR 系列动车组的研制背景

为了能够适应中国的高速铁路运营环境和条件，满足复杂多样、长距离、长时间、连续高速运行等需求，打造符合中国国情、路情的高速动车组的设计、制造平台，实现高速动车组技术全面的自主化，在中国铁路总公司的召集下，国内有关企业、高校、科研单位等优势力量开展了中国标准动车组的研制工作。研制 CR 系列动车组是统一标准，降低成本的需要。针对不同型号的动车组，建立统一的技术标准体系，实现动车组在服务功能、运用维护上的统一，以提高效率，降低成本。

（二）CR 系列动车组的研制过程

（1）2013 年 6 月，中国标准动车组项目正式启动，中国铁路总公司要求：中国标准动车组要综合国内各型动车组的优点，建立统一的技术标准体系，实现动车组在服务功能、运用维护上的统一。

（2）2013 年 12 月，中国标准动车组总体技术条件、标准制定完成。

（3）2014 年 9 月，中国标准动车组方案设计完成。

（4）2015 年 6 月 30 日，中国标准动车组正式下线。2015 年 9 月至 2016 年 5 月，中国标准动车组在大同至西安高铁原平至太原高速综合试验段，开展了相关型式试验和运用考核。

（5）2017 年 6 月 26 日，中国标准动车组在京沪高铁首发。

（三）CR 系列动车组的特点

中国标准动车组是指中国标准体系占主导地位的动车组（在 254 项重要标准中，各种中国标准占 84%），其功能标准和配套轨道的施工标准都高于欧洲标准和日本标准，具有鲜明而全面的中国特征。

2017 年 1 月 3 日，国家铁路局正式向四方和长客颁发了中国标准动车组"型号合格证"和"制造许可证"。中国标准动车组也正式获得型号命名。中国标准动车组采用 CR400/300/200 命名，分别对应最高速度为 400 km/h、300 km/h 和 200 km/h，数字代表最高时速，例如，400 代表最高速度可达 400 km/h 及以上，持续运行速度为 350 km/h。

如图 4-13 所示，四方生产的"蓝海豚"命名为 CR400AF，长客生产的"金凤凰"被命名为 CR400BF。

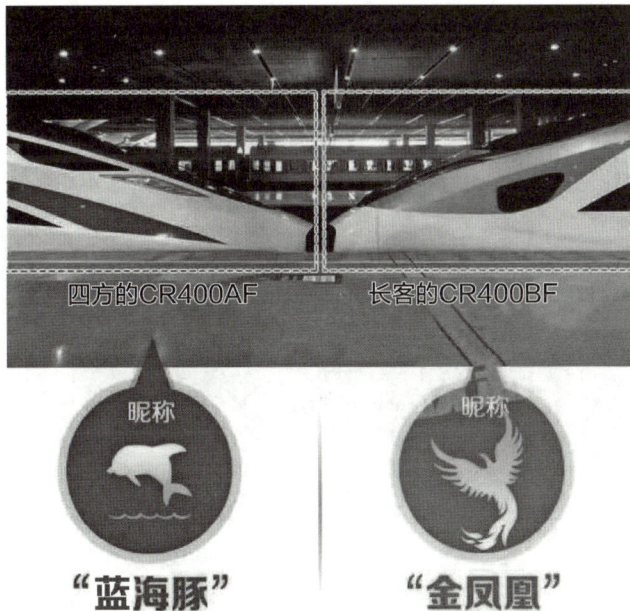

图 4-13 中国标准动车组 CR400AF、CR400BF

CR 是 China Railway 的缩写，即中国铁路；"A"和"B"为企业标识代码，代表生产厂家；F 为技术类型代码，表示动力分散式动车组，区别于"J"所代表的动力集中式电力动车组和"N"所代表的动力集中式内燃动车组。如图 4-14 所示，"蓝海豚"CR400AF 头部玻璃平，侧面有一条凸尖线，最前部尖出如"▶"形。如图 4-15 所示，"金凤凰"CR400BF 头部玻璃凸，侧面比较平缓，最前部如"◣"形。

图 4-14 "蓝海豚"CR400AF

中国标准动车组有一个响亮的名号——复兴号动车组。中国标准动车组的特点如下。

（1）首次实现了动车组牵引、制动、网络控制系统的全面自主化，标志着我国已全面掌握高速铁路核心技术，高速动车组技术实现全面自主化。

图 4-15 "金凤凰" CR400BF

（2）中国标准动车组采用的标准涵盖了动车组基础通用、车体、走行装置、司机室布置及设备、牵引电气、制动及供风、列车网络标准、运用维修等 10 多个方面。大量采用中国国家标准、行业标准、中国铁路总公司企业标准等技术标准，同时采用了一批国际标准和国外先进标准，使中国标准动车组具有良好的兼容性能。中国标准动车组在运用安全、节能环保、降低全寿命周期成本，特别是进一步提高安全冗余等方面加大了科技创新力度。

（3）为了确保运行安全，中国标准动车组进一步增加了主动安全与被动安全措施：一是列车设计严格遵循安全标准，包括防火、防碰撞、动力学等方面，提高列车可靠性，具备失稳检测、烟火报警、轴温监控、受电弓视频监视等安全防护功能，安全防护设计更为完善。二是按照"故障导向安全"的原则，优化了智能化感知系统，能全面监测列车运行状况，实时感知列车状态，列车出现异常时，可自动报警或预警，并能根据安全需求自动采取限速或停车措施。

（4）为改善旅客乘车体验，中国标准动车组的设计充分贯彻了人性化设计理念，进一步优化了旅客界面与司乘界面，在乘车空间、空调系统、行李架设置、车厢照明、无障碍设施等方面进行了完善。

① 中国标准动车组车厢内二等座椅间距统一加大到 1 020 mm、一等座椅间距统一加大到 1 160 mm，座椅色彩搭配更有特色，时尚活泼，每个座椅都配有 220 V 电源插座。中国标准动车组商务座如图 4-16 所示，中国标准动车组二等座如图 4-17 所示，中国标准动车组车厢连接处如图 4-18 所示。

② 中国标准动车组设置了十几种车内照明模式，每个旅客都能使用阅读灯，亮度和色温都可以手动或自动调节。

③ 中国标准动车组全列车实现了 Wi-Fi 网络覆盖，旅客可随时上网，旅途不再寂寞。

（5）为适应节能环保要求，中国标准动车组整车采用全新低阻力流线型头型设计和车体平顺化设计，降低气动阻力，减少持续运行能量消耗，并统一零部件技术标准，实现各型号动车组相同零部件的互换使用，有效降低运用、检修等方面的成本。

图 4-16 中国标准动车组商务座

图 4-17 中国标准动车组二等座

图 4-18 中国标准动车组车厢连接处

任务二 / 高速铁路乘务工作概述

一、高速铁路旅客列车乘务组的组成和对乘务人员的素质要求

1. 乘务组的组成

动车组列车乘务组由客运乘务人员、随车机械师、司机、公安乘警、随车保洁和餐饮服务人员组成，简称"六乘"人员。"六乘"人员必须在列车长的统一领导下（除行车救援指挥外），分工负责，各司其职，共同做好旅客服务工作。

客运乘务人员由 1 名列车长和 2 名列车员组成。客运乘务组应采用轮乘制或包乘制，动车组重联时，按两个乘务组安排人员；编组 16 辆的动车组按 1 名列车长和 4 名列车员配备。对运行时间较长的动车组可适当增加客运乘务人员。动车组司机实行单司机值乘制，随车机械师按每组 1 人配备。

2. 乘务人员素质要求

1）乘务人员基本素质要求

乘务人员应具备高中及以上文化程度，能够熟练使用计算机、服务设施设备、消防器材，掌握常用英语会话，具有良好的语言文字表达能力和服务技巧。女性身高一般不低于 1.60 m，男性身高一般不低于 1.70 m。

乘务人员应当按照规定参加岗前培训，列车长由铁路局负责培训，列车员由客运段负责培训，经考试合格后，由铁路局统一颁发上岗证，持证上岗。上岗后应按规定进行适应性培训和定期脱产培训。

餐饮、保洁人员上岗前应由站段进行铁路安全知识培训，经考试合格后，由站段审核发证，持证上岗。乘务人员上岗时应穿着统一服装、佩戴工号牌。

乘务人员如图 4-19 所示。

图 4-19　乘务人员

2）乘务人员应具备的职业素养

（1）热爱党、热爱祖国、热爱铁路事业，具有高度的工作责任心和全心全意为人民服务的精神，忠于职守，热爱乘务工作，具有良好的工作态度。诚信踏实，认真负责，一丝不苟，任劳任怨。在服务中要做到：主动、热情、周到、有礼貌。

（2）遵守国家法律、法规和铁路条例规章，严守国家机密。团结协作，谦虚谨慎，平等待人，培育和践行社会主义核心价值观。爱护公共财物，廉洁奉公，公私分明，管理好列车上的供应品，不贪占企业财物。

（3）努力钻研业务，丰富社会知识，研究旅客心理，探索旅客需求，不断提高服务技能，提高处理突发事件的能力，做好乘务工作。

二、高速铁路列车乘务人员的配备与隶属关系

动车组运行应配备本务司机、随车机械师、客运乘务人员和乘警。动车组运用所应配备地勤司机、行车安全设备检修人员、地勤机械师、地面检修维护人员、动车组车内保洁人员等。

（1）动车组本务司机、地勤司机隶属机务段管理。地勤司机派驻运用所。司机须参加国铁集团组织的动车组司机理论培训，并参加铁路局组织的实操培训，经考核合格，持"铁路岗位培训合格证书"上岗。

（2）随车机械师、存放点车辆调度人员、地勤机械师隶属车辆段管理。随车机械师、地勤机械师须参加国铁集团组织的动车组随车机械师或检修运用人员理论知识培训，并参加铁路局组织的实操培训，经考核合格，持"铁路岗位培训合格证书"上岗。

（3）客运乘务人员（列车长、列车员）隶属客运段管理。客运乘务人员须参加铁路局组织的动车组设备使用培训，掌握动车组车厢内上部服务设施的操作技能，熟悉设备操作注意事项，经考核合格，持"铁路岗位培训合格证书"上岗。

（4）乘警隶属公安部铁路公安局乘警支队管理。值乘民警须熟悉动车组车厢内安全和消防设施设备的操作。

（5）行车安全设备检修人员分别隶属既有的专业体系管理。ATP、LKJ2000 检修人员隶属电务段，接触网检测设备检修人员隶属供电段，CIR 设备检修人员隶属铁通公司（已并入中国移动），各检修人员须经铁路局组织的动车组理论、实操培训，经考核合格后，持"铁路岗位培训合格证书"上岗。

（6）动车组车体外皮清洗（含人工清洗、洗车机清洗）、库内吸污人员隶属车辆段管理；车内保洁、随车保洁人员隶属客运段管理；动车组司机室保洁人员隶属机务段管理；车站吸污人员隶属车站管理。

三、高速铁路旅客列车乘务人员的岗位职责

1. 列车长职责

（1）执行规章制度，履行岗位职责。服从调度指挥，完成上级布置的各项任务。

（2）负责组织、指挥、协调乘务组各工种作业，召开出、退乘会。督促乘务人员按照标准作业，确保服务质量及车内安全，完成上级布置的各项任务。

（3）负责监督和检查整备、保洁、餐饮工作。

（4）负责检查动车组列车安全、服务设施设备，发现设备故障，及时反馈给随车机械师处理。

（5）负责与司机、随车机械师等岗位保持作业联控，并负责与车站办理交接。

（6）负责办理乘务过程中的各项客运业务，收集旅客对列车服务工作的意见，受理旅客投诉，帮助旅客解决困难。

（7）负责动车组列车非正常情况下的应急处置，并及时向派班室（客运调度室）及上级部门汇报。

（8）负责乘务组在折返站停留期间的工作安排和人员管理。

（9）监督乘务人员在各个值乘阶段保持专业化形象。负责乘务组在折返站及住宿期间的管理。

（10）负责各类信息的反馈，并提出改进建议。

列车长如图 4-20 所示。

图 4-20　列车长

2. 列车员（乘务员）职责

（1）在列车长的领导下，完成乘务工作。

（2）负责开展列车服务和车内安全工作。在车站，确认旅客乘降情况，通知司机或随车机械师关闭动车组车门。发生危及行车和旅客生命安全的紧急情况时，使用紧急制动阀停车或通知司机采取措施；需要组织旅客撤离列车时，通知司机，由司机向列车调度员报告或通知就近车站值班员；在司机指挥下，处理有关事故救援等事宜。

（3）负责本次列车各种服务备品的检查。车上移动备品包含饮水机、微波炉、移动座椅、安全锤（含盒）及应急乘降梯、车门安全带等设备。

（4）协助做好本次列车的配餐工作。

（5）负责完成规定的广播任务。

（6）负责实施车内各类紧急情况的处置。

（7）完成规定的作业流程，并达到质量标准。

（8）负责向列车长反馈各种信息，提出合理化建议。

（9）完成列车长交办的其他工作。

列车员如图 4-21 所示。

图 4-21　列车员

3. 动车组司机职责

（1）执行规章制度，服从调度指挥，履行岗位职责。

（2）在区间非正常停车时，负责指挥、处理有关行车、列车防护和事故救援等方面的工作；在其他非正常情况下，协助列车长实施应急预案。

（3）出动车所后，负责有关型号动车组的车门集控开关。在车站，列车在规定位置停稳后开启车门；开车前，根据列车长通知，关闭车门。在运用所（或存放点），于操作端司机室与地勤司机办理动车组驾驶、列控车载设备、LKJ、CIR 设备及制动系统技术状态、主控钥匙及列控车载设备柜钥匙交接。

（4）动车组列车发生故障时，按车载信息监控装置的提示，按步骤及时处理；需要由随车机械师配合处理时，与随车机械师共同处理。在调车作业或救援时，配合随车机械师安装过渡车钩（双班单司机执乘时），并实施相关联挂作业。

（5）负责与调度员的日常联络，接受、传达上级命令指示。

（6）执行动车组回送任务。

动车组司机如图 4-22 所示。

图 4-22　动车组司机

4. 随车机械师职责

（1）执行规章制度，服从命令指挥，履行岗位职责。

（2）负责监控动车组列车运行中的技术状态，发现故障及时处理，并通知司机和列车长采取措施，妥善处理。

（3）出所后，负责有关型号（主要是 CRH_2A 型）动车组的车门集控开关，列车在车站规定位置停稳后，负责开启车门；开车前，根据客运列车长通知，关闭车门。动车组出入所时，负责与运用所（质检员）办理技术交接；与调度员或地面机械师办理车门集控开关钥匙交接。

（4）在司机的指挥下，参与处理有关行车、列车防护和事故救援等方面的工作。在发生危及行车安全故障或其他紧急情况时，使用紧急制动阀停车或通知司机采取停车措施。

（5）在非正常情况下，协助列车长实施应急预案。

（6）执行动车组无火回送任务。负责动车组无火回送、救援、调车时过渡车钩、风管的安装。

（7）需调车作业时，配合司机完成动车组重联与解编作业。

随车机械师如图 4-23 所示。

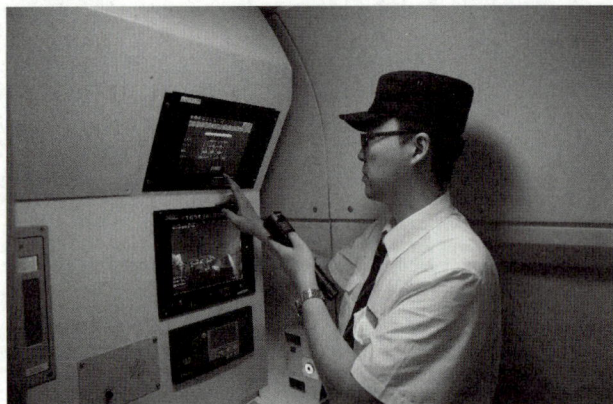

图 4-23　随车机械师

5. 餐饮服务员职责

（1）执行规章制度，在列车长的领导下开展工作。

（2）负责餐饮商品供应，满足旅客需求，确保饮食安全。

（3）负责餐车区域卫生保洁，设备检查和安全管理。

（4）负责按时、按质、按量向"六乘"人员供应乘务餐。

（5）在非正常情况下，协助列车长实施应急预案。

（6）完成列车长安排的其他各项工作。

餐饮服务员如图 4-24 所示。

6. 随车保洁员职责

（1）执行规章制度，在列车长的领导下开展工作。

（2）负责动车组列车运行中、折返站的车内卫生清扫和垃圾分类收集，确保列车卫生质量。

图4-24　餐饮服务员

（3）负责车厢内保洁工具、消耗品和服务备品的配置、补充、更换及定位。

（4）在非正常情况下，协助列车长实施应急预案。

（5）完成列车长安排的其他各项工作。

动车组随车保洁员如图4-25所示。

图4-25　动车组随车保洁员

7. 公安乘警职责

（1）执行规章制度，服从命令指挥，履行岗位职责。

（2）依照国家法律、法规和国铁集团、铁路局的有关规定，以及铁路公安机关的部署、命令，预防、制止、查处列车上违法犯罪活动和治安灾害事故，维护旅客列车治安秩序，保障旅客生命和财产安全。

会同列车乘务人员严格查处旅客携带的易燃易爆危险品、管制刀具、淫秽物品；查处随车叫卖、霸座卖座、流氓滋扰、打架斗殴等扰乱列车治安秩序行为；禁止、取缔在列车上吸毒、卖淫、嫖娼和赌博活动；预防和控制高速铁路旅客列车上的吸烟行为等。同时，公安乘警还要处理各种治安、刑事违法犯罪活动；受理并调查报警案件；查处治安案件；查缉各类逃犯；抓捕现行犯、流窜犯；调解旅客纠纷。

（3）负责动车组列车司机室的安全保卫工作。

（4）非正常情况下，协助列车长实施应急预案。协助列车长预防和处置火灾、爆炸、中毒等灾害事故和治安突发性事件。当发生火灾事故时，积极组织旅客进行火灾扑救，维护火场秩序、配合火灾事故调查。对防火工作进行监督检查，查处违反消防法规的行为。

（5）配合客运部门维护好旅客乘降秩序；协助查验车票，保证铁路运输收入安全。参与乘务管理，配合列车长做好列车工作。

公安乘警如图4-26所示。

图4-26　公安乘警

四、高速铁路旅客列车乘务组工作制度

1. 工作协调制度

（1）动车组列车出库后，列车长要及时了解"六乘"人员工作准备情况，重点掌握卫生保洁质量、配餐数量，以及各岗位人员到岗情况，遇有重点任务，及时布置。

（2）列车长在每趟值乘时，均要组织召开随车机械师、公安乘警、餐饮组长、保洁组长参加的工作协调会，沟通信息，提出本趟列车工作重点和要求。

（3）遇有设备故障、列车晚点等情况，司机或随车机械师要主动向列车长通报故障情况、晚点或停车原因。列车长要及时逐级汇报，按指示向旅客通告，组织列车员、餐饮人员、保洁人员做好服务和解释工作。

（4）客运段应每月组织"六乘"人员召开动车组一体化管理联席会议，总结工作经验，加强协调，统一步调，提高效率。

"六乘"人员如图4-27所示。

图4-27　"六乘"人员

2. 信息传递制度

（1）动车组列车"六乘"人员要掌握列车运行状况、设备状况、旅客服务和餐饮供应等信息，及时相互通报。

（2）动车组列车运行中遇有各类非正常情况，"六乘"人员应按照各自职责逐级汇报，列车长应积极协调处理。

（3）"六乘"人员之间应建立日常联络机制，加强相互之间的信息沟通。

3. 其他制度

（1）动车组列车实行"首问首诉负责制"，"六乘"人员必须及时解答旅客问询、受理旅客投诉、解决旅客困难。

（2）动车组列车进站前，"六乘"人员必须按规定提前到岗，做好旅客乘降的准备工作。

（3）"六乘"人员必须严格遵守国铁集团、铁路局的有关规定，严禁私带无票人员上车；如需要安排重点旅客乘坐餐车、多功能室、列车员室等位置，必须经列车长同意。

（4）动车组列车餐饮、保洁人员在不服从列车长管理，影响正常工作及铁路形象时，列车长应向有关部门及时汇报，必要时，可立即停止其工作；餐饮、保洁公司对上述违纪人员要按照公司的管理制度进行严肃处理，并向有关部门反馈处理结果。

（5）动车组列车公安乘警、随车机械师不服从列车长管理，影响正常工作及铁路形象时，列车长应向上级有关部门及时汇报。

任务三　　高速铁路动车组列车服务

技能目标

了解动车组列车乘务组及人员要求；
模拟动车组列车长乘务作业；
模拟动车组列车员乘务作业；
掌握动车组列车乘务工作的具体内容；
掌握动车组餐饮供应工作的具体内容；
掌握动车组保洁工作的内容与标准。

知识点

动车组列车乘务组及人员要求；
动车组列车长乘务作业程序；
动车组列车员乘务作业程序；
动车组列车乘务工作的具体内容；
动车组餐饮供应工作的具体内容；

动车组保洁工作标准。

任务的提出

高速铁路动车组乘务工作的内容复杂多样。由于高速铁路动车组的运行速度快，每个环节的作业质量都有很高的要求，因此要认真研究动车组列车的乘务作业流程及要求，以便高质量地完成每一个环节。

相关知识

一、动车组列车乘务组及人员要求

1. 乘务组

动车组列车乘务组由列车长、列车员、乘警和随车机械师组成。动车组列车上的保洁、餐饮由社会专业公司承担时，其员工视同为列车乘务组成员。列车乘务组人员应当各司其职，在为旅客服务上，接受列车长的统一领导。动车组列车上实行列车长领导下的各工种分工负责制。

2. 人员配置

动车组乘务组根据交路实际需要采用轮乘制或包乘制。动车组乘务组由 1 名列车长、2 名列车员、2 名配餐员组成，根据需要有些动车组还在车上配备有售货员和保洁人员，动车组重联时，按两个乘务组配备，但只设一名列车长，例如编组 16 辆的动车组按 1 名列车长和 4 名列车员配备。对运行时间较长的动车组可适当增加客运乘务人员。动车组司机实行单司机值乘制，客车检车员（随车机械师）按每组 1 人配备，不设运转车长。乘务人员预备率：7%。

3. 乘务组职责

动车组乘务组承担服务旅客，处理票务，检查列车保洁、餐饮工作质量等工作。发生危害旅客安全的问题时，客运乘务组应当立即采取有效措施，保护旅客安全。

4. 列车广播

运行时间在 3 h 以内的列车，一般只播迎送词、服务设备介绍、安全提示、站名和背景音乐。运行时间超过 3 h 的列车，可在不干扰旅客休息的前提下，适当增加播放内容。列车旅客信息服务及影音播放系统播放的内容应由客运部门提供，由车辆部门录入。

动车组列车采用中英文广播，动车组列车在始发前 5 min 播放安全提示，始发后 5 min 内播放欢迎词、安全提示及背景音乐，终到站前 5 min 播终到告别词。广播内容由客运段提供，铁路局宣传部、客运处审定，车辆部门录入，始发前由随车机械师按规定操作自动广播装置。自动广播发生故障时，由客运乘务人员进行人工广播。

二、动车组列车长乘务作业

1. 岗位资格要求

（1）教育背景：大专及以上文化程度。

（2）知识技能：具有满足动车组列车长工作性质要求的相关业务知识和技能。

（3）工作经验：从事列车乘务工作 2 年以上（从事动车组列车乘务工作 1 年以上）。

（4）职业道德：敬业爱岗、遵章守纪、服从指挥、团结协作。

2. 上岗资格

取得列车长岗位培训合格证书和中级及以上职业资格证书，具备妥善处理突发情况的能力。

3. 职责和权限

（1）贯彻执行有关安全生产及旅客运输的规章、制度、命令、指示，落实上级布置的各项工作。

（2）负责对列车上的乘务员、乘警、餐服长、餐服员、保洁员、机械师等岗位进行协调和管理。

（3）组织召开客运乘务组出、退乘会。

（4）负责对列车安全服务设备设施进行检查、记录及报修。

（5）负责检查和验收列车保洁、整备质量，监督和检查列车餐饮工作质量。

（6）负责办理列车上的各项客运业务。

（7）负责班组管理和建设，督促乘务组人员按照标准作业，落实各项考核制度。

（8）负责受理旅客投诉，帮助旅客解决旅行过程中遇到的困难，收集旅客对列车服务工作的意见及建议。

（9）负责列车非正常情况和突发事件的应急处理。

（10）及时、准确地填写与本岗位相关的各类表格。

（11）对列车客运工作人员的违章、违纪行为有权纠正，对其他工作人员的违章、违纪行为有权制止和劝阻。

4. 工作内容与要求

动车组列车长作业标准如表 4-10 所示。

表 4-10　动车组列车长作业标准

程序	项目	作业内容	质量要求
一、始发站准备作业	出乘准备	（1）按时到指定地点报到，接受命令指示，确认准备担当列车的乘务情况，填写《乘务日志》，领取有关设备及票据。 （2）准时到指定地点进行点名，召开出乘会，检查乘务员仪容仪表，传达命令、指示，布置乘务任务。 （3）携带客运业务资料、GSM-R 手持终端（或 PDA）、移动补票机、无线对讲机等设备，列车进站前 20 min 组织乘务组在站台接车	（1）出乘准时，命令、指示记录准确，设备携带齐全。 （2）按规定着装，做到仪容仪表规范，列队整齐；布置工作重点突出，要求具体。 （3）资料携带齐全，确保设备状态良好，接车准时
二、始发站作业	始发站整备	（1）列车进站停稳后，调试 GSM-R 手持终端和无线对讲机，与动车组司机核对时间及车次。 （2）组织列车员检查列车设施设备及上水情况、验收车厢卫生。 （3）办理交接、做好记录	时间核对准确，列车检查细致，记录翔实，交接清楚

程序	项目	作业内容	质量要求
二、始发站作业	始发站放客时作业	（1）在站台指定位置立岗，做好重点旅客引导。 （2）与车站客运值班员办理业务交接，掌握乘车人数。 （3）确认旅客乘降完毕后，通知司机（或随车机械师）关闭车门	（1）立岗及时，引导有序，安排妥善。 （2）交接清楚，通知及时。 （3）认真、及时确认旅客乘降完毕
三、途中作业	开车后作业	（1）开车后播放欢迎词及乘车须知。 （2）巡视车厢，检查行李摆放情况。 （3）根据剩余席位信息，核对空余席位，组织查验车票。 （4）组织列车员检查途中保洁作业质量。 （5）检查列车餐饮工作情况，制止违规经营行为。 （6）掌握重点旅客动态，落实"首问首诉"负责制。 （7）发现设备故障，通知随车机械师及时处理。若不能及时修复，随车机械师与列车长共同确认，如实记录，双方签字。 （8）遇有列车晚点超过15 min，及时向司机了解原因，通过广播向旅客致歉并说明情况	（1）按时播报，音量适中；行李物品摆放平稳，通道保持畅通；减少对旅客的干扰。 （2）仔细检查保洁和餐饮工作情况，确保质量达标。 （3）妥善照顾重点旅客。 （4）及时督促随车机械师修复设备故障，确保设备作用良好。 （5）耐心解答旅客问询，广播致歉及时
	中途停站作业	（1）到站前5 min广播通报站名、到开时刻，开车后5 min内广播预告前方停车站、到开时刻。 （2）在站台指定位置立岗，做好重点旅客引导。 （3）与车站客运值班员办理业务交接，确认旅客乘降完毕后通知司机（或随车机械师）关闭车门	（1）按时广播，内容准确，音量适中。 （2）到站立岗及时、引导有序，安排妥善。 （3）及时确认旅客乘降完毕，通知司机（或随车机械师）关门
四、终到及折返站作业	组织旅客下车	（1）列车终到前5 min，播放欢送词。 （2）列车到站后，在站台指定位置立岗，与旅客道别，协助重点旅客下车。 （3）旅客下车完毕，巡视检查全列车厢	（1）按时广播，音量适中。 （2）立岗标准，举止规范。 （3）及时巡视车厢，检查仔细
	交接作业	（1）与车站客运值班员办理业务交接。 （2）遇交接班时，交接班列车长在站台指定位置交接。 （3）交接完毕后，交班乘务组列队在站台指定位置面向列车立岗，目送列车出站	交接迅速，内容清楚、手续完备
五、退乘作业	退乘作业	（1）召开退乘会，总结工作完成情况，填写《乘务日志》。 （2）带领客运乘务人员列队退乘。 （3）到规定地点交款。 （4）到客运段值班室报到，汇报工作完成情况，递交《乘务日志》等报表，上交有关设备，接受命令指示	工作总结重点突出；《乘务日志》记录翔实；队列整齐；交款及时，有专人护送；账款相符；设备交接清楚，手续完备

动车组列车长要严格遵守列车安全和设备设施使用的有关规定，爱护列车设备设施，不得擅自动用列车电气化设备。

三、动车组列车员作业标准

1. 岗位资格要求

（1）教育背景：高中及以上文化程度。

（2）知识技能：具有满足动车组列车员工作性质要求的相关业务知识和技能。

（3）工作经验：从事列车乘务工作 1 年以上。

（4）职业道德：敬业爱岗、遵章守纪、服从指挥、团结协作。

2. 上岗资格

取得列车员岗位培训合格证书和中级及以上职业资格证书。

3. 职责和权限

（1）贯彻执行有关安全生产及旅客运输的规章、制度、命令、指示。

（2）负责列车车厢内的旅客安全、服务工作。

（3）负责检查车厢内安全设备的状态和列车服务备品配置情况。

（4）负责监督和检查列车保洁、整备情况。

（5）配合列车长处置车内非正常情况。

（6）及时、准确地填写与本岗位相关的各类表格。

（7）对列车其他工作人员的违章、违纪行为有权制止和劝阻。

4. 工作内容与要求

动车组列车员作业标准如表 4-11 所示。

表 4-11　动车组列车员作业标准

程序	项目	作业内容	质量要求
一、始发站准备作业	出乘准备	（1）准时到指定地点列队，接受点名，参加出乘会，整理仪容仪表，接受列车长命令，确认准备担当列车的乘务情况，检查设备性能。 （2）列车进站前 20 min 统一在站台列队准备接车	（1）出乘准时，按规定着装，做到仪容仪表规范，列队整齐。 （2）资料携带齐全，确保设备状态良好，接车准时
二、始发站作业	始发站整备	对列车保洁、整备质量进行检查验收并向列车长汇报检查情况	检查认真，记录翔实，交接清楚
	始发站放客时作业	（1）锁闭卧车与座车间的通过门。 （2）在指定车厢边门处（站台）立岗，引导重点旅客就座，指引旅客放置行李。 （3）确认旅客乘降完毕后，向列车长汇报	（1）立岗及时，引导有序，安排妥善。 （2）认真确认旅客乘降完毕并及时汇报

续表

程序	项目	作业内容	质量要求
三、途中作业	开车后作业	（1）巡视车厢，检查行李摆放情况。 （2）根据剩余席位信息，协助列车长核对空余席位，查验车票并办理相关业务。做好卧铺旅客的乘车登记工作，掌握旅客去向。 （3）检查途中保洁作业质量，如实填写验收记录。 （4）掌握重点旅客动态，落实"首问首诉"负责制。 （5）发现设备故障，及时向列车长汇报。 （6）遇有列车晚点，做好旅客安抚和解释工作	（1）行李物品摆放平稳，通道保持畅通；仔细核对旅客席位，态度和蔼；登记旅客信息及时，记录准确；减少对旅客的干扰。 （2）仔细进行保洁作业的检查与验收工作，确保质量达标；妥善照顾重点旅客。 （3）设备故障汇报及时，确保设备作用良好。 （4）耐心解答旅客问询，解释安抚及时
	中途停站作业	（1）到站前提前通报，提醒旅客做好下车准备。 （2）在指定车厢边门处（站台）立岗，引导重点旅客就座，指引旅客放置行李。 （3）确认旅客乘降完毕后，向列车长汇报。 （4）更换中途下车旅客的卧具（卧车）。 （5）做好中途上车卧铺旅客的乘车登记工作，掌握旅客去向	（1）到站立岗及时、引导有序，安排妥善。 （2）认真确认旅客乘降情况，及时汇报。 （3）卧车的卧具一客一换，及时、准确地登记卧铺旅客的乘车信息
四、终到及折返站作业	组织旅客下车	（1）到站前，提前通报，提醒旅客做好下车准备。 （2）到站后，在指定车厢边门处（站台）立岗，与旅客道别，协助重点旅客下车。 （3）旅客下车完毕后，巡视、检查车厢，发现旅客遗失物品，及时报告	（1）立岗标准，举止规范。 （2）动作迅速，检查仔细，旅客遗失物品及时上交列车长
	交接作业	（1）交接班时，清点备品（卧具），办理交接。 （2）交接完毕后，交班乘务组列队在站台指定位置面向列车立岗，目送列车出站	清点准确，交接清楚，手续完备
五、退乘作业	退乘作业	（1）参加退乘会，听取列车长当趟乘务工作总结。 （2）在列车长的带领下列队退乘	认真听取列车长的工作总结，队列整齐

动车组列车员要严格遵守列车安全和设备设施使用的有关规定，爱护列车设备设施，不得擅自动用列车电气化设备。

四、动车组列车乘务工作的具体内容

（一）出乘前准备

1. 列车长的准备

（1）到派班室报到或通过电话联系派班室值班员，接受命令、指示，确认当日担当乘务情况，填写乘务报告，按时出乘。出乘前准确记录命令、指示，无遗漏，乘务任务明确。

（2）检查通信设备、乘务资料等物品的携带情况。乘务资料包括电报、客运记录、票务处理的必要资料。确保资料携带齐全，设备状态良好。

（3）列车开车前 40 min 在站台接车，召开出乘会，检查乘务员仪容仪表、着装，布置乘务任务，做到准时接收列车，仪容达标、备品齐全，命令传达准确，任务布置清楚。

（4）全面巡视车厢，检查车内保洁情况，检查备品和饮用水的配置情况，督促保洁人员完善车内卫生并做好记录，做到按照保洁质量标准验收检查，确保保洁质量达标，饮用水充足。

（5）与司机、随车机械师核对时间，沟通有关事宜，做到设备状况清楚。

2. 列车员的准备

（1）整理仪容仪表，检查对讲机等设备、资料的携带情况，确保仪容着装达标，资料携带齐全，设备状态良好。

（2）列车开车前 40 min 在站台接车，参加出乘会，接受列车长的命令、指示，做到准时接收列车，明确乘务任务。

（3）全面巡视车厢，检查车内保洁和备品配置情况，督促保洁人员完善车内卫生，按照保洁质量标准检查验收，检查结果报告列车长。

（二）乘务工作

1. 开车前

（1）列车长在指定位置立岗，以在随车机械师值乘位置（CRH$_5$ 型动车组随车机械师监控室在 6 号车，CRH$_2$ 型动车组随车机械师监控室在 7 号车，CRH$_1$ 型动车组和 CRH$_3$ 型动车组随车机械师监控室在 5 号车）附近为宜，与车站客运值班员办理交接，掌握售票情况，做到交接清楚，掌握重点。

（2）列车长检查餐饮供应准备情况。做到餐饮服务人员仪容仪表整齐，商品、餐料充足并按规定位置摆放，明码标价，卫生达标。

（3）列车长引导重点旅客；做好开车前 5 min 广播通告，做到引导有序，妥善安排，通告及时；与乘务员联系，确认旅客乘降完毕，通知司机关闭车门（部分动车组由随车机械师关闭），做到准确无误，通知及时。

（4）列车员在与列车长所在位置相对应的列车另一端引导旅客，做到引导有序，妥善安排重点旅客；旅客乘降完毕后向列车长汇报，做到准确、及时汇报。

2. 途中运行

（1）列车长在开车后 10 min 内播放完欢迎词及相关内容（通报站名、服务设施介绍、安全提示等），随后可播放背景音乐，做到按时播报，音量适宜。

（2）列车长巡视车厢，查验车票，检查行李摆放情况，提醒旅客将大件行李及铁器、锐器等不适宜放在行李架上的物品放在指定位置并自行看管，做到行李物品摆放平稳，通道保持畅通。

（3）列车长巡视车厢时要掌握车内动态，处理列车运行过程中的各类问题，做到耐心解答旅客问询，做好解释工作；重点旅客心中有数，主动提供帮助；特殊情况妥善处理，汇报准确及时。

（4）列车长检查途中保洁作业质量，检查结果有记录。

（5）列车长做好开车后和到站前的广播通告工作，遇有列车晚点超过 15 min，通过广播向旅客致歉；组织中途停站旅客乘降，做到通告准确，乘降有序。

（6）途中停站，列车长与车站客运值班员办理交接，做到交接清楚，手续完备。

（7）列车员巡视车厢，掌握车内动态，处理服务过程中的各类问题，做到耐心解答旅客问询，做好解释工作；对重点旅客心中有数，主动提供帮助；特殊情况妥善处理，做到处理违章态度和蔼，执行规章熟练准确，减少对旅客的干扰。

（8）列车员与保洁人员做好车厢内的卫生清洁工作，保证车厢内干净整洁，卫生达标。

（9）列车员协助列车长做好到站前 5 min 广播工作，通报站名、到开时刻，提醒旅客做好在列车运行前方车门下车的准备。开车后 5 min 内广播预告前方停车站及相关内容（通报站名、服务设施介绍、安全提示等）。

（10）终到前后，列车长征求旅客意见、建议，做到态度诚恳，记录详细；到站广播通报站名，致道别词，提醒旅客做好下车准备，请旅客配合尽快下车；列车到站后，向旅客道别，协助重点旅客下车，做到用语统一，微笑致意，主动热情，帮助重点。

（11）列车长待旅客下车完毕，开始巡视车厢，检查有无旅客遗失物品。做到动作迅速，检查仔细，发现问题，按章处理。在规定位置与车站客运值班员办理重点旅客、遗失物品等业务交接，做到交接清楚，手续完备。

（12）终到前后列车员协助列车长提醒旅客做好下车准备，请旅客配合尽快下车。列车到站后，向旅客道别，协助重点旅客下车，做到用语统一，微笑致意。旅客下车完毕，检查有无旅客遗失物品，发现问题报告列车长，做到动作迅速，检查仔细，报告及时。

（三）退乘阶段

（1）列车长召开退乘会，讲评当日工作，填写乘务报告，做到讲评全面，记录翔实。

（2）列车长对随车保洁情况做出鉴定，鉴定结果准确。

（3）列车长带领乘务组退乘，做到着装整齐，列队退乘。需要解款时到规定地点缴款，由乘警护送（无乘警时，列车员协助），账款相符解缴。

（4）列车员参加退乘会，汇报当日乘务工作情况，做到汇报简明扼要，准确无误；必要时协助列车长到指定地点缴款。

五、动车组餐饮供应工作

1. 动车组餐饮工作的有关规定

（1）动车组列车餐饮服务由与铁路局签订餐饮服务合同的专业餐饮公司承担。为列车提供餐饮服务的企业必须通过 ISO 9000 或 HACCP 质量认证。列车上销售的食品、饮品应当为全国名优产品并应当有"QS"标志。

（2）铁路局应当监督餐饮企业严格遵守国家卫生法律法规的规定，建立健全加工食品的场地、加工程序、设备、保管、运输、列车供餐服务质量、商品价格等各环节的管理和考核制度。

（3）列车上销售的食品和商品，必须由餐饮公司统一采购。餐饮公司销售人员应将上车食品、商品的出库单交列车长以备检查。列车上销售的食品和商品应当明码标价、一货一签，并有"CRH"图形标志。

（4）加热后未售出的食品严格实行定时报废制度。在列车上，报废的食品在未处理前应醒目标明"报废"字样。

（5）餐饮企业的乘务服务人员负责列车运行中餐车的清洁卫生。餐车展示柜布置应当美观整齐，存放商品、备品时，不得侵占通道和影响安全。列车到站、开车时，餐饮企业的乘务服务人员应当在餐车门内立岗迎送旅客。

（6）动车组供应的食品、饮品应当品种丰富，价格合理。餐饮企业应当经常征求旅客对饮食服务的意见，并根据旅客的意见调整商品的品质、品种，改善服务质量。

（7）站、车要利用各种渠道大力宣传铁路企业品牌。为动车组旅客服务的用品、列车上销售的商品应有"CRH"图形标志。

2. 餐饮供应

（1）制定科学合理、营养健康、绿色环保的餐饮品种体系，针对不同区域、不同季节、不同时段、不同层次旅客的需求，提供规范、优质的餐饮产品。

（2）餐饮品种应品类丰富、口味多样、方便快捷，能够根据旅客的要求及时调整。

（3）餐食成品的各项主辅料搭配要定量化，设置科学合理的上、下限标准，并在外包装中标明。

（4）餐饮营养搭配合理，各种营养素含量符合国家有关标准。

（5）餐饮应质价相符、物有所值，满足旅客旅行中的餐饮需求。要充分考虑不同类型乘客的消费水平，提供高、中、低不同档次的餐饮供应方案。对于旅客必需的餐食品种，要坚持保本微利原则。对于非必需的餐饮品种，可根据市场情况提供差异化服务。乘务餐不得高于成本价。

（6）餐食原料绿色化，不提供以野生保护动、植物为原料的食品。餐（饮）具环保化，一次性餐盒必须可降解或可回收。餐食应符合列车环境要求，禁止销售存在安全隐患、影响列车环境卫生的食品。

3. 动车组销售的食品应符合的要求

（1）烹调加工的配送食品，冷藏温度持续不高于 10 ℃，供餐前应充分加热，加热后，食品中心温度应不低于 60 ℃；无适当存放条件的，烹调加工的配送食品的存放时间不得超过 2 h。

（2）预包装食品应标明生产厂名、厂址、生产时间、保质期和食用方法，并符合国家卫生标准。

（3）一次性餐（饮）具必须符合国家相关规定的要求；餐（饮）具必须洗净消毒并符合国家规定的消毒卫生标准。

（4）为旅客提供餐饮服务的动车组应配备必要的食品储存、加热、冷藏设备，还要配备必要的餐（饮）具消毒、保洁设备，确保食品安全无害、清洁卫生。餐（饮）具、食品应定位存放，避免生熟混放、混用。

4. 餐饮包装

（1）餐饮外包装必须标明成分、食用方法、保质期、生产日期、质量安全图示等内容。

（2）包装材料必须选择可重复使用、可回收利用或可降解的材料，确保印制或粘贴的标识标签无毒，且不直接接触食品。

（3）CRH 图形标志的使用要严格按相关的商标使用许可协议施行，CRH 图形标志应印制在产品外包装的显著位置。未经许可，餐饮服务运营商不得标注自有商标标识。

5. 食品配送

（1）配送过程应坚持全程冷链原则。准冷链配送时，必须严格控制时间，确保食品安全。

（2）配送的商品包装完好，交接流程规范。配送的器具、车辆清洁卫生。配送人员服装整洁、卫生。

（3）商品要及时送至站台，确保开车前 5 min 所有商品上车完毕。

6. 销售服务

（1）销售服务的总体要求：销售服务规范，销售方式新颖，销售工具先进，销售价格透明，服务态度温馨，就餐环境宜人。

（2）车上销售人员不少于 3 人，最多不得超过 5 人。

（3）销售人员聘用条件符合《动车组列车旅客运输管理办法》的要求。餐饮配送和销售人员应经过铁路知识和专业技能培训，持证上岗。销售人员要树立健康、热情、文明、自信的专业形象，服装得体大方，语言文明，服务过程中遵循《动车组站车客运人员服务规范》的要求。

（4）能够提供车上餐饮经营发票。

（5）移动售货在列车始发 5 min 后方可开始，终到前 10 min 停止。不得叫卖、兜售，不得干扰旅客，服务过程中主动避让旅客。售货小推车应印有 CRH 图形标志，具有良好的防撞、刹车性能，不得影响旅客通行。

（6）餐车经营要确保环境整洁，秩序良好。餐饮宣传品摆放位置合适，不得随意粘贴。列车终到前，服务人员要及时整理餐车。餐车备品符合国家环保要求，印有 CRH 图形标志。

（7）未经同意，不得在动车组列车上发布任何广告。

（8）运行途中的饮用桶装水由餐饮企业的销售人员负责更换，折返站饮用桶装水由餐饮服务运营商负责配送。

（9）餐食垃圾必须采用专用工具和容器回收，及时分类处理，做到全密封，不渗漏，杜绝交叉污染。列车终到后将回收物放置在指定地点，进行集中处理。

7. 餐饮安全

（1）餐饮服务运营商在采购、加工、储存、配送、销售餐食和商品的过程中，必须确保餐食和商品质量达标；在配送、销售、回收餐食和商品的过程中，应避免造成旅客人身伤害。

（2）餐饮服务运营商在站内作业时，必须遵守车站相关管理规定，服从车站工作人员指挥，确保铁路行车安全。

（3）餐饮服务运营商在站内和列车上进行食品加热、加工作业时，应规范操作，确保不发生火灾事故。

（4）发生上述安全事故时，按照《动车组餐饮服务授权经营合同》的规定，明确责任，及时处理。

8. 对餐饮工作的监督、检查

（1）要对餐饮工作的整体质量进行监督、检查，包括《动车组餐饮服务授权经营合同》和《动车组餐饮服务合作合同》的履行情况，餐饮服务运营商质量管控制度的制定及执行情况，应急预案的制定与执行情况，动车组餐饮相关设备的使用情况、安全管理情况等。

（2）车上监督、检查原则上由列车长负责，地面监督、检查由铁路局指定的部门负责。

（3）监督、检查的形式包括旅客问卷调查、日常检查和年度综合评估等。检查中发现的问题，由铁路局开具整改通知书。

（4）铁路局根据日常检查和年度评估结果，按照《动车组餐饮服务授权经营合同》和《动车组餐饮服务合作合同》的规定对餐饮服务运营商进行奖励或处罚。

六、动车组保洁工作

列车保洁工作由与铁路局签订保洁合同的专业保洁公司承担。为动车组列车提供保洁服务的企业应当通过 ISO 9000 质量认证。

保洁人员作业时应当爱护车辆设备，使用的清洁剂类用品应当是经过认证机构认证的产品。铁路运输有关部门应当对保洁工作中涉及的环境卫生质量和爱护车辆设备等方面进行检查指导。

列车要通过广播、图形标志、电子显示屏、文字提示等形式向旅客广泛宣传环境保护和禁止吸烟规定，提示旅客不得随意丢弃杂物。

（一）列车保洁要求

1. 车体外墙、风挡外侧

车体外墙、风挡外侧可由安装在动车运用所内线路上的外皮清洗机进行清洗。如需人工清洗，清洗工具不得采用硬质毛刷，更不得采用金属工具。

2. 转向架

转向架不得直接用水冲洗，不得使用金属工具清洁，可用毛刷、棉布蘸水（洗涤剂）清洁。

3. 卫生间

卫生间地板、便器可用毛刷蘸水（洗涤剂）清洗，不得使用金属工具刷扫。

4. 厨房设备

厨房设备只能采用棉布蘸水（洗涤剂）清洁，不得使用金属工具刷扫。

5. 车内其他设施

（1）在对车内墙壁、顶棚、灯罩、行李架、车门及各种玻璃、风挡内侧进行清洁时，只能采用棉布蘸水（洗涤剂）清洁。

（2）地板不能直接用水冲洗，只能用棉布拖把进行清洁。

（3）座椅绒布部分只能用吸尘器清洁；扶手可用棉布蘸水（洗涤剂）清洁。

（二）动车组保洁作业规定

动车组保洁作业应纳入动车运用所检修作业计划统一管理，服从动车运用所调度员指挥并在规定的时段内完成。保洁人员作业前应接受动车运用所调度员下达的作业计划，作业完毕及时报告并办理相关签认手续。

人工清洗车体外部时必须确认车顶接触网断电。应严格执行接触网断电作业制度，作业时由保洁人员提出断电申请，由动车运用所接触网供断电工负责断电操作。

人工清洗车体外部时不得使用高压冲洗设备，并避免直接用水冲洗电气部件、转向架及车体裙板散热隔栅。冲洗动车组外墙时，应确认动车组侧门关闭，避免车门滑道进水。

采用自动清洗机作业时，应严格执行设备操作规程和安全规定。

在轨道桥及高架地沟线作业时，须经二层作业平台或移动作业平台上、下动车组。使用梯子登高清洁动车组外墙时，梯子端部必须包扎软质材料，避免碰伤动车组外墙。

严禁操作动车组配电柜、司机室驾驶设备等与保洁作业无关的设备。

使用吸尘器等电器工具，应保证设备自身良好。使用客室外置电源插座，禁止擅自接电。保洁电器的技术规格须由动车运用所审核、备案，电器功率应控制在插座许用功率以内。

清洗剂应使用中性偏碱性的清洗剂，不得含磷、硅、亚硝酸盐物质，具有良好的乳化、润湿和去污性能，对油漆无损伤。严禁使用强酸、强碱和不明化学性质的清洗剂。

保洁人员擦拭时应使用棉布等柔软材料，禁止使用钢丝球、刀片等锋利尖锐的工具刮污垢。厕所便器、洗面盆等处的污垢，可蘸少许清洁剂擦拭；客室内墙板、顶板、玻璃、门窗、小桌等，应使用半干半湿的软毛巾擦拭，污垢处可蘸少许清洁剂擦拭，清洁后及时消除残迹；洗面盆、冲便器、门等处的感应器外表面必须使用干燥的软布擦拭。

清洁车内地面时，原则上应采用吸尘器、墩布等清洁工具，地面垃圾较多时，方可使用扫帚清扫。使用墩布前应将水拧干，严禁用水直接冲刷地板、通过台、厕所墙板、密接风挡。

座椅套和地毯等纺织品上污垢的清洁，须在专业厂家的指导下，执行专门的清洁工艺，使用专用的清洗剂进行。

禁止敲击动车组车门、内外墙板等各类设备、设施。登高作业不得踩踏座椅、小桌板、洗手盆等设备。

禁止向洗手盆及便器内投放杂物、排放污水。车上清扫出的垃圾，必须装袋，在作业完毕后由保洁部门统一运出处理，不得随意抛洒，不得遗留在动车运用所内。

保洁作业结束后必须将打开的各处盖板、小门复位，检查、确认保洁工具和设备已撤出车辆限界之外，确保动车组移动安全。

因保洁作业造成的外墙划伤、设备损坏等应由保洁部门承担相应的修复费用，动车运用所负责组织修复。

素质拓展

"诚逸"乘务组伴您情诚途暖、客满逸归

"诚逸"乘务组成立于2015年3月，班组职工3人（党员2名，群众1名），担当北京至沈阳南D17/8次列车的旅客运输任务。D17次单程运行763 km，单程运行5 h 44 min，途中停靠蓟州、唐山北、滦县、北戴河、秦皇岛、山海关、葫芦岛北、盘锦、鞍山西、辽阳10个停车站，横跨河北、辽宁两个省份，途经多个红色旅游景点。

"诚逸"乘务组一直秉承"情诚途暖、客满逸归"的服务理念，班组将优质服务定位于"亲情化、品牌化、文艺化"，每名乘务员都能做到旅途中一心系旅客，一语送真诚，为旅客提供人性化、贴心化服务，让旅客体会上车有亲切，旅途有温馨，下车有留恋。

"诚逸"乘务组总结了"四心"服务法，即一份细心、一份耐心、一份关心、一路舒心。日常的服务工作中主动替读书的旅客打开阅读灯、为孕妇送上一杯温水、将第一次乘坐动车组的旅客引导到座位上，为中转换乘旅客提供换乘便利，在细节上体现服务的用心。

"诚逸"乘务组配备了便民服务箱，也被旅客们戏称为"旅途百宝箱"。服务箱共分为两层，里面有针线包、指甲刀、胶带、打包绳、USB充电线、万向轮防滑垫、老花镜、女性用品等10多种生活必需品，同时增加了哺乳帘、儿童玩具等，为旅途中的妈妈们提供了便利。

为了推行品牌化服务，"诚逸"乘务组全员佩戴"诚逸"专属logo胸章上岗，在旅客面前亮明身份，接受群众监督，用实际行动践行"情诚途暖、客满逸归"的服务理念。

为方便旅客中转换乘，"诚逸"乘务组推出了中转旅客换乘提示卡，到站前积极联系车

站，确认中转换乘列车所在站台，方便了旅客出行。

为倡导旅客自觉补票，提示旅客遵守铁路相关规定，"诚逸"乘务组推出了儿童超高补票提示卡，既能让旅客理解并接受规定要求，也增添了旅途趣味性。

每逢春节、元宵节、母亲节、中秋节等重要节点，"诚逸"乘务组都会利用广播为旅客送去温馨祝福，并提前对列车进行精心布置，开展丰富多彩的专题活动，营造节日氛围。在每年的 7 月、10 月期间，"诚逸"乘务组都会在列车上开展爱国主义专题活动。

在乘务组全体成员共同的努力下，"诚逸"乘务组被评为 2015 年度铁路局级先进班组，连续两年被评为"创岗建区"党内优质品牌班组；2018 年，"诚逸"乘务组连续四个季度被评为车队标杆班组，同年还被评为第二季度"新时代·京铁榜样"，北京铁道报记者全程对"诚逸"乘务组事迹进行了跟踪采访，并在京铁手机报上进行了专题报道。2021 年以来，"诚逸"乘务组共服务重点旅客 72 人次，找到并归还旅客遗失物品 23 件，总价超过 5 万元，获得新闻媒体报道及"12306"微信公众号的多次报道及表扬。

成绩面前不自满，荣誉面前不懈怠。用心服务旅客，让诚意洒满旅途，"诚逸"乘务组将继续发扬"一心为旅客，想得周到，做得彻底"的精神，在服务工作中不留空白，不断优化服务内涵，推陈出新，用细致入微的服务，将品牌深植于广大旅客心中。

项目五

高速铁路旅客服务系统、客运管理信息系统

🚩 **思政目标**

● 通过了解新时代高速铁路客运服务系统、客运管理系统，树立"以人为本"的现代科技发展观。

丰台站的智能旅客服务系统

2022年6月20日，127岁的北京丰台站以崭新面貌迎接八方来客。7:26，首趟始发车 G601从北京丰台站出发，载着200余名旅客驶向太原南，全程运行时间2小时55分。

改建后的北京丰台站是亚洲最大的铁路枢纽客站，运营初期计划安排高速、普速旅客列车120列。

作为亚洲最大的铁路枢纽客站，北京丰台站的站房建筑面积约40万平方米。如此大的建筑面积如何确保旅客不迷路？旅客到达检票口的距离是否过长？如何确保站内建筑和设施安全？北京丰台站的一系列智能化应用给出了答案。北京丰台站配备了智能旅客服务系统，可以实现自动售检票、智能导航等功能，乘客可利用智能导航系统快速获取步行路线抵达检票口，旅客还可以在系统上自助存取行李等。北京丰台站的三维导航问路机和席位自助办理终端机如图5-1所示。

图5-1 北京丰台站的三维导航问路机和席位自助办理终端机

北京丰台站还配备了智能运维平台，对设施、建筑等实时监测，面对突发状况时可实现应急指挥并调度相关工作人员快速处理。此外，智能运维平台还可以实现集成化展示服务、数据分析与AI服务、用户登录及权限管理、资源管理及服务、旅客服务、智能音视频分析、环境舒适度监控等功能，使车站运营智能化。

更高效、更便捷、更智能、更人文、更绿色是现代交通枢纽追求的目标，重建后的北京丰台站，必将在中国铁路客运史上留下浓墨重彩的一笔。

任务一　高速铁路旅客服务系统

能够根据旅客服务系统知识来完成相关工作。

旅客服务系统的组成。

旅客服务系统是高速铁路系统重要的组成部分，掌握旅客服务系统的组成，了解其工作原理，才能为旅客提供优质服务。

一、旅客服务系统概述

旅客服务系统以信息的自动采集为基础，以为旅客提供全方位信息服务为目标，实现客运车站信息自动广播、导向揭示、监控等功能并提供互联网、呼叫中心、无线局域通信等多种途径的信息服务，运用多样化的服务手段为旅客提供优质的服务，实现旅客服务的信息化。其主要由导向揭示、广播、监控、时钟、求助、查询、安检仪、报警系统、门禁子系统组成。

旅客服务系统总体采用两级架构，分别部署在区域（路局）中心和车站，国铁集团设置公共数据管理平台。

区域中心旅客服务系统以集成管理平台为核心，原则上实现对所辖区域大型车站旅客服务系统的监视，对中小型车站旅客服务系统的集中管控；在紧急情况下，可以代管大型车站旅客服务系统；完成区域内公共音视频数据的制作、发布和转发，以及系统间信息共享和功能联动。

大型车站旅客服务系统以集成管理平台为核心，集成导向、揭示、广播、监控、时钟、投诉、查询、求助、站台票发售、无线、呼叫中心、寄存子系统，连接火灾报警和楼宇自控等外部系统，实现对本站旅客服务系统的集中监视和控制，完成系统间信息共享和功能联动，紧急情况下接受区域中心代管。根据线路情况，可对邻近中小车站进行代管。以科学合理的布局配置服务终端设备，为旅客提供导向、广播、时钟、投诉、查询、求助、呼叫、站台票发售、寄存、无线上网、人工服务等多样服务。

中小型车站旅客服务系统根据线路情况可由区域中心集中管控或者由邻近大站代管,以科学合理的布局配置服务终端设备,为旅客提供导向、广播、时钟、投诉、查询、求助、呼叫、站台票发售、寄存、人工服务等多样服务。

国铁集团公共数据管理平台对全路旅客服务系统提供信息上的支撑,进行宏观上的管理,实现对全路旅客服务的监督、管理和统计分析,并完成公共数据管理和音视频基础信息库的制作及视频监控的功能。

二、旅客服务系统集成管理平台

集成管理平台以向工作人员和旅客提供综合的生产服务和旅客服务为目标,采用信息技术、分布式实时数据库技术、自动化技术、冗余技术、系统集成技术、中间件技术、接口技术和面向对象的方法,把分离的各个系统按照统一的接口标准集成到集成管理平台,提供综合业务操作,实现信息共享和功能联动。集成管理平台根据铁路运营需要将导向揭示、广播、监控、求助、寄存业务等功能整合到一起,提高旅客服务的信息化和自动化水平。集成管理平台系统架构分为:集成平台服务器,负责集成管理平台核心业务的处理;数据库服务器,负责数据信息的存储;配置工作站,负责保存系统的参数配置信息;域控制工作站,负责进行用户权限的管理与控制;前端处理器,负责与外部系统进行数据传输;操作终端,展示人机交互界面。

1. 导向揭示系统

导向揭示系统是在旅客进站购票、候车、检票、乘车、出站等各环节上为旅客和工作人员提供及时、准确的信息服务的旅客服务系统。通过车站综合监控室对前端显示设备进行控制,在指定的时间,将指定的信息传送给指定的人群。

(1)主要功能。

提供列车的实时状况信息,满足旅客实时获取和掌握列车运行状态信息的需求。在没有工作人员引导的情况下,旅客通过导向揭示系统完成自助购票进站候车、上车、出站等过程。对于列车运行时出现晚点等异常情况能及时对旅客进行通告和提示。对于突发事件,能在第一时间向旅客发布,并提示旅客快速疏散的导向信息。提供各种乘车注意事项、公告及乘客须知等公共信息。提供候车乘车提醒服务。为工作人员及时提供列车到发通告信息。

① 票务显示。

系统能够完成实时票务信息的发布,以及车次相关信息的显示。并可显示 10 天的车次信息和余票情况。设备通过内部相关系统获取票务信息,以表格、滚动、页面翻转等形式对车次、车种、开往、开点、硬座、软座、硬卧、软卧等信息进行编排、整理和显示,并且通过不同的颜色区分票务的类型和票务情况。系统通过应用服务器实时获取集成管理平台发送的票务信息,并自动读取余票数据,系统控制主机对数据进行相关处理后,发送到显示屏。

② 引导显示。

系统能够自动接收集成管理平台发送候车引导信息及相关显示指令,系统可根据接收到的信息和指令按照预先设定完成的版面进行显示,引导旅客完成进站、候车、检票等过程,完成进站信息发布、候车区域信息发布、检票信息发布。

③ 列车到发信息显示。

系统能够自动接收集成管理平台发送的列车到发信息，对列车开停方式、到发站时间及行车状态等信息按照预先设定好的显示版式进行发布，同时能对阶段性或临时性行车变动，如增开、停开、改变到发时间、临时客运计划进行显示发布。

④时钟发布显示。

系统可以读取时钟系统的时钟基准，并同步所有设备的时钟，确保终端显示屏幕显示时钟的准确性。屏幕可以在播出各类信息的同时提供日期及时间显示。在没有和时钟结合的显示终端上，可以通过设定终端显示屏的全屏或指定的子窗口显示多媒体时钟。时钟的显示可以为数字方式或模拟方式。

（2）显示信息。

列车服务信息主要包括：列车时刻表，列车阻塞、晚点、取消等异常信息，一天内后续列车的到站离站时间，特别的列车服务安排信息。

乘客引导信息主要包括：动态指示信息，逃逸、疏散方向指示，服务终止通告，换乘站换乘信息，地面交通指示信息。

商业信息主要包括：视频商业广告，视频形象宣传片，图片商业广告，文字商业广告，各类分类广告。

紧急灾难信息主要包括：火警、台风警报、洪水警报等；紧急站务报警信息，如停电、停止服务等；有关乘客人身安全的临时信息，如乘车安全须知；逃逸、疏散方向指示，如紧急出口的指示。

一般站务信息和公共服务信息，主要包括：日期和时钟信息，票务信息，公益广告信息，天气、新闻、股市等信息，其他提示信息。

（3）信息表达方式。

旅客导向信息的表达方式分为固定标示和动态标示。固定标示是指固定装配或绘制在车站建筑、地面的，或以标牌的形式，向旅客提供较为固定、变化频率不高的信息提示，例如，车站的地点处所指示、旅客的行进路线等。动态标示通常以显示屏的形式服务旅客，信息根据需求滚动或实时变化，特点是信息量大，可以根据实际情况迅速而简便地变更内容，但对系统实时维护的要求较高，对数据的准确性要求高。随着铁路信息化发展，铁路动态信息标识将越来越完善，如在站台上以动态标示的形式对即将进站列车的车厢、车门位置等提前标示，旅客即可定点等候，对号上车。

2. 广播系统

广播系统向旅客播报铁路通告、列车运行时刻、票务、站内设施说明、站内环境说明、旅客乘车提示、安全提示及旅行相关提示等信息。广播信息要求统一、易懂、完整、简洁、准确。车站广播室如图 5-2 所示。

车站广播系统覆盖站区内适当的位置，保障旅客能够清晰明确地获取铁路发布的音频信息；按照预置的优先级，执行集成管理平台发送的广播计划，发布广播信息；接收工作人员的指令，调整或插播广播内容，能够编辑和发布广播信息；实现分区域或在全站区内广播，能够提供电话接口，使授权人员通过电话在预定区域做通告；具备语音合成功能，能够按照特定的文字信息合成语音信息；能将高质量声源数字化并在以太网上传输，实现高音质广播；具备环境噪声检测功能，自动分区调节广播音量，实现环噪补偿；扬声器具备防火外壳，广播电缆能够防火、阻燃；整个扩音机链路系统有统一实时的自动测控功能。

图 5-2　车站广播室

广播系统具有以下功能：信源 A/D 转换、TCP/IP 分组包合成功能；多广播区平行广播功能；自动语音平行广播功能；话筒插播功能；录音功能；汉语、英语语种合成广播功能；广播区监听、音频打包上传功能；应急广播功能；小区广播功能；消防广播接口功能；系统设备查询功能；网络全双工通信功能；网管功能；优先级访问控制功能；电源自动分配功能及电源保护功能；电源缓启功能；系统设备状态自检功能；功放自动检测功能，发现故障自动倒机；功率放大器超温、超载自动报警功能；负载开路、短路自动检测功能；噪声检测、输出音量自动增益功能；扬声器故障定位功能；无线传送、无线接收功能；状态上传功能；防雷保护功能。

3. 监控系统

监控系统即运用多媒体技术、计算机网络技术，以及音频、视频技术实现对高速铁路车站整个站区内的服务对象和服务设施进行监控，以提高综合管理和服务水平。通过在车站综合监控室设置 DLP 显示大屏，显示监控视频画面、计算机图形图像信息，实现了集中监视、统一管理、联动控制等功能，在突发情况下可作为应急指挥中心使用。

车站监控室如图 5-3 所示。

图 5-3　车站监控室

（1）系统特点。

监控系统采用网络、计算机和接口等技术，接收并执行集成管理平台的指令，实现报警联动、录像管理、设备远程维护及管理等功能。采用 PC 服务器，通过双机热备方式保障系统可靠性。

（2）系统构成。

监控系统设置摄像机、视频解码器、大屏幕显示墙及客户端操作员站。系统通过视频编码器将视频信号经综合视频监控平台传输到大屏幕显示墙、液晶电视墙及客户端操作员站，工作人员通过视频管理服务器可观看、控制站内视频。

大屏幕显示墙采用 DLP 投影显示技术，各客户操作员站统一设置在集成管理平台，电视监视系统不再单设；在消防控制室、公安办公室分别设置液晶电视墙。监控系统摄像机通常设置在售票窗口室内、售票大厅公共区域、自动售票区域、各候车室内、车站进款室、票据室、求助终端等处。

（3）系统功能。

① 监视功能。

车站综合监控室值班员可以通过集成管理平台，进行视频循环显示或手动指定视频在大屏幕显示墙上显示。

② 字符叠加功能。

每台摄像机在显示图像上叠加时间、日期、摄像机编号和地点名，字符和录像资料同步打包。

③ 录像功能。

应具备计划录像的功能，同时具有动态录像、报警联动录像等功能。图像可在中心经传输系统进行网络回放、刻录，能按录像的时间、范围、站名和位置进行分类检索，回放速度可调。

录像设备应能进行实时录像的开启和停止的控制，还可以转换为移动侦测录像或高清晰录像状态。

④ 摄像机云镜控制。

车站工作人员对可控摄像机的方向（上、下、左、右）、光圈、焦距、倍数进行控制，及时了解现场情况。

⑤ 预置位功能。

车站工作人员可根据预置位功能将摄像机快速调至预置点或者使多个预置点进行预定规则的切换显示。同时此功能可以很好地与报警功能联动，在维护终端和大屏幕拼墙上及时联动显示报警现场画面。

⑥ 画面抓拍功能。

在实时浏览和视频回放过程中，车站工作人员可以根据需要对视频进行抓拍保存，以图片形式作为举证的法律依据。

⑦ 声音监听/回放。

现场浏览监听：通过控制按钮，车站工作人员可以随意监听所有售票窗口的实时现场声音，音视频同步。

录像回放监听：在录像资料回放时，车站工作人员可以收听回放录像中的现场声音。

⑧ 信息提示功能。

在客户端软件界面上设置当前信息显示区，车站工作人员通过此区域能知道客户端当前状态，显示报警信息。

⑨ 手动/自动锁屏功能。

车站工作人员不在工位值班时，可以将客户端界面控制区内的所有控制按钮锁死，并且自定义开键密码，只有通过密码才能开启所有的控制按钮。

⑩ 动态侦测报警功能。

监控系统在车站某一视频画面设置多个报警防区并设置报警布防时间，在布防时间内，防区画面有任何变动，监控系统即视为报警发生，同时将报警信息转发给授权用户；无论车站工作人员客户端界面是否正在监看此报警画面，客户端界面都将自动显示报警窗口视频。

⑪ 录像回放功能。

车站工作人员可以根据时间、地点或者报警类型检索录像记录，同时，录像记录可以随时调用，并按需要进行快进、慢放、单帧进退或者正常的速度播放。车站工作人员可以根据需要对录像记录进行编辑、存储、删除。

⑫ 录像文件下载。

具有文件检索权限的用户可以检索本地、远程和服务器上的录像文件。可根据主机、通道、日期、时段进行检索、下载与回放。

回放过程中可以实现播放、暂停、停止、快进快退、抓图、录像文件剪辑等功能。

4. 时钟系统

时钟系统的主要作用是为铁路工作人员和乘客提供统一的标准时间，并为其他各有关系统提供统一的标准时间信号，使各系统的定时设备与该系统同步，从而实现铁路全线统一的时间标准。时钟系统的设置对保证铁路运行计时准确、提高运营服务质量起到了重要的作用。

5. 查询系统

查询系统主要以本地数据库和集成管理平台为主要数据源，采用触摸屏、计算机、多媒体、网络、接口等先进技术，为旅客提供列车、票价、席位、服务设施站区环境等相关信息。

（1）系统特点。

① 操作简单。

② 界面友好。

③ 信息丰富。

④ 响应迅速。

⑤ 良好的扩充性。

⑥ 便捷的管理维护。

（2）系统功能。

① 车站概况：查询车站平面分布、服务设施、机构职能、服务热线等基础信息。

② 客运常识：查询购票常识、安全常识、退票常识。

③ 旅游信息：查询市区交通图、宾馆信息、旅游信息、站前公交线路及地铁信息。

④ 行包托运：查询行包托运须知、行包类别及运价、安全检查、托运单填写范例。

⑤ 到发时刻查询：通过集成平台接口查询列车到发信息，包括车次、到站时间、停靠站台、发车时间、候车地点。

⑥ 停站查询：查询列车沿线经过的停靠站、到站时间、发车时间、停留时间。

⑦ 票价查询：实时查询预售期内本站各次列车的商务座、一等座、二等座、软卧、硬卧、硬座等客票余额数；设有按车次、日期等多种查询方式。

⑧ 查询途经车站、里程、硬座票价、硬卧票价、软卧票价。

⑨ 系统维护功能。

6. 求助系统

求助是指旅客在车站内使用求助系统的终端设备远程获得车站工作人员帮助的过程。求助系统以求助主机为中心，和所有的分机组成星型结构使值班分机之间可以互相呼叫，而又互不影响，还能够以 $n+1$ 冗余方式保证无阻塞通信。

（1）系统特点。

① 管理方便简单。

② 求助点定位准确快速。

③ 系统高度可靠。

④ 快速高效、准确传达、操作简洁、方便易用。

（2）系统构成。

求助系统由求助主机、值班分机、求助按钮、录音工作站构成。

7. 寄存系统

寄存系统允许旅客以自助的方式存放小件物品，为旅客提供便捷服务。

寄存系统的功能：设置不同尺寸的寄存柜放置旅客小件物品；旅客能够自助存取小件物品；自助寄存设备能够设置密码防止旅客存取错误；自动寄存设备能接受硬币或纸币；自助寄存设备能够打印寄存存根供旅客查验；自动寄存设备可以对寄存的时间和收费额度进行设置；特殊情况下能够强制打开寄存柜；支持远程对寄存柜进行锁定和解锁；寄存柜满时能够提供报警；设置兑零机为旅客兑换硬币；支持收费统计报表；集成管理平台能监控自动寄存设备。

8. 安检系统

安检系统通过 X 射线安全检查设备，对旅客行包进行安全检查，防止旅客携带容易引起爆炸、燃烧、腐蚀、毒害或有放射性的物品及枪支、管制刀具等可能危害公共安全的物品。

安检系统主要由 X 射线检查系统主机、安检操作台、传输设备等组成。

9. 门禁系统

门禁系统即出入口控制系统，是对出入口通道进行管制的系统。

门禁系统由软硬件两部分组成，包括识别器、前端设备（读卡器、电动门锁、门磁开关、控制设备等）传输设备及相关软件。

门禁系统功能：进出权限管理，门禁记录功能，实时监控功能，异常报警功能，消防报警监控联动功能，网络设置管理监控功能。

任务二　高速铁路客运管理信息系统

技能目标

能够根据高速铁路客运管理信息系统的结构与功能完成工作。

知识点

高速铁路客运管理信息系统的体系结构。

任务的提出

高速铁路客运管理信息系统是利用信息化手段全面提高客运管理的效能，使相关运输企业领导能及时了解高速铁路人力资源、现场运输、安全、客流各方面的运营情况，为他们进行宏观决策提供依据。

相关知识

高速铁路客运管理信息系统有利于加强客运安全生产管理和基层站段业务管理，实现内部业务管理自动化。它是提高客运管理水平、提高工作效率及合理分配资源所必需的，是提高服务质量、树立良好铁路形象的需要，也是提高铁路竞争力的有效手段之一。

高速铁路客运管理信息系统对客运服务各方面的信息进行整合管理，与其他系统共同配合协作。

高速铁路客运管理信息系统由客运部客运管理信息系统、车站客运管理信息系统、列车客运管理信息系统、乘务中心客运管理信息系统组成。客运部客运管理信息系统是为国铁集团、客运专线公司或铁路局客运组织管理部门而设计的，为领导决策提供支持；车站客运管理信息系统主要对车站的客运人员、客运设备、客运组织生产过程、客运生产完成情况进行管理，同时对其管内车站的客运人员、设备、运输计划、完成情况等进行管理；列车客运管理信息系统主要管理列车上客运组织及旅客服务的信息（列车及上级部门和旅客服务的信息）；乘务中心客运管理信息系统主要是对列车服务人员、设备、旅客组织管理等有关信息的管理。

1. 客运部客运管理信息系统功能

客运部主要实现对全铁路局客流资料、客运能力、列车开行方案、列车运行方案和列车编组进行管理，以及对客运设备进行维护，制定、修改、发布各种规章制度、标准规范等。客运管理信息系统基本功能如下。

1）客流资料管理

客流资料管理包括对管内或直通客流的统计、预测等信息进行管理。

2）客运能力管理

客运能力管理包括对管内所有客运设备能力的台账管理，可按能力、数量、运用年限、运营状态、维修和更换记录的信息进行分类管理。

3）列车开行方案管理

列车开行方案管理包括对所有旅客列车开行方案的数据信息进行统计、分析等管理。

4）列车运行方案管理

列车运行方案管理包括对所有旅客列车运行方案的数据和信息进行统计、分析等管理。

5）列车编组管理

列车编组管理包括对所有旅客列车的编组状况分席别进行统计、查询、分析管理。

6）收集、统计、分析、查询管内车站信息

收集、统计、分析、查询管内车站信息，包括对管内所有车站人员、设备、安全状况，任务完成情况等信息的统计、分析与查询。

7）客运规章、电报、文件等管理

客运规章、电报、文件等管理包括对上级相关文件、规章、电报等信息的备案及执行情况的管理。

2. 车站客运管理信息系统功能

车站客运管理主要是对旅客的购票、候车、乘车、乘降、进出站的活动进行管理，包括对客运人员、客运站基本设施、旅客出行安全的管理，以及对其所辖中间站的管理。车站客运管理信息系统的主要功能如下。

1）客运人员管理

客运人员管理包括对车站工作人员性别、年龄、工龄、学历、职务等基本信息的管理。

2）班组管理

班组管理包括对车站班组成员、责任、奖惩、分工等信息的管理。

3）客运设备台账信息查询

客运设备台账信息查询包括设备价格、购买日期、功能、折旧、维修等信息的管理。

4）客运指标及完成情况管理

客运指标及完成情况管理包括对车站各项指标完成情况的统计、查询与分析管理。

5）安全管理

安全管理包括对车站行车、客运安全方面的管理。

6）旅客候车、进出站通道使用计划管理

旅客候车、进出站通道使用计划管理包括对车站内各种服务设施、服务通道运用情况的统计与分析管理。

3. 列车客运管理信息系统功能

列车客运管理信息系统主要包括车上办公系统、车上席位管理系统、补票系统等。列车客运管理信息系统的主要功能如下。

1）席位利用管理

席位利用管理包括对各次列车、各席别应用情况（上座率和旅客到站情况）的管理。

2）列车密度表管理

列车密度表管理包括对列车在各区段运行状况和能力运用状况等信息的管理。

3）乘务报告管理

乘务报告管理包括对各次列车和乘务组出乘状况、乘务记录等信息的管理。

4）台账资料管理

台账资料管理包括对规章制度、文件、电报、命令等信息的管理。

5）异常情况处理管理

异常情况处理管理包括对旅客乘车偶发事件（漏乘、疾病等）和列车运行意外或突发事件的管理。

6）车补收入统计管理

车补收入统计管理包括对列车补票的票额、区段等信息的管理。

7）出勤及退勤管理

出勤及退勤管理包括对车务组出退勤的时间、工作时间和标准的执行情况等信息的管理。

4. 乘务中心客运管理信息系统功能

乘务中心的主要职责是对乘务员、乘务交路进行管理，对列车的卧具、备品进行管理，对班组、出乘及退勤的管理，以及对中心设备台账的管理等。乘务中心客运管理信息系统的主要功能如下。

1）乘务员管理

乘务员管理包括对乘务员性别、年龄、工龄、学历、职务等基本信息的管理。

2）乘务交路管理

乘务交路管理包括对乘务员工作时间、工作区段、交接班等的管理。

3）列车卧具、备品管理

列车卧具、备品管理包括对列车卧具、备品的数量、损坏情况、使用期限等信息的管理。

4）仓库材料管理

仓库材料管理包括对材料种类、数量、需求量等的管理。

5）班组管理

班组管理包括对班组成员、分工、职能、联系处所、奖惩等信息的管理。

6）中心设备台账管理

中心设备台账管理包括对中心设备种类、数量、完好程度、所有权、价值、功能等信息的管理。

7）出乘及退勤管理

出乘及退勤管理包括对作业标准及乘务员执行情况的管理。

素质拓展

国铁集团提出要把全路客服中心打造成智能客服中心。2021年，国铁集团在北京局客服中心、上海局客服中心进行试点，广州局客服中心是国铁集团智能客服工作项目研发重要配合单位。据推进安排，2021年年底和2022年年初，全国铁路客服中心将实施智能客服，具备旅客通过客服系统自助订单查询功能、互联网起售时间查询功能、全国铁路车站售票厅营业时间查询功能，将增加国铁商城物流查询功能和更多的动态业务。随着智能机器人在铁路客服中心得到推广和广泛应用，将大大提高铁路客服中心的工作效率，提高客户的感知度。

项目六

铁路客运记录、铁路电报

🚩 思政目标

● 通过学习铁路客运记录、铁路电报的各项规定，树立按规章制度开展工作的意识。

引导案例

2022 年 8 月 18 日，G103 次列车（北京南—上海虹桥），中国铁路北京局集团有限公司北京客运段担当乘务工作，旅客张××，身份证号 1102111985×××0653，持北京南站至济南西站的"挂失补"车票，08 车 08A 号，票号 Q135680。

旅客持"挂失补"车票正常到站，经确认席位使用正常，可办理退票。列车如何将相关情况告知车站，以便车站为旅客办理退票手续呢？（具体处理方法见本项目"编制实例"中的相关内容）

任务一 / 铁路客运记录

技能目标

能够根据铁路客运记录的编写范围来完成工作。

知识点

铁路客运记录的填写规定。

任务的提出

铁路客运记录是处理旅客、行包运输过程中具体业务事项的原始依据，也是铁路站、车之间办理交接事项的文字凭证，相关高速铁路客运服务人员必须掌握铁路客运记录的编制规定。

相关知识

一、客运记录的含义

客运记录是指在旅客、行包运输过程中因特殊情况，承运人与旅客、托运人、收货人之间需记载的某种事项或车站与列车之间办理业务交接的文字凭证。客运记录不能作为乘车凭证，更不能代替车票乘车。

二、编写客运记录应当遵循的原则

（1）仅限于站车交接使用。

（2）记录第一行应明确写出××站或××站公安派出所。

（3）记录内容应精练，层次清楚，叙事完整，目的明确。

（4）记录词句应本着实事求是的原则，做到具体、准确，记录内容不应似是而非、含糊不清。

（5）涉及交接人时，要注明乘车区段、有无车票、移交理由等。如果移交的是病人，还要注明病因、病况、处理过程、旁证材料等事项。在移交精神病旅客时，要根据其车票移交到站或换乘站，对于无票的精神病患者要移交给最近的三等及以上车站处理。

（6）涉及的数字、名称、单位、姓名、性别、年龄、发到站、座别、时间、伤势状态等应尽量准确。

（7）涉及退票款内容应记录原票种类、发到站、票号、座别、铺别、后补票号及应退票价（票号字头应抄全）。

（8）涉及交接票时，要注明发到站、票种、票号、票价、有效期、席别、铺别、移交原因等主要事项。

（9）涉及交接物品时，要注明品名、件数、移交原因等主要事项。

（10）涉及交接危险品时，要注明危险品的品名、数量，携带人的单位、地址、姓名、车票情况，已采取的应急措施、移交原因等主要事项。

（11）移交旅客遗失物品时，在能判明旅客下车站时应注明旅客的下车站。

（12）记录词句不应出现命令、质问、强制性及不尊重站方的语句。

三、编写客运记录的注意事项

（1）内容要符合铁路的规章制度。

（2）移交附带材料、人民币、证件、档案材料时，一定要在客运记录上注明。

（3）凡是交接的记录一定要由接收人签字。

（4）记录存根要根据需要保存备查。

（5）客运记录保管期限为1年。

四、客运记录的填写规定

（1）据实填写，事项齐全。编写客运记录应内容准确、具体、详细、完整，如实反映情况，不得虚构、假想、臆测。

（2）语言简练，书写清楚。记录语言要简明扼要，条理清楚，说明问题。字体要清楚，不得潦草，不写自造简化字。

（3）客运记录应有顺序编号，加盖编制人名章。客运记录一式两份，一份交接收人，另一份由接收人签字后由编制人自己留存。

五、旅客列车编制客运记录的范围

（1）客运记录直接交给旅客，由旅客到站自行办理退票的范围如下。

① 旅客丢失证件，重新买票或补票后，在到站下车前，经核实无误，需退还重新买票的票款时。

② 车站发售卧铺重号，列车无能力安排时。

③ 因车辆故障中途甩车、线路中断等，应退还旅客票款或票价差额时。

④ 因空调故障，应退还旅客票款或票价差额时。

⑤ 发现误售、误购车票，需由正当到站退还旅客票款差额时。

（2）编制客运记录交车站值班人员，需车站值班人员签认，由车站协助办理的范围如下。

① 旅客误乘列车或坐过站，交前方停车站免费送回时。

② 对无票乘车、违章乘车，拒绝按章补票的人员，责令其下车，移交县市所在地车站或三等及以上车站处理（旅客的到站近于上述移交站时，应交其到站处理）时。

③ 旅客携带物品超重、超大或携带妨碍公共卫生的物品、动物，以及可能损坏或污染车辆的物品，无钱或拒绝补交运费，移交车站处理时。

④ 发现旅客携带国家禁止或限制运输的物品、危险品，移交最近前方停车站或有关车站处理时。

⑤ 旅客在列车上发生急病或因病死亡，移交县、市所在地或三等及以上车站处理时。

⑥ 因意外伤害（包括区间坠车），导致旅客伤亡移交有关车站处理时。

⑦ 旅客因纠纷发生伤害，将受伤者、死亡者移交有关车站处理时。

⑧ 列车上发现无人护送的精神病患者，移交到站或中转站处理时。

⑨ 发现违章使用各种乘车证，移交车站或转交有关部门处理时。

⑩ 发现车站多收票款或运费，转交车站退款时。

⑪ 发现列车装载的行李、包裹品名不符，但不属于有意伪报一般品名者，以及发现实际重量与票面记载的重量不符，移交到站补收运费时。

⑫ 发现列车装载的行李、包裹中有政府限制运输的物品或危险品而伪报其他品名，移交到站或前方停车站处理时。

⑬ 伪报品名的行李、包裹损坏其他旅客的行李、包裹时，应分别编制客运记录说明情况，并应分别附在伪报品名的和被损坏的行李、包裹票上，移交有关到站处理。

⑭ 列车接到发站行李、包裹变更运输（包括行李误运）电报时，应编制客运记录，连同行李、包裹和运输报单，交前方营业站转运，或交变更后新到站。旅客在列车上要求变更时，同样办理。

⑮ 列车上发现旅客因误购、误售车票而误运行李时，其托运的行李在本列车装运，应编制客运记录，交前方营业站或中转站向正当到站转运。

⑯ 发现无票装运的行李、包裹交到站按章补收运费时。

⑰ 行李、包裹在运输途中发生事故，移交到站处理时。

⑱ 其他与车站办理的交接事项。

六、客运记录编制方法

1. 编制方法

（1）编号填在右上角，标明月份和序号（如1月份第1张客运记录编号为0101）。

（2）事由栏：注明交接主要事项。

（3）受理单位：站名（或车次）。

（4）内容：日期、车次；运行区段、姓名、性别等；处理经过；落款（所属站、段、车次、列车长印章、日期）。

2. 编制实例

1）持"挂失补"车票正常到站乘车

【举例】

2022 年 8 月 18 日，G103 次列车（北京南—上海虹桥），中国铁路北京局集团有限公司北京客运段担当乘务工作，旅客张××，身份证号 1102111985×××× 0653，持北京南站至济南西站的"挂失补"车票，08 车 08A 号，票号 Q135680。

旅客持"挂失补"车票正常到站情况下编制的客运记录示例如图 6-1 所示。

北京铁路局
客统—1
客 运 记 录

第 0801 号

记录事由：旅客持"挂失补"车票到站退款

济南西站：

　　2022 年 8 月 18 日，G103 次列车旅客张××，身份证号 1102111985×××× 0653，持北京南站至济南西站的"挂失补"车票，08 车 08A 号，票号 Q135680，经确认席位使用正常，可办理退票。现移交你站，请按章办理。

特此记录

注：

1. 站、车需要编制记录时使用。
2. 本记录不能作为乘车凭证。

站
段 编制人员（印）
站
段 签收人员（印）

2022 年 8 月 18 日编制

图 6-1　旅客持"挂失补"车票正常到站情况下编制的客运记录示例

【编制说明】

（1）旅客持 2022 年 8 月 18 日北京南站至济南西站的 G103 次列车车票，开出北京南站的时间是 6:20，到达济南西站的时间是 8 月 18 日 8:01，列车长在济南西站到站前确认席位使用正常的情况下才能编制客运记录，所以编制记录时的日期为"2022 年 8 月 18 日"。

（2）客运记录中一定要注明"席位使用正常，可办理退票"。

2）持"挂失补"车票越站乘车

【举例】

2022 年 8 月 18 日，G103 次列车（北京南—上海虹桥），北京铁路局北京客运段担当乘务工作，济南西站开车后，旅客王××，身份证号 2305121990×××× 0318，持北京南站至济南西站的"挂失补"车票，08 车 09A 号，票号 C352172，要求越站乘车至南京南站，列车按规定补售济南西站至南京南站的车票，票号 T125826。

旅客持"挂失补"车票越站乘车情况下编制的客运记录示例如图 6-2 所示。

159

```
                          北京铁路局                        客统—1
                          客 运 记 录
                                                        第 0802 号
记录事由：移交持"挂失补"车票越站乘车旅客
南京南站：
    2022 年 8 月 18 日，G103 次列车旅客王××，身份证号 2305121990×××0318，持北京南站至济
南西站的"挂失补"车票，08 车 09A 号，票号 C352172，自北京南站至济南西站区间席位使用正常，可
办理退票；自济南西站至南京南站区间越站乘车，票号 T125826。现移交你站，请按章办理。
                                                          特此记录
    注：
    1. 站、车需要编制记录时使用。
    2. 本记录不能作为乘车凭证。
                                                      站
                                                      段 编制人员（印）
                                                      站
                                                      段 签收人员（印）
                                                    2022 年 8 月 18 日编制
```

图 6-2 旅客持"挂失补"车票越站乘车情况下编制的客运记录示例

【编制说明】

（1）旅客持 2022 年 8 月 18 日北京南站至济南西站的 G103 次"挂失补"车票，北京南站开车时间是 6:20，旅客要求越站乘车到南京南站，到达南京南站的时间是 8 月 18 日 10:40，列车长在南京南站到站前确认席位使用正常的情况下才能编制客运记录，所以编制记录时的日期为"2022 年 8 月 18 日"。

（2）客运记录中越站的车票与"挂失补"车票的区间、票号都要填记清楚。

（3）客运记录中一定要注明"席位使用正常，可办理退票"。

3）持"挂失补"车票中途下车

【举例】

2022 年 8 月 18 日，G103 次列车（北京南—上海虹桥），北京铁路局北京客运段担当乘务工作，旅客赵××，身份证号 3202192000×××0573，持北京南站至上海虹桥站的"挂失补"车票，05 车 01A 号，票号 P536218，要求在无锡东站下车，经确认席位使用正常。

旅客持"挂失补"车票中途下车情况下编制的客运记录示例如图 6-3 所示。

【编制说明】

（1）旅客持 2022 年 8 月 18 日北京南站至上海虹桥站的 G103 次列车车票，北京南站开车时间是 6:20，到达无锡东站的时间是 8 月 18 日 11:27。旅客要求在无锡东站下车，列车长在无锡东站到站前确认席位使用正常的情况下才能编制客运记录，所以编制记录的日期为"2022 年 8 月 18 日"。若到达无锡东站前，确认席位使用正常时，已是第二天，则编制客运记录的日期为"2022 年 8 月 19 日"。

（2）客运记录中一定要注明"席位使用正常，可办理退票"。

```
                北京铁路局              客统—1
                客 运 记 录
                                      第 0803 号
记录事由：移交持"挂失补"车票中途下车旅客
无锡东站：
    2022 年 8 月 18 日，G103 次列车旅客赵××，身份证号 3202192000×××× 0573，持北京南站至上
海虹桥站的"挂失补"车票，05 车 01A 号，票号 P536218，要求在无锡东站下车，经确认席位使用正常，
可办理退票。现移交你站，请按章办理。
    特此记录
    注：
    1. 站、车需要编制记录时使用。
    2. 本记录不能作为乘车凭证。
                                        站
                                        段 编制人员（印）
                                        站
                                        段 签收人员（印）
                                    2022 年 8 月 18 日编制
```

图 6－3 旅客持"挂失补"车票中途下车情况下编制的客运记录示例

任务二 铁路电报

技能目标

能够根据铁路电报的拍发规定来完成工作。

知 识 点

铁路电报的拍发范围。

任务的提出

铁路电报作为铁路部门之间处理铁路生产紧急业务的通信工具，是相关高速铁路客运服务人员必须熟练掌握的重要业务手段。

一、铁路电报的含义

铁路电报是处理运输生产业务的通信工具，是办理紧急事务公文的表现形式。铁路电报

在办理铁路内部业务时使用，列车运行中发生临时紧急情况需通知有关部门，或本次列车不能解决，需请示立即支援或向领导汇报时，均可拍发铁路电报。

铁路电报示例如图 6-4 所示。

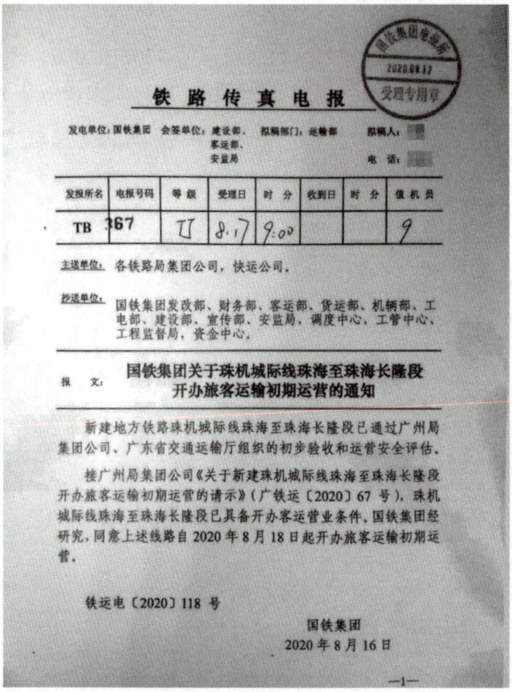

国铁集团电报所 2020.08.17 受理专用章

铁 路 传 真 电 报

发电单位：国铁集团　会签单位：建设部、客运部、安监局　拟稿部门：运输部　拟稿人：

电　话：

发报所名	电报号码	等 级	受理日	时 分	收到日	时 分	值 机 员
TB	367	TJ	8.17	9:00			9

主送单位：各铁路局集团公司，快运公司。

抄送单位：国铁集团发改部、财务部、客运部、货运部、机辆部、工电部、建设部、宣传部、安监局，调度中心，工管中心、工程监督局，资金中心。

报　文：国铁集团关于珠机城际线珠海至珠海长隆段开办旅客运输初期运营的通知

新建地方铁路珠机城际线珠海至珠海长隆段已通过广州局集团公司、广东省交通运输厅组织的初步验收和运营安全评估。

接广州局集团公司《关于新建珠机城际线珠海至珠海长隆段开办旅客运输初期运营的请示》(广铁运〔2020〕67 号)，珠机城际线珠海至珠海长隆段已具备开办客运营业条件。国铁集团经研究，同意上述线路自 2020 年 8 月 18 日起开办旅客运输初期运营。

铁运电〔2020〕118 号

国铁集团

2020 年 8 月 16 日

—1—

图 6-4　铁路电报示例

二、铁路电报分类

铁路电报等级按电报的性质和急缓程度，分为以下 6 种。

1. 特急电报

特急电报（T）指非常紧急的命令、指示，处理重大、大事故，人身伤亡事故，重大灾害及敌情的电报。

2. 急报

急报（J）指国铁集团及所属公司、铁路局的紧急命令、指示、时间紧迫的会议通知、列车改点、变更到站和收货人、车辆甩挂、超限货物运行，以及行车设备施工、停用、开通、限速的电报，国际公务电报及其他时间紧迫的电报。

3. 限时电报

限时电报（X）指限定时间到达的电报。根据需要与可能，由用户与电报所商定，在附注栏内填记送交收电单位的时间。

4. 列车电报

列车电报（L）指处理列车业务，必须在列车到达以前或在列车到达当时送交用户的电报。

5. 银行汇款电报

银行汇款电报（K）指银行办理铁路汇款业务的电报，按急报处理。

6. 普通电报

普通电报（P）指上述 5 类以外的电报。

三、铁路电报拍发权限

旅客列车列车长和执行各项列车乘务工作的负责人员均可拍发铁路电报。执行列车乘务工作的负责人，在同一区段内不得重复拍发同一内容的列车电报。临时列车乘务工作负责人拍发列车电报时，应写明经由区间，并在附注栏内注明本次列车在发报站的开车时间。

下列情况不准拍发列车电报：处理个人私事（由组织处理职工个人的问题不在此限）；已经有文电的重复通知；倡议书、感谢信；公用乘车证丢失声明；由于工作不协调，互相申告（执行列车乘务工作的负责人在列车运行中向上级领导汇报列车运行中发生的问题不在此限）；报捷、祝贺、吊唁（铁路局处以上单位或其负责人不在此限）；产品、书刊等的广告。

四、铁路电报拍发范围

（1）列车运行中因意外伤害，导致旅客重伤或死亡时，应立即向上级主管部门及铁路局有关主管部门拍发事故速报（条件允许时，应先以电话方式汇报事故概况）。发生重大、大事故时还应立即向国铁集团客运主管部门和所属铁路局及发生地有关铁路局、站、段拍发事故速报。事故速报内容：事故种类；发生日期、时间、车次；发生地点、车站、区间里程；伤亡旅客姓名、性别、国籍、民族、年龄、职业、单位、地址；车票种类，发到站、票号，身份证号码；事故及伤亡简况。

（2）发生和发现重大行包事故，应立即向国铁集团、所在地铁路局拍发事故速报并抄送有关单位（中转站、行包到站、公安部门等）。速报内容：事故等级；发生日期、时间、车次；发生地点、车站、区间、里程；票号、发到站；事故简要情况。

（3）遇特殊情况，途中发生餐料不足，应向前方客运（列车）段拍发铁路电报，请求补充，抄送其主管铁路局。

（4）专运列车或车辆在中途临时需要补充备品时，应发铁路电报给前方客运（列车）段（无客运段时为车站），请求支援，抄送其主管铁路局和车辆配属段。

（5）列车行包满载、列车严重超员，要求前方各站控制装载量及客流，以确保安全正点时，应电告各站，抄送各主管铁路局，必要时抄送国铁集团主管部门。

（6）列车发生重大刑事案件，急需侦破时，应向国铁集团、所在地铁路局、公安部门、铁路派出所拍发铁路电报，抄送本铁路公安局、乘警支队。

（7）在列车上办理补收款额而发现少收票价、运费时，应给旅客发站（段）及其主管铁路局收入检查室拍发铁路电报。

（8）列车广播设备（属电务部门维修）中途发生故障，需紧急处理时，电告前方站广播工区前来维修，并抄送本铁路局电务（通信）段（广播工区）。

（9）列车有关业务声明澄清责任时，应向有关站（段）发电报，抄送国铁集团、铁路局主管业务部门。

（10）处理旅客误购、误售车票，若旅客托运了行李，应发电报通知行李所在站。

（11）遇列车空调失灵，应电告前方停车站停售、停检本次车空调票。

（12）其他紧急情况。

拍发铁路电报时电文应字迹清楚，抄送单位不宜过多，可以不抄送的单位应免去。凡是可以用电话或书面反映的问题不必拍发铁路电报。

五、铁路电报交接

铁路电报一般交有电报所的车站拍发。所担当的列车各停靠站是否有电报所，列车长要提前了解，做到心中有数。

特殊情况可委托无电报所的车站代转。

电报编制一式两份，一份交车站，一份签收留存。

电报发出后应设法索取电报号码。

六、铁路电报拟稿要求

1. 明确主送、抄送单位

（1）主送单位是指具体的受理单位或主办单位（不论单位大小，主要受理单位列最前位）。列车长必须清楚担当沿线铁路局、车务段的管辖区段。例如，北京铁路局与郑州铁路局分界站是安阳站，属郑州铁路局；武汉铁路局与广州铁路局的分界是蒲圻站，属武汉铁路局。

（2）抄送单位是指知晓、协助办理、督促、备案、仲裁的单位（一般先上级后下级依次排列，担当段列最后位）。

2. 拟编电文的方法

（1）电文应以报告、汇报的形式写出，禁止使用命令、指责、指示、质问的词句。

（2）电文的语句应本着实事求是的原则，做到具体准确，不应似是而非，含糊不清。电文的数据、百分比、术语名称、尺寸、病情、伤势、姓名、性别、单位、年龄、时间、区间、站名等应当尽量准确。

（3）电文的语句，不应出现自我推断的语言，特别是关系到事件的性质、责任的，不可妄下结论。

（4）发收报单位名称应准确，不应出现错误或根本不存在某一单位的现象。

（5）电文叙述要简练，层次、顺序清楚，目的明确。

（6）出现突发情况，由于时间紧张、情况复杂、条件限制，一时无法做到完全准确，应在电文中声明"详情正在调查，特此报告"字样。

（7）涉及乘警、乘检（随车机械师）人员事件，列车长应召集"三乘（乘务、乘警、乘检）一体"会议，对拟发电文进行商议，尽量取得一致意见，将看法不一致的语句修改为事件客观状况，并由"三乘"负责人共同签字再发。

七、铁路电报主要内容

（1）主送：发生问题、解决问题的直接单位。

（2）抄送：发生问题、解决问题的直接单位的有关上级领导机关和本单位的有关上级领导机关。

（3）内容：日期、车次、区间、问题、经过、处理。

（4）落款：车次、日期、发电报的站名、列车长的姓名。

八、铁路电报抄送范围

（1）抄送范围根据不同情况而定，一般情况下，铁路局局管内的事项，不抄报到国铁集团，涉及两局以上的事项，应根据情况抄报有关铁路局业务部门。

（2）涉及路风问题，应抄送各级路风办。

（3）涉及铁路乘车证问题，应抄送劳资、财务部门。

（4）涉及行车安全问题，应抄送各级安监室。

（5）涉及急性传染病时，应主送疾病预防控制中心及卫生主管部门。

（6）遇到涉外问题时，应抄送公安和外事部门。

素质拓展

现在很多人都认为电报已经成为离我们远去的通信方式，但是在铁路系统，电报依然是一种非常重要的通信方式。

这种看似落后的通信方式为什么会被铁路系统青睐，它又在铁路运行中发挥着什么样的作用？

今年49岁的张素玲，是中国铁路太原局集团有限公司太原电报所的一名报务员，17岁那年她来到电报所工作，一干就是32年。她是所里用四位数汉字电报码打字速度最快的人，曾创下5分钟零差错打出600个非词组汉字的纪录。30多年的职业生涯让她养成一个习惯，每天清晨，为了熟练掌握电报码，她都会在书桌上画上键盘位置，运用指尖反复敲击练习。

张素玲擅长用四码打字，因为每个汉字由4个不同的数字代表，所以她不仅需要记下至少2 000组常见译码，还要掌握全国铁路网的全部站名、几千个铁路客运站名和货运站名。春运期间，她担任收报的总检员，一天最多要收到200多封电报，对于电报中的每一句话每一个字，甚至每一个数字，每一个标点符号，她都要反复核对。每一份电报的字里行间，都流露出她对工作的严谨和责任。

现在信息通信那么发达，一个电话甚至一个微信比发电报都快，为什么铁路系统一直沿袭电报的信息网络体系呢？

原来，铁路电报具有一定的保密性，而电报是一种最早的、可靠的即时远距离通信方式。不会受通信设备破坏而停止传播信息。出于安全需求，全国铁路系统路局集团公司、站段、车间、班组的相关信息仍然用电报发送。

特别是在2015年前后，全国铁路结合自己的运输营业需求，推出了中国铁路电子公文管理信息系统，发电报可以像发邮件一样，大大提高了效率和准确度。在这个系统里，任何一封电报都可以做到有据可查、有据可依，铁路电报成为传送上级指令、命令、办理业务等书面信息不可替代的一种通信方式。工作人员需要在20 min之内完成发送，这样才能为一些突发状况争取更多时间。

中国铁路太原局集团有限公司太原北站位于石太线的终点，是山西省主要的枢纽货运技术检查站，春运期间，每天在这里经铁路货运检查发出150列货物列车。平均下来一名货运检查员一天要检查11列货物列车，3 300个车辆小门，行走16 km，而这天下午，货运检查员李迎春在一节车厢停了下来，发现一把施封锁失效了。

这是一辆从呼和浩特开往南充东站的货运列车，更换施封锁涉及货物的安全，有些甚至要现场清点货物，所以李迎春即刻联络了太原北站派出所的民警赶到现场，在他们的监督授权下，李迎春迅速安排工作人员剪毁失效施封锁，补装有效施封锁。

安全顺利地送走这趟货车后，李迎春立即赶往办公室准备草拟、派发电报。因为检查施封锁情况和货物装载情况中，在发现施封锁失效问题时，必须立即处理，更换有效施封锁，同时要向货物装车站、上一检查站、到达站发出货检电报通知报备。以保证列车货运的安全装载状态。

从业货运检查员 20 年，类似这样的电报帮助李迎春排除了多起装载加固、超偏载，危险货物途中运输等方面的隐患，及时准确地将问题消灭在萌芽状态。也是这样一封封电报，确保了春运期间的货物车辆安全和铁路运输的畅通。

中国铁路南昌局集团有限公司南昌通信段的祝燕，今年要经历第十个春运了。40 天春运是电报员一年中最繁忙的时候，每天最少都能接收到 300 多份电报，最忙的一天有 600 多份，而需要发送的电报的一天也有 50~60 份，一份电报有 100~500 字，一个字需要敲键盘 4 下，那么一天得敲键盘 2 万~6 万下，基本上每 10 分钟需要接收 6 份电报，发送一份电报。而有的时候，一封电报则是生死时速的较量。

这几天，给祝燕留下深刻印象的是一份关于旅客乘坐列车时突发疾病的加急速投电报。

南昌客运段 T8002 次列车刚刚驶离吉安车站，6 号车厢的一位乘客突然吐血，列车长陈夷一边广播寻找医生，一遍急速向 6 号车厢跑去。

原来这位 60 多岁的病人有肝硬化，因为突发疾病，吐了半袋子血，浑身湿冷。经列车上医务人员诊断，有失血性休克的表现。列车医生通过随同家属提供的信息，以及携带的药品、曾经患病史，现场判断这名乘客患病严重随时有生命危险，由于列车上缺乏相应的设备，列车长赶紧发电报，协调最近站点的 120 急救车。

当时正是电报员祝燕值班，因为传真发过来的列车电报基本都是手写的，有些字迹不好辨认。祝燕在准确读懂电报内容，再和相关车站再次核对电报内容后，最后选择了离患者最近的新干站临时停车，让患者进行就医。

春运期间，像上水报、加油报、超员报等列车报迅速增多，这些急报刻不容缓，有时刚刚接到，只有半小时列车就会到站，丝毫耽误不得，必须立刻处理。

提高效率是为了应对高强度的春运工作。今年春运，中国铁路运送乘客预计将超过 4.1 亿人次，将又是一个创纪录的数字。列车运行的安全正点需要一个庞大系统的支撑，这其中信息通畅是关键。

目前，全国只有 767 名报务员，面对破纪录的客流量，这些报务员，都在以准确、迅速、畅通为准则，第一时间把电报送到用户手中，用"永不消逝的电波"保障着春运回家的畅通。

资料来源：咱们的铁路系统，沟通居然还是靠发电报！"永不消逝的电波"，因为啥？张素玲。https：//baijiahao.baidu.com/s？id=1624178729068478625&wfr=spider&for=pc.

附录 A　××铁路局高速铁路客运非正常情况应急处置办法

1. 站车发生火灾、爆炸时的应急处置预案

（1）动车组列车发生火灾、爆炸时的应急处置预案。

① 动车组列车工作人员（含司机、随车机械师、乘警、客运、餐饮、保洁等人员，下同）发现或接到旅客反映车厢内有爆炸、明火、冒烟，以及消防设施报警时，应立即施救并通知列车长。列车长接到通知后，应会同随车机械师、乘警进行现场确认。

② 在确认发生火灾或爆炸后，列车工作人员应立即启动紧急停车装置（或按下火灾报警按钮），同时列车长（或随车机械师）立即通知司机。停车后，司机应立即向列车调度员或车站值班员（车务应急值守人员，以下同）报告，配合列车长、随车机械师、乘警进行火灾扑救、旅客疏散等工作。有制动停放装置的由司机负责实施防溜，无制动停放装置的由随车机械师做好防溜、防护工作。

③ 列车长应立即指挥扑救，乘警、随车机械师等列车工作人员应积极配合；同时组织事故车厢的旅客向安全车厢疏散。

④ 全部人员向安全车厢疏散完毕，火势仍未得到有效控制，需向地面疏散时，列车长应立即通知司机、随车机械师或其他列车工作人员关闭通道阻火门。司机根据列车长的请求，向列车调度员报告，请求向地面疏散。

⑤ 组织旅客疏散时，必须扣停邻线列车。司机在接到列车调度员已扣停邻线列车的口头指示后，立即通知列车长，列车长接到司机通知后应立即指挥列车工作人员打开车门，根据需要安装好应急梯，组织旅客向地面安全地带疏散。

⑥ 列车工作人员应维护好旅客疏散秩序，确保人员安全。

⑦ 列车工作人员应对受伤人员开展紧急救护，并做好对重点旅客的服务工作。

⑧ 列车工作人员应积极配合公安部门保护好事故现场，协助调查取证。

⑨ 如遇火灾危及旅客安全，又未能及时接到扣停邻线列车的命令，列车长应会同司机，组织列车工作人员打开运行方向左侧车门（无线路一侧），结合现场实际，确定旅客疏散方向和疏散方式，列车工作人员应做好旅客安全宣传和防护工作，严禁旅客跨越线路。

⑩ 疏散旅客时，乘务人员应迅速采取口头宣传或由司机使用广播宣传方式，安定旅客情绪，组织起火车厢的旅客向邻近车厢疏散。列车停稳后，列车乘务人员从指定车厢取出安全梯，打开规定车厢（2 号、5 号、7 号车厢，大编组增加 10 号、13 号、15 号车厢，根据实际情况可应急调整）列车运行方向左侧的车门，按一个车门两名工作人员分工，一人车下、一人车上，组织旅客向车下安全地带疏散。列车乘务员要防止旅客盲目打破车窗玻璃跳车的行为，以避免发生意外。疏散旅客时应遵循以下原则：

- 严禁在未做好防护的情况下，擅自打开车门让旅客下车。
- 停车后列车乘务员应按分工迅速做好防护措施，组织旅客下车并将旅客引导至安全地

带，应指派专人负责防护，防止旅客返回起火列车。

● 在接触网未停电前，列车乘务人员应严格遵守电气化区段作业安全办法和人身安全的有关规定并向旅客做好宣传。

（2）车站发生火灾、爆炸时的应急处置预案。

① 车站工作人员发现或接到旅客反映站内有爆炸、明火、冒烟，以及消防设施报警时，应立即向消防部门报告火情并向车站综控室值班人员报告。综控室值班人员立即通知有关人员立即到现场进行事故确认和处置，同时亲自赶赴现场。

② 在确认发生火灾、爆炸后，车站值班人员负责现场指挥救援，并将事故情况首先上报铁路局客运调度员，之后将事故情况逐级上报。

③ 现场工作人员应组织旅客安全有序地撤离事故现场，同时做好受伤人员的紧急救护和重点旅客的服务工作。

④ 车站工作人员应配合公安部门保护好事故现场并积极协助公安部门进行调查取证。

⑤ 具体处置流程依据《××铁路局高速铁路公共场所消防火灾事故应急处置办法》执行。

2. 动车组列车晚点的应急处置预案

（1）动车组列车应急处置预案。

① 列车运行晚点超过 15 分钟时，列车长应及时联系列车运行地所在铁局客运（客服）调度员或通过司机联系列车调度员，了解晚点原因和列车运行情况，代表铁路部门向旅客致歉并通报晚点原因，每次致歉间隔时间不超过 20 分钟。

② 列车工作人员应加强车厢巡视，掌握旅客动态并做好宣传、解释、服务工作，稳定旅客情绪，维护好车内秩序。

③ 列车晚点 1 小时以上且逢用餐时间时，列车长应提前统计车上旅客人数，通过司机向列车调度员报告，列车调度员通知客运（客服）调度员，客运（客服）调度员接到信息后，应安排前方停车站为列车提供饮、食品，列车免费为旅客提供。

（2）车站应急处置预案。

① 动车组列车运行晚点超过 15 分钟时，车站应及时与客运（客服）调度员联系，了解晚点原因和列车运行情况，代表铁路部门向旅客致歉，并通报晚点原因，每次致歉间隔时间不超过 20 分钟。

② 车站应掌握售票、候车及旅客滞留情况，维持好站内秩序，并立即向客运主管部门报告。

③ 列车晚点 1 小时以上且逢用餐时间时，车站应免费为等候该次动车组列车的旅客提供饮、食品；按客运（客服）调度员的安排，为晚点动车组列车提供饮、食品。

④ 车站应加强列车运行信息公告，积极地为有需要的旅客办理退票、改签。

（3）需要启用热备车底时，按照《动车组启用热备车底客运应急处置预案》执行。

3. 站车发生重大疫情时的应急处置预案

（1）动车组列车发生重大疫情时的应急处置预案。

① 动车组列车上发现疑似鼠疫、霍乱等重大疫情的病例或接到动车组列车上有疑似病例的通知时，列车长应立即向司机和客运段、客服调度、客运处报告，司机向列车调度员报告，列车调度员立即向值班主任报告，值班主任立即向铁路疾控部门报告。

② 列车调度员根据铁路局有关部门确定的处置方案，安排动车组在指定车站停车。列车

长接到在指定站停车的通知后，做好疾控人员上车和疑似病例交站等相关准备工作，车站及铁路疾控部门做好接车后的紧急处置准备。

③ 列车长应组织隔离传染病人、疑似病人和密切接触者，紧急疏散其他旅客，并对有关人员进行登记。

④ 列车长应组织封锁已经污染或可能污染的区域，同时做好被隔离人员的交站准备。

⑤ 列车长在指定停车站将传染病人、疑似病人、密切接触者和其他需要跟踪观察的旅客及相关资料移交车站和铁路疾控部门。

⑥ 乘警应维护好车内秩序，确保区域封锁、旅客隔离、站车移交等工作正常开展。

⑦ 铁路疾控部门应上车对已经污染或可能污染的区域进行消毒。铁路疾控部门确认处置完毕后，方可解除区域封锁。

⑧ 站车应积极配合现场的医疗和疾控部门工作。

（2）车站发生重大疫情时的应急处置预案。

① 车站发现疑似鼠疫、霍乱等重大疫情的病例或接到车站有疑似病例的通知时，应立即向铁路疾控部门、客运处报告。

② 车站应指定专人着"防护服"隔离传染病人、疑似病人和密切接触者，紧急疏散其他旅客，并对有关人员进行登记。

③ 车站应封锁已经污染或可能污染的区域，由铁路疾控人员对该区域进行消毒。

④ 车站应将传染病人、疑似病人和密切接触者及其他需要跟踪观察的旅客及相关资料移交铁路疾控部门。铁路疾控部门确认处置完毕后，方可解除区域封锁。

⑤ 公安部门应维护好站内秩序，确保区域封锁、旅客隔离和疏散等工作正常开展。

⑥ 车站应积极配合现场的医疗和疾控部门工作。

4. 站车发生旅客食物中毒事件时的应急处置预案

（1）动车组列车发生旅客食物中毒事件时的应急处置预案。

① 动车组列车发生旅客疑似食物中毒事件，列车长应立即向司机和客运段、客服调度、客运处报告，司机向列车调度员报告，列车调度员立即向值班主任报告，值班主任通知铁路疾控部门。

② 需停站处置时，列车调度员应安排动车组列车在最近具备医疗抢救条件的车站停车并通知该停车站做好抢救准备。

③ 列车工作人员应对有关人员进行登记，封锁现场，封存可疑食品、餐具等。铁路疾控部门应上车收集中毒人员的呕吐物、排泄物待查。

④ 站车应积极配合现场的医疗和疾控部门工作。

（2）车站发生旅客食物中毒事件的应急处置预案。

① 车站发生旅客疑似食物中毒事件，应立即向铁路疾控部门、客运处报告。

② 车站应对有关人员进行登记，封锁现场，封存可疑食品、餐具等。铁路疾控部门应收集中毒人员的呕吐物、排泄物待查。

③ 车站应积极配合现场的医疗和疾控部门工作。

5. 动车组列车故障需启用热备车底的应急处置预案

（1）站内换乘热备动车组的应急处置预案。

① 遇车次变动时，车站应收回原票、换发新票，退还票价差额。旅客要求退票或改乘其

他列车时，车站应及时为旅客办理退票、改签等手续。

② 故障车停靠站台换乘时应尽可能安排在同一站台面，不能在同一站台面换乘时，应组织旅客通过天桥或地道换乘，严禁跨越股道换乘。故障车在站内没有停靠站台时，换乘处置程序比照区间换乘热备动车组的处置程序办理。

③ 换乘时，站车应认真组织验票，严禁持其他车次车票的旅客上车。

（2）区间换乘热备动车组的应急处置预案。

① 列车长接到司机转达的组织旅客换乘热备动车组的命令时，应立即向列车工作人员传达，列车工作人员应检查车内情况，坚守岗位。

② 列车应向旅客通告换乘的决定，告知安全注意事项。对列车不能如期运行给旅客出行造成的不便，列车长应代表铁路部门向旅客致歉并感谢旅客的配合，做好后续服务工作，取得旅客的支持与谅解。

③ 热备动车组停靠在指定位置后，热备动车组司机通知列车长。列车长接到通知后，组织列车工作人员打开指定车厢车门，放置好应急梯或渡板并做好防护，组织旅客有序换乘。在隧道内换乘时，由设备管理单位操作开启隧道内的应急照明装置，隧道内的应急照明装置应实施远动开关。

④ 旅客换乘完毕，列车工作人员应将应急梯和渡板收好，定位存放并关闭车门。

6. 恶劣天气情况下的客运组织应急处置预案

因恶劣天气（含暴雨、大雾、大雪、冰雹、台风等）影响动车组列车正常运行时，客运（客服）调度员应及时将天气情况通知客运管理部门、沿线车站及滞留列车，客运管理部门应了解现场情况，指挥开展应急处置，站车及时将情况通告给旅客并致歉。

（1）动车组列车应急处置预案。

① 列车长接到客运（客服）调度员或上级主管部门动车组列车因恶劣天气影响导致非正常运行的通知后，应立即了解车内情况，加强对重点旅客的服务。出现异常情况及时向客运（客服）调度员或上级主管部门报告。

② 列车长应与司机或滞留地所在铁路局调度所客运（客服）调度员保持联系，了解动车组列车的运行情况，及时向旅客通报。

③ 动车组列车应备足餐食和饮用水，确保供应。需补充餐食和饮用水时，列车长应向滞留地所在铁路局调度所客运（客服）调度员或通过司机向列车调度员报告，请求车站为动车组列车补充餐食和饮用水。

（2）车站应急处置预案。

① 车站应及时将动车组列车因恶劣天气导致非正常运行的情况进行公告。售票处、候车室、问询处等服务处所做好对旅客的宣传和服务工作。

② 车站应及时增开退票和改签窗口，为旅客办理退票、改签等手续。

③ 车站公安派出所应协助客运部门维护好售票、候车、乘降等秩序。

④ 车站应根据客运（客服）调度员的安排，及时为动车组列车提供餐食和饮用水。

7. 高铁车站非正常情况作业下的应急处置预案

（1）车站售票系统发生故障的应急处置预案。

① 车站售票窗口发现售票系统故障、瘫痪或售票信息错误时，应立即向售票（客运）值班员或站长汇报。售票（客运）值班员或站长接到售票员报告后，应立即到售票窗口确认故

障情况，并向车站报告。

② 车站接到售票系统故障的报告后，应立即向本单位应急领导小组汇报，并向路局客运处、信息化处、信息技术所报告相关情况。

③ 车站应及时调配客运作业人员，加强售票房的秩序维护工作，做好对旅客的宣传和解释，稳定旅客情绪。

④ 车站客票系统值班技术人员必须及时对故障程度进行确认，正确估算故障恢复时间并组织尽快恢复；确认在10分钟内不能处理完毕时，应立即向车站应急领导小组、铁路局客运处、信息化处报告，并联系信息技术所取得技术支持。

⑤ 车站应急领导小组在接到客票技术人员报告后，对预计15分钟内不恢复的客票系统故障，应立即决定启用车站售票应急系统，通过离线方式组织发售无座席车票，满足旅客购票乘车要求。

⑥ 车站决定启用车站售票应急系统后，应立即与铁路局客票管理所联系，获取售票应急系统启动密码，按步骤启动应急售票程序。

⑦ 当车站售票应急系统无法启用时，车站应立即向铁路局客运处报告，并申请开通绿色通道，允许旅客上车补票。

⑧ 车站采取绿色通道应急措施时，应向列车和相关前方车站通报情况。列车要做好上车旅客的补票工作。相关前方停车站，要加强出口处查验车票的力度并认真做好部分未及时补票旅客的补票工作。

（2）高铁车站综控室集成管理平台故障应急处置预案。

① 高铁车站综控室值班员发现集成管理平台故障后，应立即通知客运车间主任和站长，通知技术维护人员，进行系统抢修。车站应立即将故障情况报客服调度、客运处、信息化处。

② 车站综控室要立即启用站控应急模式，并做好站控应急模式的操作和控制。

③ 车站要立即组织专业技术人员、客运人员负责监控广播、闸机、引导系统的运行状态并建立相应的联系通报制度。

④ 车站应加强各岗位的巡视，对相关的客服系统显示信息及广播内容进行核对，正确组织旅客检票、进站、上车，必要时通过手持扩音器进行宣传、引导。

⑤ 车站综控室集成管理平台恢复正常后，操作人员应立即将车站应急模式切换至正常模式，通知各岗位人员恢复正常操作流程。

（3）车站引导系统故障时的应急处置预案。

① 客运人员发现车站引导系统故障后应立即报告车站综控室，由综控室值班员向车站领导报告。综控室值班员还须立即通知维修部门进行维修。

② 综控室值班员应立即通知各岗位，告知影响的车次，列车进路的安排等信息，同时加强远程监控，将现场信息通知相关岗位，加强对旅客的广播宣传，正确引导旅客购票、进出站、上下车。

③ 车站应及时抽调人员在候车大厅设立引导岗位，引导旅客候车，加强检票进站的引导宣传。在地道或天桥处设置临时引导标志，在检票口、天桥、站台等处增加引导力量引导旅客进站上车。

④ 车站候车室、进站口、进站厅、天桥口、地道口、站台处应使用其他醒目的车次揭示牌做好引导工作，确保旅客正常候车。

（4）车站广播系统故障时的应急处置预案。

① 遇车站广播系统故障时，客运人员应立即报告车站综控室值班员，由综控室值班员向车站领导报告并通知维修部门进行维修。同时，综控室操作人员应将广播切换至人工模式，按照广播内容顺序进行人工广播，做到不缺项、不遗漏、不错播。

② 车站要充分利用客运导向揭示、手持扩音器等工具，及时向旅客通报列车运行、发到及候车室、站台情况。

③ 车站领导要现场把控，客运人员要坚守岗位，同时抽调人员在进站大厅、旅客集散区、售票厅、候车室、进出站口、通道、站台等处进行宣传，确保旅客正确候车、有序乘降。

（5）车站自动检票系统故障的应急处置预案。

① 客运人员发现车站自动检票系统发生故障后，应立即报告车站综控室值班员，车站综控室值班员在接到报告后，要立即向车站领导报告并通知维修部门进行维修。

② 车站领导要在现场进行把控，根据客流情况，合理调配客运人员加开进出站检票口，调整检票时间，实施人工检票。

③ 对持铁路乘车卡的旅客，发放乘车凭条进站上车，并由客运值班员通知相关站车。到站要对持铁路乘车卡的出站旅客，按实际乘车区间办理铁路乘车卡扣款手续。

④ 车站要及时将本站自动检票闸机故障的情况向列车前方各停车站进行通报，方便各前方停车站对到站旅客进行相关检票、补票工作。

（6）动车组旅客或行李物品掉落站台的应急处置预案。

① 发生旅客跌落到站台与车体之间的缝隙中或行李物品掉下站台时，站车工作人员应立即通知司机，并通知车站客运值班员对旅客进行施救或使用专用工具取出行李物品。

② 相关处置工作完毕后，按规定程序关门。如物品掉落站台，确认不危及列车安全时，可待列车出发后由车站处理。

（7）车站突发大客流的应急处置预案。

① 车站突发大客流时，应立即组织后备力量上岗，维护好车站秩序，通知铁路公安部门，铁路公安部门应增派警力协助车站维护秩序，必要时车站应请求地方政府、公安部门给予支援，同时向上级主管部门报告。

② 车站应协调地方政府，利用电视、广播、报纸等媒体广泛宣传，引导旅客理性选择交通工具。

③ 车站应增开售、退票窗口并维护好售、退票秩序。

④ 车站应加强候车组织，充分利用好候车能力，做好重点旅客服务工作。

⑤ 加强乘降组织，重点部位安排专人引导、防护，确保旅客进出站、上下车的安全。

⑥ 客运处、调度所、运输处应加强运输设备和能力调配，组织加开列车，及时疏散客流。

8. 动车组列车突发事件应急处置预案

（1）动车组列车发生旅客人身伤害或疾病时的应急处置预案。

① 旅客受到意外伤害，突发疾病时，列车长利用列车上配备的急救药箱，进行初步救治，同时应立即通过广播寻找旅客中的医务工作者帮助救治。

② 旅客受伤、病情严重，必须临时停车送医院抢救或已经死亡时，列车长需及时通知司机向列车调度员请示，申请在最近的前方站临时停车，下交伤病或死亡旅客。

③ 前方最近临时停车站接到接收旅客的通知后，应立即联系救护车，并安排人员做好接

收伤病（或死亡）旅客的各项准备工作。

④ 列车长应编制客运记录将受伤（或死亡）旅客，连同车票、携带品一并交车站处理，列车乘务人员不下车参与处理。

⑤ 在列车上受伤、发生疾病无同行人或旅客在列车上死亡时，列车长还应会同公安人员，收集旁证物证，调查旅客受伤或死亡的原因，采集相关证词不少于两份，对参加抢救的医务工作者的姓名、单位、电话进行登记，根据有效证件确定伤亡者姓名、单位、住址。时间紧迫时，为保证动车组恢复正点运行，列车可暂不移交相关材料，三日内向受理车站补交。

⑥ 旅客人身伤害事故系打架斗殴等治安或刑事案件所致，列车乘警应在客运记录上签章，列车长同时拍发事故速报。事故速报内容：

- 事故种类；
- 发生日期、时间、车次；
- 发生地点、车站、区间里程；
- 伤亡旅客姓名、性别、国籍、民族、年龄、职业、单位、地址、车票种类、到发站、票号、证件号码；
- 事故及伤亡概况。

（2）动车组列车车门故障应急处置预案。

① 动车组列车发生车门故障，集控装置无法打开（关闭）车门时，列车乘务人员要及时向列车长报告车门情况；列车长应迅速通过对讲机与司机及随车机械师联系，了解故障原因，及时修复。

② 当无法在短时间内修复车门集控开关时，由列车长迅速统一指挥，各工种人员按照具体分工，手动开启（关闭）车门，保证旅客安全乘降。同时广播宣传，告知旅客下车门所在位置，提前做好下车准备。列车乘务人员应提前在车内宣传，引导旅客在下车门等候。

③ 司机和随车机械师应迅速查找造成车门故障的原因，及时维修，尽快恢复车门正常使用，保证动车组列车安全正点运行。

④ 列车长要及时向所属单位汇报情况，并做好记录，同时通知列车乘务人员坚守岗位，做好车门观察。

（3）发现精神病患者乘坐动车组时的应急处置预案。

① 列车乘务人员发现无人护送的精神病旅客时，立即报告列车长、乘警。列车长指定专人看护，乘警协助处理。

② 有人护送的精神病旅客，列车乘务人员向护送人介绍安全注意事项并在需要时予以协助。不准精神病旅客单独行动，精神病旅客离座时必须有同行人护送。

③ 对无人护送的精神病旅客，列车长应编制客运记录移交旅客到站或换乘站处理。发现间歇或突发精神病旅客在乘车途中病情发作时，要立即向列车长、乘警报告。列车长、乘警根据实际情况派人看护，病人狂躁威胁他人人身安全时，乘警应对其采取强制制约措施。

（4）动车组空调失效时的应急处置程序。

① 信息通报：

空调失效超过 20 分钟不能恢复时，列车长应及时进行信息通报，安抚旅客情绪。

② 应急处理：

- 动车组司机向列车调度员报告动车组空调失效，请求启动开门运行，得到列车调度员同意后，向列车长通报列车调度员已经同意开门运行。

● 列车长组织列车工作人员做好旅客安抚和服务工作。

● 列车长向列车工作人员布置开门运行的准备工作并介绍安全事项。

● 列车长向旅客进行开门运行广播通报并宣讲安全事项。

● 列车长组织有关人员按规定在车厢非会车侧安装防护网，检查确认安装良好后用对讲机通知司机、机械师。

● 动车组司机向列车调度员报告：准备工作已经完毕，可以停车开门。列车调度员下达限速运行命令。

● 动车组停车后，列车长组织人员手动打开车门，工作人员一门一岗进行防护，防止旅客下车。

● 乘警协助列车长做好旅客组织工作。

③ 运行条件：

动车组司机确认限速命令已收到，得到列车长可以开车的通知后开车。

（5）动车组列车运行途中停电的应急处置预案。

① 列车运行中发生车厢突然停电时，客运乘务员要立即通知随车机械师到场处理。检查各车厢的应急电源开关是否处于闭合位，保证应急电源装置正常工作并迅速查找原因修复故障，恢复供电。

② 列车因故障不能满负荷供电时，随车机械师要根据实际情况，立即通知列车长，暂时停止使用部分电器。列车长要按照随车机械师的要求组织列车工作人员关闭用电量大的设备，尽量减少用电负荷，以保证蓄电池不过放，必要时可保留应急灯和监控系统用电，其他负荷全部关闭。

③ 列车长、乘警应及时到场，加强安全宣传和治安管理工作，稳定车内秩序，严防不法分子乘机破坏，做好针对重点旅客的安全保护及服务工作，同时向旅客做好正面解释工作。

④ 停电车厢应派乘务员坚守岗位，加强车厢巡视，做好安全宣传，严禁使用明火照明。

⑤ 列车长应会同随车机械师，查明原因后立即向所属单位汇报。

（6）动车组运行中遇飞石击车，造成车窗双层玻璃同时被击碎时的应急处置预案。

① 列车乘务人员要迅速报告列车长，列车长通知公安乘警、随车机械师赶赴现场，并通知司机采取相应措施。

② 如造成旅客伤害事故，列车长应按有关规定处理。

③ 保洁员要迅速清理车内玻璃碎片，防止扎伤旅客；乘务员调整破损车窗附近旅客座位，同时做好安全宣传和防护工作。

④ 现场处理完毕后，随车机械师要立即对损坏的车窗采取稳妥的封掩措施，消除安全隐患。

（7）动车组在长大隧道、桥梁发生故障或停电的应急处置预案。

① 动车组在长大隧道、桥梁发生故障或突然停电时，客运乘务人员要立即通知随车机械师到场处理。

② 动车组故障或停电，造成空调无法使用，可启动应急通风功能。

③ 遇夜间停电时，随车机械师启动应急照明，严禁使用明火照明。列车乘务人员在车厢内加强宣传、巡视，做好旅客的解释、安抚工作。

④ 列车故障或停电后，列车长应会同随车机械师，查明原因后立即向上级汇报。如不能

及时修复，应通过司机立即向列车调度员报告，听候命令。

⑤ 列车长、乘警要加强车厢巡视，做好安全宣传和治安管理工作以维护车内秩序，严防不法分子趁机破坏，做好重点旅客的安全保护和服务工作，同时要向旅客做好正面解释工作，稳定旅客情绪。

（8）动车组列车运行中发生事故，旅客需紧急逃生时的疏散应急处置预案。

① 列车停车后，在车门能正常开启时，列车长立即通知司机，由司机打开所有靠线路外侧的车门；在列车断电、司机无法操纵打开车门时，由列车长组织列车工作人员手动解锁开门。

② 列车长迅速组织工作人员按照分工，在每个车门处进行防护，组织旅客下车。

③ 在车门不能正常开启时，列车长迅速通过广播（因断电广播系统无法使用时，由列车工作人员在车厢中部位置通过手持扩音器）向旅客宣传疏散程序、安全注意事项，工作人员迅速组织旅客使用安全锤击破紧急逃生窗，组织旅客撤离车厢。

④ 事故中发生人员伤亡时，列车长要及时安排专人救助。

⑤ 所有旅客撤离车厢后，列车工作人员组织旅客沿线路外侧向安全地带转移，将旅客安置在安全地带等待救援，同时做好安全宣传、引导工作。乘警承担旅客疏散过程中的防护、警戒工作。

⑥ 动车组停在高架桥上需紧急疏散旅客时，列车长应立即向所属铁路局客运调度员汇报，得到客运调度员同意向车下疏散旅客的指令后，通知本务司机打开列车运行方向左侧车门或按照客运调度员指示的方向打开指定的车门（如集控开门失灵时，应手动打开车门），向车下疏散旅客，通过应急通道门有序离开高架桥。

⑦ 在隧道内临时停车需疏散旅客时，列车长应首先向所属铁路局客运调度员汇报，得到允许后（如手机无信号时，应通过司机向上级汇报），方可疏散旅客，以避免疏散时发生意外。有应急救援横通道的隧道无论上下行，均应打开列车运行方向右侧车门。

⑧ 向车下疏散旅客时，提示旅客使用救援应急设备时注意脚下障碍物，防止出现摔伤或踩踏事故。

⑨ 应急处置后，列车长应及时向客运调度员、客运段值班员汇报，客运调度员、客运段值班员接事故报告后，立即组织开展后续救援工作。

（9）动车组发生旅客滞留列车的应急处置预案。

① 车站在接到因动车组列车晚点旅客集体拒绝下车的信息后，车站站长（副站长）及有关车间干部要立即赶到现场，了解情况，亲自指挥。立即组织部署客运部门、公安部门增加人员接车。

② 公安部门在接到车站通知后，要立即组织足够的力量到现场维持秩序，积极配合客运部门工作，认真开展滞留旅客的说服工作，争取得到旅客的理解和支持。同时，要向旅客宣传法律知识，告知旅客可以通过其他合法渠道和方式维护合法权益，劝说旅客听从车站工作人员的安排到指定地点协商解决问题，并协助车站工作人员引导旅客下车。公安部门在协助劝解过程中，严禁携带枪支。

③ 动车组列车晚点到达后，车站应组织有关人员向旅客做耐心的解释工作，尽快组织旅客下车、出站，对拒绝下车的旅客，全力做劝说工作，全力促使旅客下车，到专门的地点进行处理。

④ 因晚点造成旅客没有赶上所乘列车时，车站安排人员及时为旅客按章办理改签、退票手续。

⑤ 发生旅客以滞留列车的方式向铁路部门要求晚点或空调故障赔偿时，站车工作人员应当以说服劝解、诚恳道歉为主，耐心细致地做好解释工作和相关法律法规的宣传工作，稳定旅客情绪，化解旅客怨气，力争取得旅客的理解和配合。

⑥ 客运部门在宣传和说服旅客离开车厢时，现场应有公安人员维持秩序，经反复劝离无效时，公安人员应宣布《关于严禁旅客滞留列车维护铁路运输秩序和安全的通知》并组织足够的警力，对拒不下车的人员依法采取措施带离车厢。对煽动旅客滞留车厢、扰乱列车治安、破坏铁路运输秩序、用暴力手段对抗执法的个别人员，要认真调查取证，依法追究其法律责任。劝阻中要依法依规，有理有节，文明执法。

⑦ 旅客因晚点集体拒绝下车事件处理情况，车站应及时向客运调度员汇报，处理完毕向客运处汇报。

9. 车站站台紧急停车的应急处置预案

（1）动车组停站或初启动（尾部未过出站信息机），站、车客运人员发现危及旅客人身安全或行车安全现象，需紧急叫停列车时，将对讲机调至司机电台频道，呼叫司机停车（列车工作人员同时按照相关规范要求按下紧急停车按钮），呼叫用语为"××次司机，有紧急情况，立即停车"。

（2）司机听到呼叫后须立即紧急制动，同时应答呼叫者"××次司机明白"，呼叫者通过对讲机告知司机停车事由。司机及时向列车调度员报告停车原因。相关人员及时做好应急处置工作。

（3）司机在停靠站启动列车，接到紧急停车报警时，如车没有启动则不启动，如车已启动要立即紧急制动停车，需要确认车辆技术状态时应立即通知随车机械师。紧急停车后，司机要及时向列车调度员报告停车原因。

（4）随车机械师接到司机通知后应立即进行确认并将确认情况报告司机，司机根据随车机械师确认情况正确处置。

（5）列车工作人员按下紧急停车按钮，要及时向列车长报告，由列车长向司机通报原因和处置情况。

（6）应急事件处置完毕后，呼叫者向司机报告，列车长按规定程序通知司机（随车机械师）关闭车门，司机按规定程序开车。

10. 区间救援的客运组织预案

（1）动车组因故在站内（区间）非正常停车后，列车长要利用对讲机或立即赶到司机室向司机询问停车原因、预计恢复运行时间，并将停车原因、预计恢复运行时间、停车期间安全注意事项利用广播向旅客公布。

（2）动车组停车（晚点）超过15分钟时，列车长要通过广播向旅客致歉，致歉间隔时间不超过20分钟。

（3）确认需要救援时，救援指挥人为动车组司机，动车组客运乘务人员在服务的同时，要指定2名男性乘务人员配合随车机械师，做好救援的相关工作，具体工作为：协助随车机械师搬运过渡车钩、接地杆等救援设备，配合随车机械师安装过渡车钩。

（4）动车组在冬季无电、无空调时，列车长要组织测量停车时的车温，关闭各节车厢通过门、车门；夏季空调故障停用超过 20 分钟时，按照预案打开边门，并设置防护网，在停车期间，列车长要指定不参与配合随车机械师的客运乘务人员按每人 2 车值守，主要职责是车门看护、安抚旅客。

（5）在搬运救援器材时，根据救援器材存放位置，就近车门上下，减少对旅客的干扰。

（6）停车后，列车长要详细了解停车时间、停车地点、车内人数、重点旅客人数、换乘旅客人数、餐食储备、车内温度、采取的应急处置措施、添乘人员姓名、联系电话、防寒备品储备情况并将相关情况报客运调度员。

（7）列车长要组织客运乘务人员做好服务工作，由于停电造成车温较低时，应对重点旅客发放防寒毯，昼间要通知司机关闭通风、空调、照明设备，减少电池的使用，夜间应尽量保持车内的应急照明。

（8）救援结束后，列车长要根据命令，做好开车前的准备和组织工作，确认工作人员、旅客全部上车后，通知司机关闭车门后开车。

附录 B　××铁路局动车组列车质量标准

一、人员素质

（1）列车乘务员应具有大专以上文化程度。身体健康，五官端正，身材匀称，年龄在18～35岁，男性身高不低于1.70米；女性身高不低于1.60米。定期体检，持有健康证。

（2）列车乘务员上岗前应通过安全、技术业务培训，参加乘务实习及动车组专业技术培训，经理论、实作考试合格，持证上岗。

客运乘务员每年进行脱产培训不少于10天，学习新设备、新知识、新标准，确保技术业务素质达标。

（3）列车乘务员应熟知本岗位业务知识和职责，能够熟练使用列车相关设施、设备，熟练执行规章制度；具有较高的服务技能和应变能力；具有良好的语言文字表达能力，能进行常用英语会话。

（4）列车长从事乘务工作时间满二年以上，具有大专及以上文化程度，能进行常用英语会话，经路局组织的岗位培训考试合格，男性身高1.72～1.80米，女性身高1.62～1.70米，初次任职在32岁及以下，岗位年龄在40岁及以下。熟悉旅客列车其他工种业务，有较强的组织管理、妥善处理问题及良好的语言、文字表达能力。

二、设备设施

1. 车辆设备设施

（1）列车车内各种标牌齐全醒目、型号一致、位置统一，质地高档，电子显示屏显示的内容准确、规范。

（2）广播系统、照明、空调、给水装置、影视系统、列车多功能室、乘务员室、监控室、备品室、储物柜、电茶炉（饮水机）、工具室（柜）、垃圾箱、盥洗间、厕所等设施齐全，能正常使用。

（3）车厢的紧急按钮、灭火器、紧急开门阀、紧急破窗锤、逃生窗、防火隔断门、烟雾报警器、紧急门锁、防护网（带）、应急梯、渡板等安全、应急设施齐全，作用良好。

（4）可调节式座椅、脚蹬、折叠式小桌板、遮阳帘、卧铺、茶桌、座席号牌、铺位号牌、包房号牌、卧铺吊带（栏杆）、扶手、梯子、婴儿护理台、座椅、车厢内外电子显示屏、电源插座、大件行李处、通风装置、残疾人服务设施、感应式内端门、车门、行李架、梳妆台、面镜、脸盆、洗手盆、便器、手纸架、餐桌、冰箱、冷藏柜、微波炉等服务设施设备齐全、良好，检修及时，符合动车组运用标准。

（5）动车组 CRH_2A 允许配置额定功率3 kW微波炉1台，额定功率1.5 kW微波炉1台；动车组 CRH_2B、CRH_2E 允许配置额定功率3 kW微波炉4台。

（6）加强对动车组上部设施的维修工作。发现上部设施故障时，乘务员立即向列车长报告并通知随车机械师。随车机械师须及时到达故障车厢进行维修，对在运行中修复不了的，应向列车长详细说明情况。

2. 服务备品

（1）列车的各种服务设施齐全完整，作用良好；备品要质地良好，色调协调、美观，装饰典雅，清洁卫生。及时更新车厢宣传框所标示的时刻表。

（2）头枕片、座椅头枕质地良好、平整洁净，无破损、无褪色；头枕片一天一换、定期更新；座椅头枕定期更换。清洁袋具有防水、承重性能，配备充足。

（3）卧具使用高档纯棉制品，做到消毒、烫平、干燥、整洁、无污渍、无折痕。卧具使用周期不超过半年，一站直达卧铺动车组卧具按全列增加 10 套配备，其他卧铺动车组按全列增加 20 套配备，并做到定位摆放。

（4）卧车备品配置标准：台布，不锈钢果皮盘和带盖垃圾桶，高档台式热水瓶、积水盘，按定员配置布艺衣架、一次性拖鞋。包房内有棉被、被套、枕套、垫背（垫毯）、小单、枕芯、卧铺套、背靠套、书报架和报纸杂志；洗脸间有洗手液（皂）；坐式便器备有一次性垫圈；高级包厢内有花瓶和鲜花（往返换）。包房视频系统耳机，应在列车终到前及时回收，必须经消毒处理后入袋保管。

（5）售货车按照规定数量配置，刹车装置作用良好并有防撞胶条。

（6）盥洗室（洗脸间）应配有洗手液、擦手纸；厕所内配备芳香片、水溶性好的卫生纸；男用厕所小便池内放置芳香球。垃圾袋符合垃圾箱规格，质地良好并印有担当段名称。配有一次性纸杯。杂志、服务指南按规定配备。洗手液、垃圾袋、卫生纸等低值易耗品要及时补充，保证使用。

（7）加强对备品的管理。要根据担当动车组客流的规律，按规定配置服务备品，保证正常使用，加强对服务备品的管理，防止流失和浪费。服务备品须在库内摆放，特殊情况需要在始发站摆放的，应将所配的服务备品分装，不得上车分包。服务备品做到定位摆放、定置管理，将备品定置管理工作纳入考核范围。遇有厕所、电茶炉等设备故障，要悬挂设备故障提示牌。

三、安全制度

（1）安全行车，避免发生火灾、爆炸、旅客伤亡和食物中毒事故。

（2）应急预案完善，具有可操作性。当动车组运行中发生火灾、爆炸等事故，危及列车安全时，列车乘务人员应当立即使用紧急制动阀或按下火灾报警按钮，通知司机停车，并将旅客疏散到安全车厢，及时关闭防火隔断门，并将情况通报司机、列车长、乘警、随车机械师，司机和列车长应当迅速启动应急预案。

（3）对于消防器材等应急安全设施，乘务员要做到知位置、知性能、会熟练操作。

（4）适时进行安全常识和正确使用车辆设备的宣传工作，设置警示标志，提示旅客遵守安全乘车规定。动车组内及中途停靠站台禁止吸烟，要做好禁烟宣传，及时制止吸烟行为。

（5）动车组到站停稳后，司机或机械师开启车门；开车前，列车长确认旅客乘降完毕后，通知司机或机械师关闭车门；运行中，禁止旅客倚靠车门。列车在运行中与司机室相连接的车厢内端门应锁闭。

（6）正确使用电器设备，安全使用电源，不乱接电源，不超过允许负载；公共区域的电源插座应保证旅客正常使用，但仅限旅行生活用的小型电器。配电室（箱）锁闭，保持清洁干净，严禁放置物品。

四、服务要求

（1）应通过图形符号、电子显示、广播、服务指南等方式宣传设备使用方法和乘车须知，方便旅客实现自助服务。

（2）仪容端庄，精神饱满，举止得体，微笑服务，具有亲和力。

（3）对需要重点帮助的旅客及时提供相应服务，做到有登记、有服务、有交接。

（4）途中晚点 15 分钟以上，列车长应代表铁路向旅客致歉；晚点 1 小时以上，逢用餐时间，列车长向客调汇报车内人数，客调安排车站向列车提供食品，由列车免费为旅客供餐，并积极做好服务工作。

（5）及时帮助寻求帮助的旅客，礼貌接待旅客问讯，认真受理投诉，做到首问首诉负责，不推诿、不延误；对涉及非本职范围的询问应转告相应岗位乘务人员，及时妥善处理。

（6）应配备服务指南和列车免费读物。服务指南按规定印制和摆放，并及时补充；免费读物按规定摆放。

具体摆放标准：一等车厢从左至右分别为：①《和谐之旅》，②《旅伴》，③《上海铁道》，④《报林》和《旅客报》；二等车厢从左至右分别为：①《和谐之旅》，②《旅伴》，③《上海铁道》，④《报林》，⑤《旅客报》。《人民铁道》的摆放按有关要求执行。若上级对动车组摆放期刊种类做出调整或提出新要求，则按照新规定执行。

（7）启用热备车时，乘务人员应做好解释和服务工作，认真解决旅客换车过程中出现的问题。

（8）大件行李存放处用于摆放旅客的大件行李，不应挪作他用；乘务人员应引导携带大件行李的旅客使用大件行李存放处。

五、着装管理

1. 基本要求

分工种统一着装，着装整洁，佩戴相应标志；动车组制服原则上每二年更换一次。

2. 换装时间

根据季节、气温变化进行换装，做到换装统一。原则上 3 月 1 日换春秋装制服；6 月 1 日换夏装制服；10 月 1 日换春秋装制服；12 月 1 日至 2 月底换冬装制服。

制服由各客运段统一负责洗涤，洗净后，做到熨烫平整，无污渍、斑点、皱褶、脱线、缺扣、残破、毛边等现象。洗涤费用由单位与个人按 8:2 的比例分摊。

六、人员管理

1. 定期培训

各客运段定期对动车组乘务人员的仪容仪表、礼节礼貌进行培训，培训主要内容为仪容仪表、言谈举止、姿态（站姿、坐姿、行走）、面部表情、说话方式、服务技能等。

2. 人事管理

路局客运处与各客运段对现有动车组乘务人员进行核定，登记造册，建立档案。

七、保洁卫生

1. 基本要求

列车保洁实行专业化管理，运行中有随车保洁人员适时保洁。车体外壳见本色、无污痕；车厢内明亮、美观、整洁，地面干净、无污渍，厕所、洗脸间清洁、干燥、无异味；途中适时整理废弃物；备品定位，保洁工具隐蔽存放；拖把、抹布等备品分类使用，更换及时。定期清洗空调通风设施，定时强制通风，保持空气清新。合理确定排污时间，及时排污，确保厕所正常使用。

2. 出库保洁卫生标准

（1）厨房空调口、天花板无污迹、无灰尘，地板无污渍。

（2）废物箱内外壁清洁，桶内无垃圾，无异味。

（3）餐台、餐桌、座椅干净整洁，无杂物，餐车地板洁净。

（4）垃圾分类收集、装袋扎口、定点投放，废物箱清空无异味，桶壁擦抹干净。

（5）洗手盆、便器通畅，无污物、无异味，金属部件清洁，无水迹，桶壁内外擦抹干净，洗脸间、厕所镜表面干净、明亮。

（6）卫生间门及内壁板、天花板干净，地板洁净。

（7）纸架、用品存放格表面无积灰、内无杂物。各类易耗品配放齐全。

（8）车厢天花板、壁板、空调口、窗户内玻璃无积尘、无污迹。

（9）窗台、小桌板、行李架、大件行李存放格里外擦抹干净、无污迹和杂物，座椅扶手清洁、无积尘污垢。

（10）地板洁净、无污迹，座位后网兜清洁无杂物，各类杂志和服务手册、清洁袋摆放整齐。

（11）更换座椅头枕片和一等座枕套，对明显污迹的座椅面及时清洁、洗净。

（12）座椅转向到位，窗帘拉放位置统一。

（13）清洁工具及备品定位摆放。

（14）动卧车卧具折叠整齐，备用卧具装袋保管，已使用与未使用的分别存放。

3. 折返保洁卫生标准

（1）座椅转向到位。

（2）窗帘拉放位置统一。

（3）台面、座椅、网兜、窗台、地面垃圾清理干净。

（4）地面拖抹干净。

（5）便器、洗手池无污物，厕所地面拖抹干净、板壁面板、镜面、部件无污迹。

（6）车门框擦抹干净。

（7）折返保洁时，应在车门处设置提示标志。

4. 随车保洁卫生标准

（1）洗脸盆、洗手盆、便器通畅无污物，厕所废物箱及时清理。

（2）洗脸间、厕所地面无污迹、无水迹。

（3）洗脸间、厕所壁板、面板、玻璃镜面、部件无污迹、无水迹。

（4）车厢地板无污迹、无水迹。

（5）车厢台面、座椅后网兜、座椅、窗台杂物清理及时。

（6）废物箱表面无污迹。

（7）各类服务备品补充及时。

（8）清洁工具及备品定位摆放。

（9）垃圾袋扎口，按规定投放。

5. 深度保洁卫生工作规定

（1）有计划进行深度保洁。动车客运段每月 28 日前，将次月的动车组二级修月度计划报路局车辆处、客运处，并书面通知保洁公司。保洁公司安排相应的深度保洁作业，并与动车客车段建立联系制度。

（2）认真做好深度保洁工作。保洁公司加强对动车组列车在顶棚、门帘等部位的隐蔽污垢进行深度保洁。每季度对座位进行保洁清洗，每季度对动车组饮水机进行消毒清洗。相关客运段客运质检员做好对保洁公司深度保洁质量的验收，并建立台账。

（3）完善考核制度。相关客运段每月 5 日前将上月的深度保洁验收考核情况汇总后报路局客运处。路局客运处依据《动车组列车保洁合同》，进行动车组月度深度保洁质量的综合考评。

（4）强化协调机制。将动车组二级修与深度保洁工作进行协调，并将其纳入路局动车组月度例会议题，协调解决有关动车组深度保洁工作中存在的问题。

6. 动车组列车长与折返保洁人员交接位置

根据动车组的车型确定列车长与折返保洁人员交接位置，CRH_1A 为 1 号车（重联为 9 号车）、CRH_2A 为 7 号车、CRH_1B 为 9 号车、CRH_2B 为 3 号车、CRH_2E 为 9 号车。折返保洁签收单没有列车长和折返站保洁组长签字的，一律不支付保洁费，因列车晚点、保洁时间不足 5 分钟的，在折返保洁签收单上注明。

八、饮食供应

（1）严格执行食品卫生方面的相关法律法规。商品、餐料的采购、保管、加工、出售符合相关规定。销售的配餐符合国家食品卫生规定。

（2）餐饮供应卫生管理制度健全，有卫生许可证。从业人员穿着规定服装，佩戴标志，持健康证上岗。

（3）餐车环境布置优雅、舒适，方便旅客用餐和选购商品。必须坚持方便、快捷、面向大众的原则，以满足旅客不同需求为目的。

（4）建立商品目录库管理制度，并根据不同线路配置商品，印制价目表，满足旅客需要；餐车提供订、送餐服务，饮食品、配餐种类丰富，价格合理，正餐不高于 15 元的盒饭必须不少于两种，禁止捆绑销售、搭售商品。

（5）列车上销售的食品，必须由餐饮公司统一采购。餐饮公司销售人员应将上车食品的出库单交列车长以备检查。列车销售的食品应当明码标价、一货一签，有"CRH"标记，并按旅客要求提供发票。

（6）加强对餐车的管理，餐饮人员要正确使用冰箱、微波炉等电器设备，餐车冰箱内设有专用食品箱，只限于放置供乘务人员食用的熟食品；报废食品不得销售，并贴有"报废签"。

（7）餐饮人员负责列车运行中餐车的清洁卫生，食品、备品存放不得侵占通道和影响安全。列车到站、开车时，餐饮人员应当在餐车门内立岗迎送旅客。

（8）所有商品必须有食品安全"QS"标志，移动售货在列车始发 5 分钟后方可开始，终到前 10 分钟停止。销售餐食应戴一次性手套，旅客要求提供送餐服务时，要在规定时间内送到旅客手中，推车销售食品不得高声叫卖，不得干扰旅客，服务过程中主动避让旅客。

（9）严格乘务用餐和招待餐管理，乘务用餐仅限于乘务班组人员，包括客运人员、机械师、司机、乘警和保洁人员及车队添乘人员，除此之外，各级添乘人员、出差人员一律按销售价格购买。需招待客人的，一律由客运段协调餐饮公司，明确餐食标准、数量并及时结算。

九、广播宣传

（1）动车组广播要体现较高的品位，广播员必须具备相应的资质，具有国家或地方语言文字委员会普通话水平测试等级证书。

（2）广播员播音必须使用标准普通话，做到发音标准、口齿清晰、语调亲切、语速适度、富有感情。

（3）运行时间在 3 小时以内的列车，一般只播迎送词、服务设备介绍、安全提示、站名和背景音乐。运行时间超过 3 个小时的列车，可在不干扰旅客休息的前提下，适当增加播放内容。

（4）列车旅客信息服务及影音播放系统播放的内容应由客运部门提供，由车辆部门录入。

（5）动车组遇有临时停车、晚点、设备故障等突发情况，应立即通过广播做好宣传工作，播放的临时稿件由列车长审定后方可播出。

（6）建立广播员日常管理档案，对广播员日常播音质量及优缺点进行记载并备案，作为广播员考核的依据。

十、乘务管理

（1）乘务组在列车长的领导下按各工种岗位说明书分工协作，开展乘务工作。

（2）定员标准：动车组客运乘务人员单组实行 1 名列车长 2 名列车员，大编组实行 1 名列车长 4 名列车员，卧铺动车组实行 1 名列车长 5 名列车员。

（3）建立乘务例会制度。动车组列车在始发放客前或开车后 10 分钟内和进库终到前 15 分钟，由列车长召集乘警、机械师、餐饮领班和保洁组长在餐车召开动车组工作会议，布置工作、沟通情况、协调相关事宜。

（4）适当调整乘务交路。客运段应在路局核定的总定员内，配齐动车组乘务人员，并按照国家法定工作时间合理组织交路，动车组每天乘务交路连续值乘时间原则上不超过 14 小时，确保乘务人员以充沛的精力、饱满的精神状态出乘。

（5）加强乘务员的培训。各客运段和餐饮、保洁公司要制订动车组乘务人员培训计划，定期组织对列车长、乘务员和餐饮保洁人员的岗位轮训，不断提升综合素质。

① 列车长培训。各客运段每季组织对列车长培训一次，主要针对作业现场存在的普遍性和倾向性问题，开展形式多样、有针对性的培训，同时，将岗位培训纳入日常考核工作中。

② 乘务员培训。按照轮班制度，组织全体客运乘务员进行岗位轮训。重点对应急处理、作业标准和服务礼仪等方面进行培训。

③ 餐饮、保洁人员培训。餐饮、保洁公司要利用班前点名和休班时间做好作业人员的日

常岗位培训，不断提高餐饮、保洁人员的岗位技能。

（6）严格动车组查验票制度。列车长根据车站提供乘车人数通知单，在开车后组织对空余席位和无座人员进行核对、验票，卧铺动车组核对作业应在始发后 20 分钟内完成。列车在始发站、中途站，应将一等车的端门锁闭，列车长要指定专人负责验票。列车在办理旅客越站手续时，必须严格按照动车组列车超员率的规定，合理控制列车超员情况。

（7）完善结合部管理。明确动车组各工种岗位职责，动车组餐饮、保洁、机械师和乘警的工作流程由相关单位报客运段，客运段组织列车长进行学习，作为列车长应加强结合部管理，做好运行途中各工种作业的督促和监管工作。

参 考 文 献

[1] 兰云飞. 铁路运输信息系统应用实务. 北京：北京交通大学出版社，2015.
[2] 彭进. 铁路客运组织. 2 版. 北京：中国铁道出版社，2008.
[3] 兰云飞. 高速铁路客运组织. 北京：北京交通大学出版社，2017.